잃어버린
초 월 을
찾 아 서

잃어버린

초월을

한국 유교의 종교적 성찰과 여성주의

찾아서

이 은 선 지음

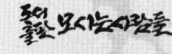
도서
출판 모시는사람들

| 글 머리에 |

한국 유교의 종교적 성찰과 여성주의

1.

유교와 페미니즘을 관련지어서 쓴 첫 번째 논문이 1995년경에 나왔으니 어느덧 15년이 되어 간다. 이 둘 사이를 관련지어서 대화하는 것이 결코 쉽지 않았지만 그만두지 않았고, 그래서 2003년에는 『유교, 기독교, 그리고 페미니즘』이라는 제목의 책이 나올 수 있었다.

1997년 미국에서 1년간의 연구년을 보내면서 우리 정신의 뿌리를 다시 한 번 근원에서부터 탐구해 보고 싶은 소망을 가졌다. 그래서 귀국 후 당시 성균관대학교 한국철학과의 이동준 교수님을 찾아갔다. 박사과정에 입학해서 1999년부터 코스워크를 위한 3-4년이 훌쩍 지나갔지만 한편으로 가르치는 일과 가정과 학업을 병행하다 보니 본래 다짐과는 달리 공부가 깊게 진척되지 못했다. 그런 가운데서도 류승국 교수님의 강의를 맘껏 들을 수 있었고, 이동준 교수님과 한국철학연구소의 좋은 가르침과 만남들을 경험할 수 있었다. 이 시간 속에서 임윤지당과 강정일당이라는 조선 후기 여성선비들을 만날 수 있었던 것은 말할 수 없는 큰 기쁨이며 행운이었다. 왜냐하면 그들에게서 그때까지 본인이 의도해 왔던 한국 종교문화사 해석의 예증을 보았고, 어떻게 여성의 몸을 통해서 한국 유교적 영성이 고귀하

게 꽃피어났는지를 보았기 때문이다. 한국사상사학회 회장과 초대 여성사
학회 회장을 지내셨던 이배용 교수님을 통해서 강원도가 배출한 여성 인
물들을 조명하는 일에서 신사임당을 맡게 되면서("페미니즘 시대에 신사임당 새
로 보기–그의 聖人之道의 길") 구체적으로 조선 유교 여성들의 실제를 해석하는
작업에 다가갔다. 이 즈음에서 임윤지당과 강정일당의 유고집을 국역하여
세상에 널리 알린 국사편찬위원회의 이영춘 박사님을 만난 것도 큰 행운
이었다.

　원래 한국철학 박사과정 강의를 들으면서는 한말의 종교사상가 김일부
(金一夫, 1826-1898)의 『정역正易』을 페미니즘과 연결시켜 논문을 써 보면 좋겠
다고 생각했다. 건도乾道 중심의 선천의 시대가 가고 곤도坤道의 덕이 인정
받고 피어나는 후천의 시대를 예견하면서 후천개벽사상을 정리한 『정역』
사상이 본인이 추구하는 '한국적 페미니즘'의 존재론적 기초가 될 수 있다
고 보았기 때문이다. 그러나 본인의 역량 부족으로 이 일은 후의 일로 미루
어졌고, 대신 임윤지당과 강정일당 두 여성선비의 생애와 사상을 포괄적
으로는 한국 종교문화사 속에서 또는 좁게는 조선 도학道學의 뛰어난 결정
체로 해석해 내는 일로 논문을 마무리하게 되었다. 지금 펴 내는 책은 그
작업을 근간으로 한 것이다. 그 전에 아시아 재단에서 지원을 받아서 쓴
「한국 유교의 종교성과 페미니즘」이라는 논문이 이미 있었다.

　주변의 동료와 친구들은 왜 그렇게 환영받지 못하는 유교와 페미니즘
연결 작업을 계속 놓지 않으려하느냐고 묻는다. 그리고 왜 도교나 불교가
아니라 여성들에게 제일 혹독한 경험을 안겨준 것으로 평가되는 유교와
짝하려 하느냐고 의아해한다. 그러한 의구심과 비판에 대해서 본인이 우
선 들려 주고 싶은 이야기는 『신약성서』에서의 한 농부의 비유이다. 예수

는 「마태복음」에서 하늘나라를, 한 농부가 밭을 갈다가 그 밭에 귀한 보물이 문혀 있는 것을 발견하고 그 보물을 얻고자 자신이 가진 모든 것을 팔아 밭을 사는 심정으로 그려 주었다. 본인에게 있어서 유교는 그런 보화 같은 존재로 다가왔다. 근대 이후 세속화의 높은 파고 속에서도 우리 삶에서 계속해서 초월의 차원을 말할 수 있게 하고, 페미니즘 시대의 도래와 더불어 여성들에게도 삶의 공동체에서 리더로서의 역할이 활짝 열려진 상황에서 유교적 가르침이 여성들에게도 좋은 지지대가 될 수 있음을 본 것이다.

본인은 유교야말로 가장 자연스럽고 보편적인 인간 정서와 경험 위에서 싹튼 의미 체계라고 생각한다. 그런 뜻에서 유교는 샤머니즘과도 매우 상통하고, 서구 유대 기독교의 하느님 아버지 또는 어머니 사상과도 아주 자연스럽게 만날 수 있다. 또한 이뿐 아니라 본인은 도교도, 예를 들어 『도덕경』의 많은 내용들을 살펴보면 유교라는 의미 체계에 대한 하나의 응답이지, 그 자체의 독자성과 고유성에 있어서는 못 미친다고 생각한다. 불교와의 관계에서는 그 극적인 차이로 인해서 대화가 참으로 창조적이 되든지 아니면 도저히 이루어질 수 없다고 판명될 수 있을 것인데, 조선의 도학道學은 이러한 이웃들과의 모든 대화를 거쳐서 나왔고, 또한 19세기에 들어와서는 서구의 가르침(西學)과도 대면하면서 '동학東學'이라는 찬란한 꽃도 피워 냈으니, 어떻게 그 유교 또는 조선 유교를 밭에 감춰진 보화로 여기지 않을 수 있겠는가?

조선시대 혹독했던 여성들의 삶과 관련해서도 본인은 인간의 생물학적인 조건과 생태환경적 조건이 한편으로 그러한 가부장적 삶의 형태를 취할 수밖에 없도록 했다고 본다. 프랑스 인류학자 레비 스트로스도 지적했듯이, 그러한 건곤, 남녀, 나와 너, 몸과 정신 등의 급진적인 분리와 구분은 반대급부로 그 구분 속에서의 각 개체들을 더욱 정제시키는 역할도 했다고 인정하는 입장이다. 이러한 사고는 오늘날 포스트모더니즘에서는 전체주의와 역사주의적 사고로서 비판받는다. 그러나 다른 한편 오늘날은 인간 삶과 생명의 장기간에 걸친 전개 과정도 인간 의식의 수준에서 보다 뚜렷하게 살펴볼 수 있게 되었으니 이 진실도 또한 간과해서는 안 된다고 본다. 더군다나 유교 의미 체계는 지금 여기 각 개체와 시공의 실제 속에 궁극과 초월이 놓여 있음(性卽理 또는 心卽理)을 강조하는 것이고 보니 끝없이 과정목표 순환적이고 가치상대주의적인 전체주의나 역사주의를 예방할 수 있는 좋은 장치를 가지고 있다고 보기 때문이다.

본인이 유교에서 가장 의미 있게 생각하는 핵은 그의 세간적世間的 초월 의식이다. 서구 철학자 Charles Taylor도 그의 저서 『세속시대(A Secular Age, 2007)』에서 잘 지적했듯이 오늘 우리 시대는 가장 적게 종교적이면서도 동시에 뛰어나게 궁극성과 초월성을 지시하는 또 다른 차원의 초월성을 요청한다. 본인은 유교 체계야말로 이 요구에 대해서 어느 다른 전통보다도 우수한 답을 줄 수 있다고 생각한다. 즉 전통적 서구 기독교나 출세간의 불교나 도교보다도 유교는 최소한으로 종교적인 모습을 띠면서 인간의 함께함을 생명의 포기할 수 없는 기초와 조건으로 여기면서, 가정에서의 삶과 부부관계, 경제와 교육, 문화, 정치, 외교 등 삶의 전 분야를 의미 실현의 장소로 여긴다는 점에서 지극히 세속적이면서도 동시에 종교적인 체계가 된다는 것이다.

그래서 종종 "유교의 최소주의" 또는 "침묵의 종교 유교"가 말하여진다. 본인은 이러한 유교적 초월 체계 안에서 우리 시대의 잃어버린 초월을 다시 찾을 수 있는 가능성을 보았고, 특히 조선 도학의 전개에서 그 뛰어난 가능성을 보았다.

이제 우리 신체의 성이 더 이상 운명이 아닌 때가 되었다. 그렇다면 여성들이 추구하는 자아와 세계 의미 실현의 방식이 남성들의 그것과 크게 다를 이유가 없는데, 유교 전통의 성인지도聖人之道의 추구가 오늘날 세속 사회에서 줄 것이 많다고 하면 여성들을 위해서도 그럴 수 있다고 생각했다. 오늘 우리는 일반적으로 누구나 세속의 삶과 동시에 초월의 의미를 더불어 실현하고자 한다. 또한 삶의 다양한 분야에서 여성 지도자나 여성 대표의 존재가 더 이상 특이한 일이 아니게 되었다면, 그 세속적 지도자의 육성과 교육을 통해서 세계의 의미를 실현하고자 한 유교로부터 여성들이 배워야 할 것이 많다. 그러므로 여성들이 유교에 대해 가지고 있는 오래된 편견과 거부감을 치유하는 일은 또 하나의 긴요한 페미니즘 작업이 되겠다.

한편 이번 대화 작업은 일종의 종교문화적 토착화 작업이라는 것을 밝힌다. '한국적 페미니즘' 또는 '한국적 기독교'를 계속 말한다면 그것은 여전히 민족이나 국가를 우리 삶의 주요한 인식 범주로 인정하는 입장이다. 유교의 전설적 성왕聖王인 순임금이 '동이인東夷人'이었고, 또한 그 동이인을 가리키는 말에서 유교의 핵심 사상인 인仁 사상이 나왔다는 주장 등을 유의미하게 보는 것처럼, 한국 유교의 종교성을 찾아 내어서 그것을 서구 유래의 페미니즘과 연결시키려는 본인의 시도는 그러므로 일종의 동서정신의 대화와 토착화 작업인 것이다.

2.

이상의 관점을 가지고 본서에서 다루고자 하는 내용은 다음과 같다.

먼저 제1부에서는 한국 여성들의 삶의 전개를 종교문화사적으로 살펴보고자 한다. 모두가 주지하듯이 한국인들의 종교적 삶에서 여성들이 차지하는 역할은 컸지만 그들을 주인공으로 해서 살펴본 연구는 그렇게 많지 않다. 그리하여 본 연구는 조선 유교의 여성들을 다루기 전에 먼저 한국 여성들의 삶이 그 이전에 어떠한 종교문화적인 전통 속에서 영글어 왔는지를 살펴보려고 한다. 그것은 크게 말하면 먼저는 한국 고대의 원류적 신앙과 샤머니즘적인 원시신앙의 토대 위에서 유교와 불교 그리고 도교를 받아들인 것을 말하며, 고려시대 불교적 영성의 체화를 거쳐서 조선시대에 와서 유교적 가치를 본격적으로 전개시켜 자신들의 종교성과 영성을 구성해 온 것을 말한다.

　이러한 일련의 종교문화사적 배경을 바탕으로, 제1부의 중심 과제는 조선시대 여성들의 삶을 중심적으로 이끌어왔던 유교 종교성의 특질을 살피는 일이다. 이미 삼국시대에 유교가 전래되었지만 조선시대에 와서 도학적 유교가 자리 잡게 되었고, 그것이 어떻게 여성들의 삶에서도 영향을 미치고 체현되었는지를 살필 것이다. 이것은 유교 여성들의 의식과 삶이 조선시대 유교화의 기제였던 가례家禮의 실행과 더불어 큰 변화를 가져왔다고 보고, 그러한 과정을 통해서 어떻게 유교의 종교성이 여성들에게 내재화 되어 나름의 독특한 영성으로 표현되었는지를 살피는 일이다. 유교 예禮 실행의 종교적 의미를 밝히고자 하는 것이다.

　제2부에서는 이렇게 종교문화사적 탐색을 통해서 드러난 유교 종교성의 특징들을 18세기 여성 성리학자 임윤지당과 강정일당의 삶에서 구체적으로 살펴보고자 한다. 18세기 후반의 조선의 삶이란 유교화 과정이 크게 열매를 맺어서 여성들을 포함한 사회 전체에 유교적 가치관이 확산된 모습이다. 그리하여 더 많은 여성들의 삶이 거기에 포괄되었으며, 비록 제한

적이기는 하였지만 그들에게도 허용되었던 식자력識字力(literacy)과 심성수
양心性修養의 교육을 바탕으로 나름대로 유교적 도와 예 실행의 주체로 나
서게 되었다. 이들 중에서 임윤지당과 강정일당은 당시 남성들의 전유물
이라고 여겨지던 성리性理 철학과 도학道學을 나름의 사고 안에서 전개시켰
고, 그들의 구체적인 삶에서 그 가치관들을 실험하였다. 이 둘은 살아 생전
에는 만난 적은 없지만 정신적인 스승과 제자 사이로 뚜렷한 성인지도聖人
之道의 이상을 가지고 여성선비의 삶을 살았다. 본 연구는 최소주의 유교
종교의 성속 통합적 종교성과 영성이 바로 여기에서 핵심적으로 드러난다
고 보면서 그 구체적인 모습이 어떠했는가를 살펴보려고 한다.

　제3부는 일종의 보론적인 글 모음이다. 유교 전통과 기독교 신앙의 만남
이 오늘날 세속화와 페미니즘의 시대를 살아가는 우리들에게 어떻게 의미
를 제시해 줄 수 있을지를 탐색한 글들이다. 유교 전통을 하나의 커다란 굴
레로 여기는 한국 여성들에게 명절과 호주제, 민족주의 또는 국가의 문제
등은 별로 관계하고 싶지 않은 주제들이다. 그러나 여기서는 이 주제들을
붙들고 무조건적인 거부나 외면이 아니라 좀더 적실한 현실 이해를 통해
서 다시 새롭게 살펴보고자 한다. 그 이유는 이러한 일들을 통해서 오히려
우리 삶이 보다 생명 우호적이고 통합적인 다면성 위에 설 수 있도록 하기
위함이다. 오늘 우리 시대에 범생명적으로 가장 큰 이슈가 된 환경문제와
관련하여 유교적 사고, 특히 도교와 불교와 대화하면서 전개된 신유교의
사고가 어떻게 하나의 좋은 생태학적 대안이 될 수 있는가를 『유교와 생태
학 Confucianism and Ecology』의 서평을 통해서 살펴보았다. 이와 더불어 작년
에 우리나라에서 출간되어 반향을 일으켰던 정수복의 『한국인의 문화적
문법』에 대한 평에서는 우리 시대의 많은 시대적 문제점들을 다시 유교 전

통의 이름으로 재단하는 현대주의적 시도에 대해서 유교적 페미니스트 종교학자의 시각에서 비판적으로 검토하였다.

'죽음'에 대한 물음은 시공을 초월하여 우리 모두에게 긴밀하게 다가오는 물음이다. 각 종교 전통의 역사는 나름대로 이 주제에 대한 답을 찾아온 흔적들이라고 하겠다. 오늘 우리 시대에 특히 한국인들은 더 이상 죽음의 물음과 관련하여 한 가지 종교 전통의 답에 매여 있을 필요가 없다. 지구생명체의 여러 종교 전통들을 두루 경험한 한국인들이 거기서 제시된 답들을 보다 다면적이고 풍부하게 통합할 수 있다고 보기 때문이다. 오늘 우리 시대에 죽음에 대한 답을 어떻게 하면서 살아가는가에 따라서 우리 삶과 종교적 실천의 모습이 매우 달라질 수 있음을 생각해 보았을 때 이 절실한 주제와 관련하여 나름의 도움을 주는 것이야말로 이 책의 중심 주제인 유교와 기독교의 대화가 단지 이론상의 작업이 아니라는 것을 보여주는 예라고 하겠다. 한국의 오랜 종교적 체험의 축적에서 가능해진 일이다.

3.

이 책의 교정을 준비하고 있는 동안 〈한겨레신문〉의 토요일판 서평란(책과 생각, 2008.10.4)에는 한국학중앙연구원 한형조 교수의 『조선유학의 거장들』과 『왜 조선유학인가』라는 책에 대한 긴 소개와 평이 실렸다. 조선유학의 르네상스를 꿈꾼다는 한 교수가 두 여성선비와 조선 여성들의 삶에 대해서 생각해 보았을까 하는 물음이 생겼다. 유학의 가르침이 고명한 도를 지금 여기에서 살아내는 것(極高明而道中庸)을 목표로 삼고 하학을 통해서 상달하는 것(下學而上達)을 가장 적실한 방법으로 내세웠다면 우리가 소개받은 임윤지당과 강정일당과 같은 여성선비들이야말로 진정한 '조선유학의 거장들' 이 아니겠는가 생각했다. 그런 여성들의 삶을 배출해 내고 그와 같은 정도의 인仁과 경敬과 성誠의 열매를 맺었으니 조선 유교의 르네상스를 말해도 되지 않겠는가 여긴다. 다만 오늘날은 그 조선 유교가 다시 한 번 자신을 비우고 변화시켜서 그 도와 덕의 길을 우리 모두에게 생물학적인 성性의 구별에 관계없이 활짝 열어야 할 것이다. 그러기 위해서는 서구 기독교와 현대 여성주의와의 대화는 선택이 아니라 필수사항이고, 그렇게 해야만 더 아름답고 선한 생명이 싹틀 수 있다.

굳이 세계 경제 위기를 말하지 않더라도 요즈음 인문학 출판의 어려움은 큰 것을 잘 짐작할 수 있다. 이런 가운데서도 본인의 부족한 책 출판을 맡아주신 〈도서출판 모시는사람들〉에게 감사드린다. 특히 박길수 사장님은 동학의 좋은 종교인으로서 유교 종교성의 의미를 알아주었고, 그런 의미에서 기꺼이 출판을 맡아 주신 걸로 생각한다. 동학을 유교 종교성과 밀접하게 연관시키는 그의 지적에 동감하며 이 종교성이 다시 한 번 이 땅에 퍼지기를 기도하는 마음이다. 그와 동행의 길을 가는 소경희 선생님의 정리가 지금의 모습을 가능하게 했다는 것을 빠뜨릴 수 없다. 머리 숙여 감사드린다. 또한 본인의 책을 위하여 '책가도冊架圖'를 그려준 교육학자이면서 민화화가인 황치석 선생님께도 감사의 마음을 전하고 싶다. 제자로서 또는 동료로서 본인의 마음을 누구보다도 잘 이해하고 유교와 페미니즘의 대화의 길에서 같이 기뻐하고 안타까워했던 기억들이 많이 있다. 이와 더불어 제자 손지이 양의 수고에 대해서도 감사의 마음을 전하고 싶다. 항상 웃는 얼굴로 2007년의 많은 시간을 같이 해주었다.

병상에 누워 계신 엄마에 대한 생각이 떠나지 않는다. 이 책은 그의 염원과 수고와 희생의 산물이다. 항상 부드럽고 인자한 모습으로 한국철학 공부의 초보자인 본인의 해석과 주장을 경청해 주시고 인정해 주신 이동준 교수님을 보면서 많은 것을 배웠다. 개인적으로는 동서지간이 되는 류승국 교수님을 모시고 어디든지 함께 가시며 그분의 말씀을 존중하고 동행하는 모습이 얼마나 아름다운지 모른다. 본인 논문의 심사위원이셨던 박용옥 교수님에 대해서도 언급하지 않을 수 없다. 본인의 유교와 페미니즘 대화 작업에 있어서 그분의 한국 여성사 해석과 특히 유교 여성사 해석이 큰 힘이 되었다. 이 자리를 빌어서 다시 한번 감사드린다. 남편 이정배 교수의 수고와 격려, 배려에 대해서는 할 이야기가 많다. 또한 두 아들 경성敬誠과 융화融和의 사랑과 인내에도 고마운 마음을 전한다. 자신들이 의식하든 의식하지 못하든 오늘도 혹독한 삶의 현장에서 남쪽뿐 아니라 북쪽에서도 오랫동안 갈고 닦은 유교의 영성을 진실되게 실천하며 살아가는 한국의 모든 여성과 남성들에게 이 책을 바치고 싶다.

2008년 12월 이은선 모심

잃어버린 초월을 찾아서:

한 국 유 교 의 종 교 적 성 찰 과 여 성 주 의

제1부

여성주의적 시각에서 본 한국 종교문화사

한 국 유 교 의 종 교 적 성 찰 과 여 성 주 의

한 국 유 교 의 종 교 적 성 찰 과 여 성 주 의

I
한국 종교문화사에 대한 여성주의적 탐구의 의의

1.

본 연구는 한국 유교의 종교성을 다시 찾아내어 새롭게 해석하면서 그것을 오늘날의 세속화와 페미니즘(女性主義) 시대에 의미지어 보려는 것이다. 이것은 일종의 유교와 기독교 문화 간의 대화가 되겠는데, 특히 조선 후기 두 명의 여성 선비 임윤지당(任允摯堂, 1721~1793)과 강정일당(姜靜一堂, 1772~1832)의 생애와 학문을 살펴봄으로써 이 대화를 수행하고자 한다.

한국 여성사 탐색에서 조선조 유교시대만큼 논란을 많이 불러일으키는 시기도 드물다. 일제시대를 거치고 특히 오늘날 현대 여성주의의 인식 아래 이 시기에 대한 논의는 더욱 뜨거워졌다.[1] 그러나 지금까지 이 시기는 대부분 부정적인 평가를 받아왔다. 한국 가부장주의 전통사회의 많은 오류와 한계가 이 시기 유교의 이름 아래 비판받아 왔으며, 여기서 여성들의 삶은 극심한 남존여비의 삶으로 그려졌다. 그러나 과연 이 시대 여성들의 삶을 그렇게 남녀 불평등의 관점에 초점을 맞추어서 지위와 신분이 낮았다고 하는 사실만 강조하며 평가하는 것이 꼭 온당한가 하면 그렇지 않다고 생각한다. 인간을 포함한 모든 존재자의 삶은 서로 다르긴 하지만 나름대로 모두가 어쩔 수 없는 삶의 제약과 조건들 아래서 시작된다. 여기서 과도하게 이 조건들에만 초점이 맞추어진다면, 그러한 한계에도 불구하고 거기서 나름대로 활동했던 삶의 모습들이 간과되기 때문이다. 또한 한 시대 삶에 대한 평가는 그 전 시대와 다음 시대에 걸치는 보다 긴 기간과 큰 공간의 스펙트럼 속에서 살필 때 좀 더 온전히 의미지어질 수 있다고 본다. 한 시대의 고통과 성과는 그 전 시대와 비교하면서 더욱 뚜렷이 드러날 수 있고, 또한 그 시대의 업적은 당장은 드러나지 않는다 하더라도 시간이 흐른 후에 보다 장구하고 포괄적인 의미 속에서 더욱 잘 드러날 수 있다고 보기 때문이다.

　지금까지 유교 전통과 시간들은 주로 세속적인 사회화나 정치 체계, 윤리 체계 등 겉모습의 변화에만 초점이 맞추어져 이해되어 왔고 그 진행의 심층적 차원이 잘 밝혀지지 않았다. 이러한 상황은 특히 한국 유교의 '종교성(religiosity)'이나 그 긴 전개 과정의 포괄적인 의미가 제대로 평가되지 못한 데서 오는 한계라고 생각한다.[2] 조선시대 여성들의 삶에 대한 평가도 온전히 이루어지지 못하는 요인은 바로 이러한 유교 전통의 종교성을 보지 못하는 데 있다고 본다. 이처럼 주로 세속적인 정치체제나 도덕 체제 등으로만 파악되는 유교 이해는 한계를 가지는데, 유교에서 가장 중시되고 여성도 남성과 더불어 같이 공유할 수 있는 '성인지도聖人之道(To become a sage)'의 이상, 즉 그의 종교성과 영성의 이상이 잘 고려되지 않기 때문이다.[3]

　유교는 불교나 기독교와는 달리 '성聖'과 '속俗'을 그렇게 나누지 않는다. 오히려 지극히 현실적인 방법으로 성의 세계를 속의 세계에서 구현시키고자 한다.[4] 이러한 내면화의 길을 가장 뛰어나게 간 것이 바로 신유교의 성리학性理學이다. 성리학의 뛰어난 정리가 이일분수理一分殊(The principle is one but its manifestations are many)이다. 신유교는 이것을 가지고 세상의 만물이 성의 씨앗(性 또는 理)을 담지하고 있다는 믿음을 표시했고, 그 만물 가운데 거룩함(聖)을 실현하려고 추구하였다. 물론 조선시대 유교 전통 아래에서 여성들의 삶이 아주 힘든 것이었다고 하는 데 대해서는 이의가 없다. 아무리 종부로서, 또한 부인으로서 안방이라고 하는 독자적인 권력 공간을 가지고 살았다 하더라도 '며느리는 문서 없는 종이다' 라는 말에서도 나타나듯이 유교 가부장주의 아래에서의 여성들의 삶은 매우 힘들었다.[5] 그러나 이러한 한계에도 불구하고 유교가 그의 통합적인 성속의 개념을 가지고 여성들과 그들의 현실적인 살림살이들을 이전의 다른 종교 전통들에서보다도 더욱 적극적으로 인간화의 과정에로 끌어들인 것도 또한 사실이다.

주지하다시피 오늘날도 한국 여성들의 고통스러운 삶을 지적할 때는 간단 없이 그 원인을 유교 전통에로 돌리고 있다. 더 나아가서 여성들의 삶뿐 아니라 오늘날 우리 사회가 보여주는 많은 부정적인 모습들 역시 여전히 유교 전통에로 책임이 돌려지고 있다. 이런 모습을 보면서, 그렇다면 조선시대 유교 전통의 5백년간의 시간은 거의 정지되어 있거나 아니면 퇴보한 것이라고 할 수 있는데, 한 공동체의 삶과 역사가 진정으로 살아 있는 것이라면 과연 그럴 수 있겠는가라는 의문이 생겼다. 또한 하나의 가치 체계가 그렇게 오랜 기간 어떤 공동체의 삶을 이끌어왔다면 거기에는 분명 시대와 장소를 초월하는 보편적인 가치가 담겨 있을 것이라는 생각이 들었다. 이와 더불어 과연 유교 전통의 여성들이 오늘의 생각대로 그렇게 단지 억압받고 수동적인 희생자로만 살아왔겠는가라는 의문이 생겼다. 그렇다면 20세기에 들어와서 이루어진 한국 여성들의 자각은 모두 단지 서구의 영향으로만 보아야 하는가라는 의문을 숨길 수 없었다.

본인과 유사한 생각을 가지고 17세기 중국 명나라 여성들의 삶을 탐색한 재미 중국학자 도로시 코(Dorothy Ko)는 유교 전통시대의 역사와 거기서의 여성들의 삶을 이렇게 "반反역사적으로(ahistorical)" 부정적으로 일반화시키려는 경향을 서구 오리엔탈리즘의 한 기도企圖로 본다. 중국 현대에서 그것은 특히 5·4운동 정신과 모든 전통을 부수는 공산주의 혁명, 그리고 서구 페미니즘의 중첩적인 영향으로 빚어진 결과라는 것이다.[6] 한국의 경우에는 일제 식민지 사관의 조선시대에 대한 부정적인 폄하, 20세기 들어오면서 너무나 급작스럽게, 그리고 급진적으로 이루어진 서구화와 근대화, 그래서 과거 전통과는 거의 단절되어서 보급되고 전개되는 현대 여성주의의 영향이 아닐까 생각한다. 이상의 이유로 반反역사적으로 해석된 유교 전통과 그곳에서의 여성들의 삶을 보다 더 역동적이고, 살아 있는 생명체들의 관계망으로 보면서 거기서 영글어진 삶의 열매들을 건져 내는 일이 필요하다고 생각했다.

네덜란드의 왈라벤(B. Walraven)은 조선시대 유교화 과정을 독일 역사 사회학자 엘리아스(N. Elias, 1897~1990)의 "문명화 과정(der Prozess der Zivilstion)"의 개념으로 풀이했다.[7] 그러나 본 연구자는 여기서 더 나아가서 이러한 변화의 과정을 단순히 세속적인 의미의 문명화 과정으로 보기보다는 종교적인 '성화聖化(To become a sage)'의 과정으로 보고자 한다.[8] 그리고 이 성화의 과정 속에는 조선시대 남성뿐 아니라 여성들의 삶도 똑같이 포괄된다는 것을 강조하고 싶다. 조선시대 유교 여성들의 진정한 종교성과 영성이 여기에서 드러난다고 보고, 그 구체적인 예로서 18세기 조선 여성 성리학자 임윤지당(任允摯堂, 1721~1793)과 강정일당(姜靜一堂, 1772~1832)의 생애와 사상을

연구하려고 한다. 이들은 딸과 부인으로서, 며느리와 어머니, 그리고 집안
의 종부로서, 또한 성리학자로서 삶의 모든 과정을 성화시키려 했다. 그러
한 노력은 어느 남성 선비의 그것보다 못하지 않았으며, 오히려 더 진실되
게 자신의 몸으로 유교의 도를 구체적으로 체현하려고 했다는 점에서 더
진정한 모습으로 유교 영성과 종교성을 보여준 것으로 이해하고자 한다.[9]

요즈음 조선시대 한국 여성들의 삶에 대한 관심이 점점 더 증대되고 있
다. 그러나 한국 여성들에게 유교 전통과의 관계맺음은 여전히 고통스러
운 일로 보인다. 또한 탈식민지주의 페미니즘의 논의에서도 민족이나 민
족주의에 대한 토론이 활발한데, 많은 페미니스트들은 민족이나 민족주의
를 단지 근대적 상상의 산물로 보면서 해체 쪽에 훨씬 더 많은 힘을 쏟고
있다. 그러나 본 연구자는 오늘날의 세계와 한국 상황은 그럼에도 불구하
고 여전히 민족의 담론으로 치유해야 할 부분을 많이 가지고 있으므로 단
번에 파기해 버리기보다는 새로운 시각을 첨가해서 더 다층적으로 보는
것이 필요하다고 본다. 그리하여 이번의 연구에서처럼 보다 심층적인 종
교적인 시각을 첨가하여 유교 전통을 살펴보려는 것이고, 이것을 단지 여
성만을 위한 것이 아니라 남녀 모두를 위한 인간적인 의미로 보려는 것이
다.

오늘 성담론의 현실은 다시 그 진행의 방향성에 대한 점검을 요청받고
있다. 그것은 지금까지 페미니즘 작업이 주로 전통적인 삶의 방식들을 분
석하고 해체하는 일이었지만, 이제는 거기서부터 시작하여 다시 삶의 갈
라진 영역들과 부분들을 어우르고 통합하는 일이 요청된다는 의미이다.
이러한 요청 앞에서 우리의 성性과 인간에 대한 담론을 보다 넓은 지평으
로 확장하여 '궁극적인 것'과 '근원적인 것'에 대해서 묻는 '종교(religare; to

be tied back)' 적 물음과 다시 접목시키고, 존재의 뿌리를 성찰하는 존재론과 다시 조우하게 하는 일이야말로 긴요하다. 왜냐하면 이러한 물음들은 우리 존재와 삶의 뿌리에 관한 질문이므로 여기서의 해방적이고 건설적인 증거야말로 진정으로 우리 담론에 보다 확고한 진정성을 부여해 줄 수 있기 때문이다.[10] 이러한 종교적이고 존재론적인 요청은 그러나 결코 다시 단순히 과거와 전통에로 회귀하자는 것이 아니다. 다시 과거처럼 실체론적으로 굳어진 성속의 이원론에 갇히는 것이 아니라 오히려 이 두 영역을 보다 역동적이고 생산적으로 통합하여 삶을 꽃피우려는 것이다. 본 연구자는 이 가능성을 유교적 성속일치의 종교성 안에서 보았다. 그러면서 그것을 포괄적으로 '성인지도'의 종교성으로 보면서 오늘 우리의 탐구 대상인 임윤지당과 강정일당의 삶과 정신을 새롭게 해석하는 틀로 제시하며 우리 시대에서의 의미를 밝혀 보고자 한다.

2.

지금까지 종교라는 틀로써 한국의 역사와 정신을 살펴보는 일은 그렇게 많지 않았고, 특히 여성들의 삶 속에서 종교문화사적 의미를 살펴보는 일은 드물었다. 본 연구자는 종교란 자아와 인간의 삶을 가장 심층적으로 통합하는 기제라고 본다. 한 개인 또는 한 사회의 종교의식宗敎意識은 그러므로 가장 심층적이며 포괄적으로 그 개인 또는 시대의 의미 물음들을 표현해 주는데, 그리하여 이 종교의식에 대한 탐구 없이는 그 대상에 대한 연구는 핵심을 빠뜨린 것이고, 그래서 깊이와 방향성이 없는 것이라고 생각한다.

이와 더불어 종교의식에서 진화와 발달의 역사를 살피는 일은 매우 중요하다. 한 개인의 의식이 그의 종교경험과 종교의식을 통해서 변하고 전개되듯이 한 공동체의 정신에서도 종교경험과 종교의식의 전개는 뚜렷하여 그 맥과 뜻을 찾아볼 수 있다. 여성 종교학자 카렌 암스트롱이 『신의 역사 *The History of God*』라는 저서에서 유대교, 기독교, 이슬람교가 지난 4천 년간 어떻게 변화해 왔는지를 유일신 관념이 보여주었듯이, 어느 한 시대의 신 관념이나 종교의식은 그 시대와 상황이 변함에 따라서 다른 모습으로 대체되거나 새롭게 전개됨을 알 수 있다. 이러한 연구 방법은 궁극적으로 종교와 문화에 대해서 더욱 더 생명역사 진화적이며, 문화계몽적이고, 교육적인 이해를 시도하는 것이다. 그러나 여기서 말하는 교육은 좁은 의미에서의 교육이 아니라 생명과 역사의 전 과정을 성숙과 의미의 발달사로 보려는 맥락에서이다.[11] 그래서 긴 기간의 전망을 통해 드러난 삶의 전개에 대해서 심층적인 의미 전망을 하는 것이며, 한국 전통 여성들의 삶을 그렇게 조망해 보았을 때 그 전개가 그렇게 부정적인 것이 아니며, 그런 의미에서 현대 여성주의가 다시금 민족과 전통, 종교 등과 새롭게 관계 맺을 수 있는 가능성을 시사해 줄 수 있다는 것이다.

오늘날 현대 종교현상학의 종교 이해는 어떤 구체적인 인격신적인 신에 대한 믿음이나 성직자 체계의 유무 등을 종교의 핵심으로 보지 않고 대신 삶의 진행 과정에서 경험되는 성聖과 속俗에 대한 구별 의식을 그 핵으로 본다.[12] 이러한 종교현상학적 시각은 현대 비교종교적인 작업에 있어서 보다 개방적이고 공정한 시각을 줄 수 있다. 현대 여성주의는 서구 유대 · 기독교 문화의 딸이라고 할 수 있다. 그리하여 본 연구는 일종의 동서 종교 전통 간의 비교종교학적인 연구가 될 것인데, 그러나 지금까지의 논술에서 드러났듯이 전통사회와 한국 유교의 종교성을 현대 여성주의나 기독교 신학의 입장에서 일방적으로 평가하려는 것이 아니다. 오히려 유교와 기독교 전통을 여러 차원에서 긍정적으로 관계 맺으려는 시도의 하나로서 어떻게 유교가 나름의 독특한 성속 체계를 가지고 한국 여성들의 삶을 이끌어왔으며, 그러나 어떤 점에서는 미약하고 한계를 가졌는지를 살펴보려는 것이다. 즉 본 연구는 일반적으로 종교의 구성 요소로 알고 있는 초월적 신에 대한 예배나 구별된 성직자 그룹의 존재 여부와 상관없이 내재화의 경향을 보이는 유교 종교성의 특징을 살펴보고, 그 종교성이 조선시대 여성 일반의 삶에서 어떻게 실천되었으며, 오늘날은 어떤 의미를 줄 수 있는지를 탐색하려는 것이다. 오늘날 한국 여성들의 주체적 형성이 아무런 뿌리도 없이 이루어진 것이 아니라 이러한 전통과 토대 위에서 오랜 시간에 걸쳐서 형성된 것임을 밝혀 보려는 것이다.

이와 더불어 본 연구는 지금까지 많이 알려지지 않은 임윤지당과 강정일당이라고 하는 조선 여성들의 삶을 보다 구체적으로 살펴봄으로써 어떻게 그들의 삶이 유교의 가치체계와 성속 체계 속에서 이루어져 왔고, 어떠한 의식 속에서 그들이 울고 웃으며 희망과 절망을 지녀왔는지를 알아보고자 한다. 이러한 시간의 과정에 대한 인식은 역사의 리얼리티를 좀 더 작은 규모와 척도를 통해서 보려는 미시사적인 시도와 상통한다.[13] 이것은 사회를 더욱 더 문화적인 텍스트로 보는 것을 말하며, 이제까지 감추어져 있었고 드러나지 않았던 여성들의 실명을 찾아내어서 그들의 구체적 삶을 통해서 역사과정의 맥을 찾으려는 시도이다. 『마르탱 게르의 귀향』이나 『여성의 역사(3): 르네상스와 계몽주의의 역설』에서 여성 사학자 나탈리 제먼 데이비스(Natalie Zemon Davis, 1928~)가 말하고 있듯이, 지금까지 일반적으로 과거 여성들에 대한 현대의 선입견과는 달리 여성들은 언제나 무덤덤하게 구조에 순응하거나 희생되는 삶만을 살았던 것은 아니다.[14] 과거에도 현재에도 여성을 차별하고 억압하려는 구조적, 제도적인 불평등은 있었고, 또한 여전히 존재하고 있지만 여성들은 숙명적인 희생자나 예외적인 여주인공이라는 역할 이외에도 다양한 방식으로 역사의 능동적인 주체로 살아왔고 본 연구는 이러한 측면을 특히 조선여성들의 삶에서 살펴보고자 하는 것이다.[15]

이렇게 역사 속 여성의 이해를 "대상이 아니라 행동하는 주체"로서 드러내려는 시도는 그들의 능동적이고 주체적인 종교의식을 드러내 줄 때 더욱 분명해진다. 왜냐하면 종교의식이란 그들의 궁극적 관심에 대한 표명이므로, 여기서 드러난 능동성과 주체성이야말로 그들의 주체적 선택을 보다 진정으로 드러내 주기 때문이다.[16]

II
한국 여성의 종교의식과 종교문화사적 전개

1. 한국 고대 신앙과 여성

한국인들의 원초적인 영성과 종교성이 잉태되었을 상고上古시대에 대해서는 문헌 자료의 부족으로 자세히 알기 어렵다. 그러나 고조선 및 삼국시대의 건국신화 등에 반영된 내용들을 살펴보면 한민족은 예로부터 하늘에 감사의 제사를 드려 온 종교적인 민족이었음을 알 수 있다. 『삼국유사三國遺事』나 『제왕운기帝王韻紀』의 단군에 대한 이야기 등에 나타나는 단군신화는 한국 고대인들의 종교적 신앙과 초월의식을 드러내 준다.

한국 사상의 원류를 탐구하는 류승국에 따르면, 우리나라 단군신화의 환웅이 무리 3천을 거느리고 태백산 신단수 밑으로 내려올 때 풍백風伯(바람귀신)과 우사雨師(비 귀신)와 운사雲師(구름귀신)를 거느리고 와서 곡식과 생명과 질병과 선악 등 인간의 360여 가지 일을 주관했다고 하는 단군조선의 고신도사상古神道思想은 중국 은대殷代 갑골점사甲骨占辭의 종교문화와 많이 상통한다.[1] 단군이 하늘을 상징하는 환웅과 땅을 상징하는 웅녀 사이에서 탄생하였다고 기술되듯이 그것은 '신인합일神人合一'의 특징을 가지고, 단순한 신본주의도 아니고 인본주의도 아닌 신인상화神人相和의 모습으로서 인도적이면서 신비적이며, 인간적이면서 종교적인 모습으로 지적되었다.[2] 이러한 고신도적 신인상화의 특징은 이후 한국 사상의 기본특성으로 자리 잡아 화랑사상의 영육쌍전靈肉雙全 사상이라든가 원효의 십문화쟁론十門和諍論, 대각국사의 교관겸수敎觀兼修나, 보조국가의 정혜쌍수定慧雙修, 율곡의 이기묘합理氣妙合 사상 등으로 연결되었고, 근세에 들어 동학이나 대종교 등에도 이 고래古來의 정신이 한국 사상의 일관된 특성으로 잠재되어 있다고 본다.[3]

한편 환웅이 이 세상에 내려올 때 가져온 천부인天符印 세 개는 플라톤의 이데아나, 구약성서의 하느님의 형상(Imago Dei), 또는 불교의 화엄사상이나 유교의 천명지위성天命之爲性의 성性과 같이, 인간 속에 내제된 "선천적 본질(本心)"을 의미하는 것이라 할 수 있다. 이것은 환웅의 홍익인간弘益人間함에서 보는 것처럼 통치의 기준이 되기도 하고, 이후 한국사의 삶에서 드러나는 모든 인간적인 덕성과 경건한 신념, 독실한 의지력들이 이러한 한국 고대로부터 내려오는 천심天心이 전승된 것으로 보는 것이다.[4] 중국인들은 춘추전국 이래로 한국을 '동이東夷'로 불러왔는데, 『위지魏志』「동이전東夷傳」부여조夫餘條에 보면 동이인들은 영고迎鼓라고 하는 제천의식을 지내왔다. 또한 나라사람들은 흰옷을 숭상하고 조상을 숭배하여 상사喪事를 당했을 때는 남녀가 흰옷을 입었고, 부인들은 얼굴을 가리고 패물을 차지 않았다고 한다.[5] 고구려가 10월에 제사하고 단결력을 고취한 동맹東盟이나 백제의 소도의식蘇塗儀式 등은 고대인들이 하늘에 제사하고 인간의 순결성을 고취시키며 동시에 동류 간에 신약信約의 맹세를 굳건히 하여 단결력을 조성하였던 신성한 수련의식이 전수된 것이다.[6] 종교학자 이은봉은 한국 고대의 신관을 천신天神, 지신地神, 인신人神의 세 측면으로 나누어 보면서 단군신화 환웅의 아버지 환인의 예에서도 알 수 있듯이, 한국인들이 옛부터 지니고 있던 가장 순수한 종교적 개념은 천부신적天父神的인 천신관 하느님이었다고 한다.[7] 그에 따르면 이 개념은 다른 민족들로부터 도입한 종교들과 하등의 관계가 없고 자연숭배, 샤머니즘과도 관계가 없다. 그러나 한국 민족이 이렇게 훌륭한 천신에 대한 신앙의 요소를 가지고 있었으면서도 이 신을 중심으로 한 하나의 번듯한 종교를 형성하지는 못했다고 하는데, 그 이유는 한국인들이 천신을 숭고하고 먼 존재로만 돌리고 그 천신이 강림했다고 보는 산신이나 지신과 결혼하여 시조신始祖神을 낳게 하여 그들에게 권리를 돌리는 등, "천신의 하락과 강하降下"가 심했기 때문이라고 한다. 그리하여 한국은 천신의 남신男神보다 산신, 지모신, 용신 등의 여신女神이 지배하는 사회였다고 분석한다.[8]

그러나 이러한 분석에 대해서 본인은 천신이 강하하여 지신이나 시조신과 결합하였다는 것이 바로 한국 고대 신앙이 샤머니즘과 하등의 관계가 없는 것이 아니라 일종의 샤머니즘, 곧 '한국적 샤머니즘'을 나타내는 것이 아니겠냐고 묻고 싶다. 그것은 류승국도 밝혔듯이 천신적인 요소와 지모신적인 요소가 잘 화합되어있는 모습을 말하는 것이며, 그러므로 한국의 고대 신관은 일종의 샤머니즘이었다는 것이다.[9]

1) 원시 샤머니즘의 무巫와 여성

이렇게 무교는 여성과 관련이 깊다. 그 연유는 인류 생명역사의 전개 속에서 다음과 같이 생각해 볼 수 있다. 지금까지 인류는 다른 생명체들과 마찬가지로 자신의 생존과 번식 그리고 번영을 삶의 주된 관심사로 가지고 살아왔다. 이 관심사를 용이하게 이루기 위해서 인류는 지식을 쌓아 왔고, 그 가운데서 성과 속을 구별하여 삶의 중요한 가치를 성聖으로 인식하며 살아왔으며, 그래서 그 귀한 것을 특별히 담당하는 일련의 그룹을 두었다. 이 과정에서 신체적으로 자신의 몸을 통해 다음 세대를 생산하고, 그 생산된 생명체를 일차적으로 책임지는 여성들이 인류 생존 초기 시절에 성聖의 모습으로 인식되었고, 또한 그 영역의 일을 주도적으로 담당해 왔으리라는 것이다. 지금까지 인류 초기 삶에 대한 축적된 지식에 따르면 인류는 채집과 수렵, 농경 생활로의 변화를 겪으면서 여러 가지 주술적인 방식으로 성聖의 개념을 표시해 왔다. 그 가운데서 여성을 통한 생식주술生殖呪術이 가장 원시적인 것으로 알려져 있으며, 농경시대에 와서는 대지모신大地母神으로 나타났고, 여성들은 무의 사제로서 역할을 했다.

오늘날까지도 이 무의 전통이 강력하게 살아 있는 전통으로 계속되고 있는 한국에서 민족공동체에 대한 초기 기록들에서 여성 주도적 무의 흔적들을 찾아볼 수 있다. 예를 들어 『삼국유사』 단군신화에서 단군을 낳은 웅녀라든가 고구려 시조 주몽 설화에서 그 어머니가 물의 신 하백河伯의 딸 유화柳花로서 곡식 종자를 보내주었다는 이야기, 신라 시조 박혁거세의 왕비 알영閼英도 신성한 존재로서 혁거세와 혼인하여 농업과 길쌈, 그리고 토지 생산을 장려한 여신의 모습을 보여준 것들이다.[10] 이러한 국조신화들에 나타나는 여신의 모습보다도 한국에서 가장 뛰어나게 무의 여성 주도성을 나타내 주는 것은 바리데기(바리공주)신화라고 할 수 있다. 바리공주는 무의 조상 격인데, 우리나라 지노귀굿(죽은 혼령을 천도하는 굿)에서 구송되는 바리공주의 신화는 신화를 구송하는 사람이나 그 신화를 향유하는 사람으로서

"한국 여성들의 원초적 상징"을 지시하는 것이라고 할 수 있다.[11] 여기서 바리공주는 '버림받은 여신'이지만 이승과 저승을 넘나들며, 천상계와 지옥계를 오가며 뭇 영혼들을 살려내고, 마침내는 자신을 버린 부모(본향)를 살려 내는 생명과 큰 모성의 살림꾼으로 그려진다.[12]

이 바리데기 신화와 자청비 신화 등과 더불어 신라 최치원에 의해서 유·불·도 삼교 이전 민족 고유사상으로 소개되는 풍류風流와 화랑도花郎道에서 그 첫 지도자를 여성 원화源花로 두었다는 이야기 등은 모두 무교의 여성 주도적 성격을 증명해 준다.[13]

최근의 무교 연구는 지금까지 한국 무교 연구가 모두 과도하게 "원형에 대한 집착과 사변화 경향"을 보이고 있다고 지적한다.[14] 그 원형을 단군신앙 등 민족 역사의 기원에서 찾든 또는 한국 문화의 기층과 심성 구조의 원형을 찾든 모두 같은 경향을 보이고 있다고 한다. 단군이 한민족의 시조라는 가정은 무교 연구에서 이미 오래 되었지만, 이러한 역사주의적 무교 연구의 한계를 넘어서 무교적 고유 신앙의 기원을 더 멀리 잡고 새롭게 관심을 두고 단군 시대 이전 구석기와 신석기시대의 신앙과 문화는 어떠했는지에 대해 관심을 가져야 한다고 촉구한다.[15] 이렇게 되었을 때 무교에 있어서의 여성주의 측면이 더 드러나고, 민중의 일상적 삶에서 실행되는 무巫신앙의 현재적 양상이 더욱 드러날 것으로 보기 때문이다.[16]

2) 여신종교女神宗敎와 무교의 현세주의

서구에서는 인류 초기 삶에서의 여성 주도적인 모습을 19세기 스위스의 바코펜(Bachofen, 1815-1887)은 모권론母權論(Das Mutterrecht) 개념으로 구성하였다. 즉 인류는 초기에 구속 없는 성생활 속에서 자연히 아버지는 모르고 낳아 준 어머니만을 알게 되므로 모계 중심으로 사회를 이루었다는 것이다. 이러한 이야기는 이어서 몰간(L. H. Morgan, 1818-1881)이나 엥겔스(1820~1895) 등에 의해서도 크게 지지를 얻어서 인류 태초 모권제 사회에 대한 주장이 강력한 이론으로 자리 잡게 되었다.

오늘날 서구 종교계에서 현대 여성주의 운동의 일환으로 일련의 여성들이 이러한 인류 초기 여성 숭배 전통들을 다시 찾고자 한다. 그들은 1970년대 들어 전통 교회의 견고한 가부장성을 고발하며 기독교 밖으로 나가기를 원하면서 "여성들에게 여신이 필요한 까닭(Why women need the Goddess?)"을 말한다. 그러면서 여성에 대한 가부장제 억압을 물리치기 위해서는 어떤 일보다도 초기에 여성들이 지배하던 시기의 여신상 상징들을 다시 회복해야 한다고 주장한다. 이러한 그룹의 대표 주자인 캐롤 크라이스트(C. Christ)는 여신에 대해서 말하기 시작하고 나서야 비로소 자신이 그 이전까지 신격에 대해 남성적이거나 중성적 이미지를 사용했을 때 갖지 못한 여성으로서의 존재의 온전성을 충분히 깨닫게 되었다고 고백한다.[17]

강력한 가부장제 이전 씨족사회나 초기 농경사회에서 형성된 거룩함(聖)의 모습은 거의 인간(여성)의 생식 능력 및 생산과 관련되어 있다. 그래서 여신이 숭상되었으며 다신교의 모습으로, 인간의 현세적이고 즉물적인 생존과 관계되어 숭상받아 왔다. 여기서는 인간(여성)의 섹슈얼리티가 성스러움과 직접적으로 연결되어 숭배를 받는다. 그리하여 이러한 여신적 종교 상징들은 이후 섹슈얼리티를 억압하고 타락한 것으로 여기는 가부장주의를 고발하고 탈가부장주의로 나아가는 근거를 마련해 줄 수 있다는 것이다.

하지만 본 연구자는 이상에서 현대 여신론자들이 주장하는 대로 과거 무교 전통의 여신상들이 과연 미래 여성들을 위해서도 모델이 될 수 있을까 하는 회의가 든다. 왜냐하면 현대 여성들은 자신의 유사성을 고대 여성들에게서보다 오히려 오늘날 문명 세계 남성들에게서 더 가깝게 발견하기 때문에 그러한 고대 그리스나 이집트의 여신, 지중해 주변의 여신들, 아시아나 아프리카의 전통적 여신상들이 과연 얼마나 현실적인 의미를 줄 수 있겠는가 하는데 의구심이 들기 때문이다. 또한 고대 세계에 대한 오늘날의 진전된 연구는 여신들이 종종 남성 지배와 공존했으며, 여신의 존재가 반드시 여성의 지위가 높았다거나 자율적인 삶을 살았다고 하는 것을 보장하지는 않는다고 지적한다.[18] 고대의 여신적 형상과 상징의 해석은 대부분 풍요와 모성의 표상들로 시도된다. 그러나 그러한 모성적 생산성이 여성의 종교경험에서 아무리 중요하다고 해도 오늘날의 세속화와 인구 과잉 시대에 그것이 여성적 신성성에 온전한 의미를 제공하기에는 부족하다고 보는 것이다. 과거에 인구 증가와 희박한 자원을 둘러싼 경쟁으로 인해서 여성에 대한 출산 요구가 지대했고, 그것이 가부장 제도를 야기한 한 원인이 되었을 것을 생각한다면, "페미니스트들은 오히려 육체적 재생산을 여성적 신성성의 주요 상징으로 애지중지하는 일은 지긋지긋하게 여겨야만 한다"고 지적되었다.[19]

이러한 관점에서 본 연구자도 한국 여성과 무교와의 관계를 의미 지우고자 한다. 주로 모계로 세습되고 강신무의 경우도 주로 여성인 무교의 영성과 종교성이 오늘날 한국 사회에서 여전히 실천되고 있지만, 여성들이 거기에서 미래의 대안적 종교를 찾을 수는 없다고 보는 것이다. 오늘날 무교 연구가 지적하는 무교의 긍정적인 역할에도 불구하고 고대 부족국가 시대로부터 삼국시대, 고려, 조선, 19세기 개화기, 그리고 오늘날 까지 유교, 불교, 기독교 등의 외래종교가 유입되면서 계속 등장하는 무교 비판의 항목들인 풍기 문란, 비윤리적이고 과도하게 신비적인 미신적 풍속, 경제적인 착취와 낭비 등을 생각해 본다면 무교 신앙의 한계와 제한점을 부인하기 어렵다.[20]

무교의 영성은 여성들에게 끊임없이 존재의 현재적 기반과 신체적 직접성을 가르쳐 주었다. 한국의 종교학자 정진홍도 무교의 종교성이 초월적인 존재나 궁극적인 가치에 대한 추구가 아니라 지금 여기의 직접적 현실에서 굿적 제의를 통한 힘의 위력을 추구해 왔다는 점에서 "원시적 역현종교逆顯宗敎(kratophany)"로 규정한다. 더불어서 한국 무교의 한 원형을 인간을 위한 신이 아니라 인간 위주의 신앙이 지배하는 현세적 휴머니즘에서 보는데,[21] 이처럼 궁극적인 근원에 대한 관심보다 현실적인 기능을 우선으로 하는 무교의 현세주의는 이후 어떤 외래종교가 들어오더라도 한국 종교인의 보편적인 성향으로 자리 잡게 되었다. 그러나 그럼에도 불구하고 여성들을 포함한 모든 인간은 존재의 현재적 기반과 신체성에만 관심하며 머물 수 없다. 생명의 또 다른 기초인 정신과 이성은 인간으로 하여금 지금과 여기의 시공을 초월하기를 원하며, 그것을 통해 의식과 정신이 되기를 원한다. 이렇게 본다면 여성들이 오늘날 자신들이 겪는 많은 악의 근원으로 생각하는 가부장주의 시기에 대해서도 다르게 생각해 볼 수 있다. 즉 가부장주의 시기를 무조건적으로 부정하기보다는 인류가 이 땅 위에서 그 진화의 꽃–인간 의식의 출현–을 퍼뜨리기 위해서 가야 했던 길로 생각해 볼 수 있고, 인간은 이 과정을 겪으면서 자신의 육체성과 현재성을 뛰어 넘는 일을 배웠다고 볼 수 있다.[22] 이렇게 가부장주의를 인류 문화 진화의 한 특이한 시점에서 생겨난 특정한 삶의 조건으로 본다는 것은 다른 한편으로는 인류 삶의 조건이 바뀔 때는 그것도 변할 수 있고, 또 변해야 한다는 것을 말하는 것이다. 오늘날 이 변화는 너무나 뚜렷하고, 전통적 가부장주의는 이제 더 이상 견지될 수 없다는 것이 모든 삶의 변화 속에서 나타나고 있다.[23] 남성들이 정신만의 존재가 아니듯이 여성들도 육체적 존재만이 아닌 것이다.

2. 불교와 한국 여성

1) 삼국 및 고려 여성들의 불교 활동과 도덕적 주체의식

고구려, 백제, 신라 고대 삼국의 한국 여성들이 불교를 만난 것은 또 다른 차원의 삶의 의식을 여는 것이었다. 그때까지 그들의 신앙은 무교적 신앙이 전부였고 대부분의 삶은 좁은 부족적 의식의 테두리를 벗어나지 못했다. 그러나 삼국시대에 중국으로부터 유입된 불교와 함께 그때까지의 인간적인 테두리를 급진적으로 무화無化시킬 수 있는 '공空'과 '무無'라는 개념을 배우게 되면서 이들의 공간의식과 시간의식은 큰 변화를 겪는다.

전통 무속 토착신앙이 강했던 신라에서는 그 유입 과정에서 격렬한 갈등이 일어나기도 했지만 삼국에서의 불교 수용은 업보설, 인과응보설, 극락왕생 신앙 등을 기초적으로 정착시켜 현재까지 한국 불교의 중요한 신앙내용으로 자리 잡게 하였다.[24] 특히 신라에 의한 삼국통일은 불교 정신을 배경으로 하여 이루어진 것으로 이해된다. 이를테면, 국가에 있어서 왕실에 의해 선도된 불교의 수입과 공인은 국민들로 하여금 과거 갈라진 부족적인 전통 신앙의 테두리를 벗어나서 보다 보편적인 신앙에 귀의하게 했고, 보다 큰 범위의 강력한 왕권을 확립하게 했으며, 자아와 현재의 본능적인 충동을 억제하고 절제하며 계획할 수 있는 높은 차원의 윤리의식을 형성케 했다. 다만 불교가 전파되는 과정에서 토착신앙을 포섭하며 보급되었으므로 토착신앙과 융합되어 샤머니즘적 성격에서 벗어나지 못하는 한계를 가지게 되었지만, 불교는 내세와 인과율의 관념, 성적性的 욕망과 성스러움을 구별해서 볼 수 있는 의식을 심화시켰다.[25]

그때까지 여성들 신앙의 하층부를 형성하는 것은 무교적인 것이 많았고, 그래서 불교 신앙도 현세 구복적인 것이 많다. 하지만 삼국과 고려시대 여성들은 인과응보설과 윤리설, 보시사상과 보은사상 등으로 남녀의 구별을 떠난 보편적인 윤리의식을 키워 나갔고, 전생과 내세로 시간관념을 확장시켜 나갔다.[26] 비록 불교 유입 초기에는 왕비(법흥, 진흥왕비)나 여왕(선덕, 진덕여왕) 등 상류사회 여성들에 의해서 불교 신앙이 주도되었으나 통일신라와 고려조를 거치면서 하층 서민사회로 확산되어서 사회적으로 〈이승단尼僧團〉이라는 조직도 생겼고, 서민 여성들의 의식세계도 변화를 겪었다. 그 한 예로 의상(義湘, 625~702)대사의 문하 10대덕大德의 한 사람이었던 진정眞定의 어머니 이야기가 있다. 그녀는 집이 몹시 가난하여 아들 장가도 못 들이고, 남아 있는 재산이라고는 오직 다리 부러진 솥 하나밖에 없었지만 화주승이 와서 시주를 요청하자 그 솥을 시주하였다. 그 후 아들의 출가와 관련해서는 "불법은 만나기 어렵고 일상은 너무나 빠르다. 내가 죽은 뒤에 출가하면 너무 늦어서 안 된다. 불도를 배우는 일에 나의 죽음을 핑계로 머뭇거려서는 안 되니 빨리 가도록 하여라." 하고 집안에 남아 있는 쌀 7되를 모두 털어 밥을 지어주며 아들의 출가를 강경하게 재촉하였다고 한다.[27] 또한 신라 35대 경덕왕 때에 욱면郁面이라는 노비녀는 너무나 간절히 염불할 수 있기를 원하여 노비로서 고된 일과를 끝내고 법당에 들어가지도 못하고 마당에 서서 말뚝을 박아 놓고 거기에 두 손을 합장하여 묶어 놓고 고단한 몸을 지탱하며 염불하였다고 한다. 그리하여 마침내는 불신佛神으로 화했다는 이야기가 전해진다.[28]

여성사학자 김영미는 신라인의 이상적 인간상이 불교를 수용하면서 어떻게 변화되어 갔는지를 탐색하였다. 그에 따르면 불교적 의식의 수용과 확산 이전에 신라인들이 생각하는 이상적 인간상인 성인聖人은 주로 천신의 자손으로서 국왕이나 그들의 샤먼적 능력과 관련 있었다. 그러나 불교에 대한 이해의 심화 및 대중화와 함께, 특히 중고기中古期에 시작되어 통일신라 이후에는 이타행과 불교 수행을 하던 사람들을 성인이라고 칭했다고 한다.[29] 이것은 성인됨의 조건이 더 이상 어떤 출생적 연원이나 샤먼적 능력이 아니라 자신의 노력에 따라 도달 가능한 인간상으로 보았다는 것이며, 보살의 화현化顯에 대한 신라인들의 기원은 단순히 고귀한 신분의 인간에게서만이 아니라 품팔이로 생활하던 노인의 아들, 빨래하는 여인, 분황사의 비천한 여종 등 "범부凡夫의 성인聖人되기"가 많은 예들로서 나타났다고 한다.[30] 그에 따르면 최치원(崔致遠, 857~?)도 893년 경 찬술한 「지증대사비智證大師碑」에서 아침의 범부가 저녁에 성인이 된 것을 말했는데,[31] 주로 『삼국유사』와 『삼국사기』의 이야기들 속에서 신라 중대와 하대에서 성인의 이상이 태어날 때 결정되는 것이 아니라 수행의 노력에 의해 도달 가능한 이상적 인간으로 변화된 것을 알 수 있다.

이상과 같은 불교 종교성의 교육적이고 신분 타파적인 역할에 대한 지적은 본 연구를 위해서 시사하는 바가 크다. 본 연구가 종교의 역할을 이렇게 성聖의 영역을 확장해 나가는 데 있고, 또한 한국 종교문화사란 한국 역사에서 각각의 종교 전통이 어떻게 그들의 성속 이해를 가지고 구성원들의 삶과 문화를 개방적이고 인간적인 방식으로 고양시켜 왔는가를 나타내는 역사라고 보기 때문이다. 신라인들이 불교문화의 수용과 심화를 통해서 인간은 누구나가 불성을 소유하고 있고, 그것을 인식하고 수행함으로써 성인聖人, 곧 불佛이 될 수 있다고 생각한 것은 그 이전에 출생이나 혈통, 샤먼의 신적 능력에 얽매여서 사고했던 수준보다 훨씬 전개된 인간 인식의 수준을 나타내 주는 것이다. 다른 말로 하면 "성선性善의 평등주의", 즉 범부라도 자신 본성의 본래 모습을 깨달으면 곧 부처라는 의식이 확장된 것이다.

부처의 힘을 통해서 나라가 개국되었다고 고백하는 고려조에 들어와서는 국가적 행사인 연등회와 팔관회 등을 통해서 여성들의 불교 종교 활동이 더욱 확산되었다. 고려시대 불교 의례는 『고려사高麗史』의 기록만 보더라도 70여 종에 1000여 회 이상 실행되었다고 하고, 고려에서 남자에게 승려가 된다고 하는 것은 세속적인 의미에서도 출세를 의미했다. 물론 여성에게 과거 시험이 가능하지 않았듯이 승과에 응시할 수는 없었으나 여성 출가자들의 수효가 상당하였으리라고 추측할 수 있고, 특히 남편 사후 출가하고 자신의 집을 내놓아 절로 만드는 일이 많았다고 전해진다.[32] 고려시대 불교 신앙이 여성들, 특히 귀족 여성들의 생활 속에 깊이 스며든 구체적 사실은 고려 여성들의 묘지에서도 엿볼 수 있다. 어린 시절부터 가정에서 불교 습속 속에서 살아오다가 혼인해서 아침에 일찍 일어나서 불서佛書를 읽고, 낮에는 방적 등 집안일에 몰두하다가, 밤늦게 또 불경을 외우며 살았다는 이야기들이 묘지명에 기록되어 있다(崔湧 妻 金氏 墓誌銘, 金元義 妻 印氏 墓誌銘).[33] 또한 여성들의 생활화된 불교에의 귀심은 임종 시 모습들을 기록한 데에서도 나타나는데, 돌아가기 하루 전에 이승尼僧이 되어 법명을 받은 일이나 숨을 거둘 때까지 염불하며 숨을 거두고, 장례를 불교식으로 행했다는 이야기 등 고려 여성들에게 불교 신앙과 의식은 생활 속에 깊이 녹아들어 가서 오히려 종교라는 높은 차원에서가 아니라 생활의 한 부분으로 존재한 것이었다.[34] 당시의 귀족 여성들이 불교의 계율에 따라 일상생활을 지내고 술과 육식을 피하고, 많은 아들들 가운데 한 둘은 승가로 출가시키고, 보시도 하고 사원에 각종 헌금을 한 이야기들이 고려 여성들의 역사 기록에 전해진다.[35]

2) 불교 교리와 여성 현실 사이의 모순

앞에서도 지적했지만 불교 사상 체계는 이 세계 모든 것을 무無로 돌릴 수 있는 공空사상 체계를 가지고 어느 종교보다도 남녀의 성性 차이를 급진적으로 무효화시킬 수 있다. 그러나 현실에서는 그대로 되지 않아서 이미 부처님 시대에 그의 양모이자 이모였던 파자파티가 출가할 뜻을 밝히자 붓다는 팔경법八敬法이라고 하는 심한 남녀 차별법을 제시하며 여성 출가를 제약적으로 허락하였다. 남성 출가자 비구에 대해 여성 출가자 비구니의 철저한 종속을 규율하는 이 팔경법이 과연 붓다 자신의 것이었느냐에 대한 논란은 있지만,[36] 여성이 성불하기 위해서는 먼저 남성으로 다시 태어나야 한다거나 보통 여성으로는 성불할 수 없고 성을 온전히 초월한 무성無性의 여성만이 성불할 수 있다고 하는 등의 이야기가 전해진다.

이러한 현실적인 갈등 모습은 한국 여성 불교사의 전개 과정에서도 드러난다. 불교가 유입되었던 초기 불교에서 여성들에 대한 가르침은 현실에서 여성 역할에 관한 것이 대부분이었다. 여성들에게는 가족관계에서의 윤리와 승僧과의 관계 윤리만 강조되었고, 그들 자신의 성불을 위한 노력 보다는 시주, 염불, 지계持戒 등을 통해 가족의 안녕을 기원하거나 내세의 나은 삶을 기원하는 데 한정되었다.[37] 불교문화가 더욱 확산된 고려시대에 서도 신라 말에서 고려 중기까지 많은 승려 비문들에는 비구니 이름은 거 의 찾아볼 수 없고, 비로소 후기에 들어서야 비구니 이름이 등장한다고 지 적되었다.[38] 이것은 불교가 유입된 후 후기에 가서야 비로소 여성들의 독 자적인 위상이 세워진 것으로 이해될 수 있다. 한편 가족의 안녕과 내세에 대한 기원보다도 수행에 의한 자신들의 깨달음을 위해 힘쓴 비구니들도 신라시대에서는 찾아볼 수 없었고, 고려 중기에 와서나 가능하였다. 이는 고려 후기 선사들이 신라 승려인 현일玄一, 원효(元曉, 617~686), 경흥憬興 등과 는 달리 비구니들의 수행에 긍정적인 태도를 가졌기 때문이라고 한다.[39] 이와 더불어 비구니들이 일반인들을 대상으로 하여 교화 활동을 편 것도 고려 후기에서나 나타난다. 이러한 모든 사실들은 불교 전통에서도 그 원 리와 현실 사이에 나타나는 깊은 간극을 말해 주고, 붓다도 포함해서 한국 불교 전통에도 역시 해당되는 가부장주의의 모습을 잘 보여준다.

이런 의미에서 불교적 여성신학자(as a feminist, and as a Buddhist "theologian")인 리타 그로스[40]도 불교적 여성주의자들은 유일신교 여성주의자들과는 다 른 상황에 직면해 있다는 것을 지적한다. 즉 불교에서는 가부장제가 심하 게 드러나는 부분이 불교의 교의나 상징이 아니라, 여성 승려보다 남성 승 려를 우대하고 남성 스승을 선호하는 승단 규칙 같은 제도적 형식들이라 고 지적한다.[41] 실제로 존재하는 것은 아무 것도 없다는 공성空性이라는 개 념으로 남성적 존재로 여겨지는 유일신교의 하느님 같은 가부장적인 상징이 존재하지 않으므로 불교 여성주의자들의 주된 과제는 기본 상징들을 재구성하는 데 있는 것이 아니다. 오히려 "여성 현실과 관련된 참을 수 없는 모습"과 관련하여 본래부터 가부장적이지 않은 불교 세계관 자체보다는 불교 영성을 둘러싸고 있는 가부장적 제도가 개혁되고 재구성되어야 한다는 점이 바로 불교 페미니즘의 어려운 현안이라는 것이다.[42] 이렇게 본다면 우리가 한국 여성사를 이야기할 때 일반적으로 유교는 여성 억압적인 것으로 평가하고, 불교는 그렇지 않았으며 또한 고려시대 여성들의 삶은 조선시대 여성들보다 자유로웠다고 평가하는 것도 한계를 가지는 것을 알 수 있다. 왜냐 하면 여기서도 드러났듯이 한국 불교 전통도 여성 긍정의 한 진행사일 뿐이며, 여성 긍정의 한 끝이 어떻게 여성들이 윤리적 주체로 온전히 서느냐에 달려 있음을 보여주기 때문이다.[43]

불교는 영적 삶과 실천에서 성속을 구분했고, 섹슈얼리티를 포함해서 이 세상의 것에 대해서 터부의 금을 그었다. 여성들은 이 불교의 가르침을 통해 지금 여기의 현실적인 것과 육신적인 것들을 그대로 성스러움과 연결시키던 무교적 습속을 버리고 실재의 더 높은 차원을 배울 수 있었다. 그러나 불교는 이 구분을 제도적으로 행했기 때문에 소수만이 그 생활을 실행할 수 있었고, 그래서 신체적이고 사회적인 조건들이 여전히 이 세상과 많은 관계를 맺을 수밖에 없는 여성들에게는 쉽게 허락되지 않았다. 물론 한국 불교의 특징이 원융회통적圓融會通的이고 성속의 간극을 뛰어넘는 것을 지향하며, 고려 후기에 그 길이 실질적으로 더욱 넓게 열렸다 하더라도 그때까지 눌러 있었던 속俗의 영역은 오히려 성聖의 영역을 침범하여 타락과 혼란을 야기하였다. 승려들이 자신들을 미륵불의 화신으로 자칭하며 사람들을 유인하여 재물을 거두는 폐해가 막대했고,[44] 남녀와 승려들이 때를 지어 만불회를 하거나 개인 집을 절로 만들었기 때문에 금지했으며, 승려들이 시정 여염집에 출입하여 술 취하고 싸우며 득도하여 병을 고치고 죽은 자를 살린다는 승려를 좇아 그가 세수하고 양치한 물도 귀하게 여겨 받아 마시며 남녀가 주야로 한데 어울려 추문이 파다했다는 이야기들이 『고려사』가 전해 주는 혼란들이다.[45] 이러한 혼란들은 세속의 삶을 구분하여 속의 영역으로 두는 성속 분리 방식을 통해서는 구원이 이루어질 수 없고, 더군다나 대중과 여성들이 윤리적 주체로 서는 일은 요원하다는 것을 말해 준다. 그래서 조선은 고려 말기에 중국에서 수입된 신유교新儒敎를 새롭게 국가이념으로 삼으면서 속의 영역에서 성을 실현하는 방식을 채택하였다. 조선조 유교 전통에로의 전환을 말한다.

3. 유교와 삼국 및 고려 여성들

1) 한국 사상의 원류와 유교의 전래

중국과 지리적으로 밀접히 연결되어 있던 한반도는 중국 진한대秦漢代 때부터(B.C222~A.D220) 공자의 육경六經 사상을 본격적으로 받아들였다. 고구려 소수림왕 2년(A.D372)에 중국의 제도를 본 따서 국립대학인 〈태학太學〉을 세워 자제를 교육하였다고 하니,[46] 그 이전에 이미 한자가 전래됨과 동시에 한자 속에 내포된 유교사상이 들어왔음을 알 수 있다. 고대 한국에 대한 중국 고古기록들을 보면, 비록 단편적이기는 하지만, 예를 들어 『사기史記』「조선전朝鮮傳」이나 『한서漢書』「지리지地理志」는 고대 한민족에 대해서도적이 없고, 부인들이 정신貞信하고, 그 성품이 인자하고 유순하여 가장 인도적人道的이었다고 적고 있고,[47] 『후한서後漢書』「동이전東夷傳」에는 "… 천성이 유순하기 때문에 도로써 다스리기 쉬우며, 군자가 끝내 죽지 않는 나라(君子不死之國)다. … 따라서 공자가 구이九夷에 살고자 하였다"고 적고 있다.[48] 공자 사상이 집약되는 인仁 자字도 20세기에 와서 점점 더 진전되는 금석金石과 갑골문甲骨文 연구에 따르면, 본래 인人에서 나온 것인데, 이때 인은 인간이라는 보통명사가 아니라, 인방족人方族이라고 하는 고유명사의 인仁으로서, 인방족이란 바로 동이족東夷族, 동방족東方族을 가리키는 것이라고 한다. 즉 고대 한민족인 동이족의 고유한 특성을 가리키는 인人 자字에서 인仁이 나왔고, 그래서 이夷 자의 원형은 인人 자임을 알 수 있고, 사랑하여 살리기를 좋아하는 인仁은 그리하여 동방족에서 유래한 것을 알 수 있다고 한다.[49]

이렇듯 고대로부터 군자와 어진 사람들의 나라로 알려져 있던 동방에 공맹의 사상이 전해져서 통치 원리로 응용되었을 뿐 아니라 사회 규범의 확립에 크게 기여하였다. 교육 제도를 정비하고 풍속을 순화시키는 데 유교 사상이 큰 역할을 하여 혼인 습속에서 매매혼이 사라지고, 부모와 남편 상례에서 3년 복이 권장된 점, 순장제도를 금지시킨 것들이 있다.[50] 유교사상은 특히 충忠 · 효孝 · 열烈의 사상을 고취시켰는데, 고구려의 〈태학〉이나 통일신라의 〈국학國學〉(A.D 682), 고려의 〈국자감國子監〉(A.D 992)에서 『논어』와 『효경孝經』이 필수과목으로 지정되었고, 인과 효사상이 정치와 인간 교육의 근본이 되도록 하였으며, 조상 숭배가 더욱 성하게 되었다.

신라의 화랑도는 『삼국유사』와 『삼국사기』에서 그 성립 과정을 설명하는 데서나[51] 세속오계世俗五戒를 지은 원광법사의 학문적 배경에서도 나타나듯이, 유교사상의 영향을 지대하게 받은 것을 알 수 있다. 충·효·신·맹·인 등의 덕목이 강조되는 세속오계를 실천 강령으로 삼았던 화랑도들의 정신세계는, 예를 들어 진평왕 34년 임신년 어느 날에 신라의 두 청년이 쓴 「임신서기석壬申誓記石」에서 잘 볼 수 있다. 여기서 두 청년은 나라의 위기를 자신들의 것으로 여기면서 실력을 갈고 닦아서 용감하게 전쟁에 임할 수 있도록 하자고 맹세한다. 불과 70여 자밖에 안 되는 문구이지만 하늘에 맹세한다는 '서誓' 자를 일곱 번이나 쓰면서 기꺼이 살신성인殺身成仁할 것을 서로에게 다짐하며 맹세하는데, 이 글이 1차 자료로서 통치자의 입장에서가 아니라 국가가 불안하고 재난을 당하면 충성을 바쳐 애국하고자 하는 순수한 청년들의 자율적인 기록이라는 점에서 당시 신라 화랑들의 의식의 고양 정도를 알 수 있다.[52]

2) 고대 한국 유교 여성들

이렇게 효제와 충신의 정신으로 삼국인들에게 영향을 미쳤던 유교사상은 여성들의 삶에도 영향을 미쳐 시간이 지남에 따라 유교적인 강화의 모습들이 점점 더 나타난다. 우리가 잘 알고 있는 고구려 평강공주와 온달의 이야기도 그 하나이다. 평강공주는 아버지 평강왕이 어린 딸의 울음을 그치게 하려고 바보온달에게 시집보내겠다고 하던 말을 꼭 간직하고 있다가 나이가 들어 다른 사람에게 시집보내려 하자 듣지 않고 궁을 나와 온달을 찾아 나선다. 무척 놀라면서 거절하는 온달 모자를 설득하여 혼인한 후 살림을 일구고 남편을 훌륭한 장수로 성장시켜 나라에 큰 공을 세우게 했다. 신라와 한강 북쪽의 땅을 놓고 벌어진 싸움에서 온달이 전사하여 장사를 지내려 하는데 영구가 움직이지 않자, 공주가 와서 관을 어루만지면서 "죽고 사는 것이 결정되었습니다. 오호 돌아갑시다"(死生決矣 於乎歸矣)하니 그제야 관이 움직였다는 설화가 전해진다.[53] 이렇게 한 여성이 마음에 중심을 가지고, 바보라고 칭해지며 천하게 대접받던 한 남성을 남편으로 맞고, 그를 장수로 키워 내며 죽어서도 감동하게 만든 이 이야기는 충실한 부덕婦德의 힘에 대한 이야기로 회자되었다.

통일신라 초기의 유학자 강수(强首, ?~692)의 아내 야가녀冶家女는 신분은 비록 낮았지만 그 생각과 행적에 있어서 유교 도덕의 강화를 크게 받은 것을 보여준다. 문명文名으로 신라의 통일 사업에 큰 공을 세운 남편이 죽자, 신문왕이 그 장사에 부의賻儀와 의복, 비단 등을 많이 공급하였는데 이를 사사로이 쓰지 않고 모두 불사佛事에 돌렸다고 한다. 먹을 것이 모자라 고향으로 돌아가야 하는 상황에서도 홀몸이 되어서 다시 나라의 은혜를 입을 수 없다고 끝내 거절하였다고 전해진다.[54] 또한 효녀지은孝女知恩과 설씨녀薛氏女, 백제인 도미都彌의 처 등은 유학자 김부식(金富軾, 1075~1151)이 뛰어난 유교정신의 여성 모범들로서 소개하였다. 효녀 지은은 홀어머니를 봉양하기 위해서 서른이 넘어서도 시집을 가지 않았고, 나중에는 여종으로 품을 팔아 어머니를 봉양하던 중, 이 효심이 알려져서 당나라에게까지 이름이 났다고 한다.[55] 설씨녀는 신라 진평왕 때에 혼인을 약속한 배필에 대한 정절로 이름이 높았다. 그녀를 사모했던 한 청년이 그녀의 늙고 병든 아버지 대신에 군역을 대신 떠나게 되자 돌아오면 혼인할 것을 약속하였다. 처음 기약한 3년이 지나고 6년이 되어도 돌아오지 않자 늙은 아버지는 딸을 강제로 다른 곳으로 시집보내려 하였고, 그녀는 깊은 슬픔에 빠져 있었으나, 마침내 약속한 사람이 돌아와서 혼례를 치르고 인생을 같이 살았다는 이야기이다.[56] 백제 사람 도미의 처도 남편에 대한 정절로 모범이 되었다. 백제 개루왕이 도미가 비록 미천한 신분이지만 의리를 알았고, 그의 아내가 용모가 아름답고 절개가 뛰어나다는 말을 듣고 이를 시험하고자 하였다. 그 남편을 다른 먼 곳으로 보내고 그녀를 궁녀로 맞아 간음하려고 하자 도미의 처는 지혜를 내어서 왕을 몇 번이고 물리쳤고, 마침내 죽을 고비를 겪으면서 도망쳐서 함께 살게 되었다는 이야기이다.[57] 이상의 사례들에서 알 수 있듯이 이미 삼국시대에 효孝나 열烈, 절節 등의 유교적 여성 부덕들이 한국 여성들에게 결코 낯설지 않았으며, 김부식과 같은 남성 작가의 역사책에 등장할 정도로 비록 소수이긴 하지만 그 시대에 모범적으로 표현되었음을 본다.

고려시대 들어와서 여성들의 도덕관은 신앙적으로 불교와 샤머니즘에 빠져 있었지만 이미 이른 시기부터 유교적인 부덕의 영향을 받은 것이 여성 묘지명에 드러난다. 그러나 조선의 상황과는 달라서 아직 내외가 그렇게 엄격하게 구별되지 않았고, 50살이 넘어서도 재혼함이 보통이었으며, 봉제사奉祭祀와 상례喪禮가 불교적이었음이 지적되었다.[58] 고려 말 유학자 이제현(李齊賢,1287~1367)의 빙모 변한국대부인卞韓國大夫人 유씨柳氏의 묘지명에 보면 "분 바르지 않았고"(不御鉛華), "무당 승려와 점치고 비는 일은 입에 담지 않았고"(巫尼占術罕言於口), "이자 놀이를 마음에 부끄럽게 여겼으며"(子母利息恥計於心)라는 대목이 나오는데, 이것은 조선시대 『규중요람閨中要覽』이나 『우암선생계녀서尤菴先生戒女書』, 『사소절士小節』 등의 각종 여계서女戒書 내용과 유사하다.[59] 이렇듯 조선시대 유교 여성의 전형이 이루어지기까지는 이미 고려 말부터 "장구한 준비 기간이 소요되었음"을 알 수 있다고 한국 여성사 탐구는 지적한다.[60]

Ⅲ
유교와 조선시대 여성

앞에서 언술하였듯이 중국 은말殷末 주초周初에 전해진 상고시대의 것은 차치하고서라도 삼국시대 이전부터 우리나라에 들어온 경학經學(五經)사상은 고구려, 백제, 신라의 삼국이 문물제도를 갖추어서 국가적 차원으로 발전하는 데 큰 역할을 하였다. 유교는 고려시대에도 국가의 경영이나 사회 문화 속에서 지속적으로 영향을 주어 오다가 고려 말에 들어온 신유교인 성리학은 조선조 500년간 국가적 차원에서 사회 문화 전반을 지배하는 국가이념이 되어 조선사회를 유교화하였다.

오늘날 조선의 '유교화(Confucianization)'에 대해서 국내외에서 많은 연구 이러한 연구들은 지상에서 유례가 없었다는 것에는 한결같이 동의하지만 그러나 그렇게 깊이 있게 진행된 조선 유교화의 결과에 대해서는 평가가 다양하다. 90년대에 유럽 한국학자 도이힐러(M. Deuchler)는 한국 사회가 고려 말기로부터 시작하여 유교화 과정을 겪으면서 어떻게 결혼제도와 상속, 상례와 제사들에서 근본적인 변화가 일어났는가를 추적하였다. 거기서 그녀는 한국이 중국이나 일본과는 비교도 안 될 정도로 깊은 유교화 과정을 겪었다고 밝히지만, 그 진행의 추이를 그렇게 긍정적으로 보고 있지 않다. 오히려 유교화의 진행으로 여성의 삶도 포함하여 고려시대 사회 체제의 유연성과 자유로움이 점점 제약되어 갔다는 의미에서 주로 평가하였다.[1] 이러한 조선의 유교화는 한편으로 "양반 지향화"라는 개념으로도 파악되는데, 예를 들어 17세기 말 대구 지역에 9.2%에 해당되던 양반 비율이 18세기 중반과 후반으로 가면서 70.3%에 이르기까지 증가하였고, 노비는 그 반대로 소멸이라고 할 정도로 격감하였으며, 양반들의 일이었던 족보 편찬이 18, 19세기에 급증한 것 등을 말한다.[2]

20세기 독일의 역사 사회학자 노버트 엘리아스(N. Elias, 1897~1990)는 유럽에서 중세 이래 근대 부르주아 사회까지 유럽인들의 삶의 경험들을 탐구한 결과 그것이 일련의 "문명화 과정(der Prozess der Zivilisation)"이었다고 밝히고 있다. 그 연구는 종교나 경제, 국가 형태나 예술뿐 아니라 특히 일상적 본능과 관련된 삶으로 식사 예절, 오줌 누기, 코풀기, 침 뱉기, 성생활 태도 등을 그 "장기적인 변화"와 "장기적인 과정"에 관심을 두고서 추적한 것이다. 문명화 과정이란 일종의 "예절(civilité, civilitas)의 세련화" 과정이기도 한데, 인간의 사고에 있어서 "자기 초연 능력의 증가"와 관련되어 있고,[3] 인간 삶의 동물적 측면이 억압되고, 잔인성과 폭력성, 더럽고 불결한 것에 대한 수치와 당혹감이 확장 되어가는 과정이라고 밝힌다.[4] 엘리아스는 18세기 부르주아 상류사회에서는 그 이전의 협소한 궁정사회에 비해서 예절이라는 말이 점점 "인간애"(humanté)라는 말과 동일시되어 가는 경향을 보였다고 지적한다.[5]

이렇게 문명화 과정의 핵심 내용이 인간의 사회적 삶에서 본능적인 충동이 억제되고, 다른 사람과의 관계에서 자율적인 자기 통제가 증가하는 과정으로 이해되자 조선의 유교화 과정이 일종의 문명화 과정으로 이해되었다.[6] 한국학자 왈라벤은 엘리아스가 유럽의 문명화 과정 이해와 관련하여 중요하게 생각했던 16세기 에라스무스의 조그만 책『소년들의 예절론 De civilitate morum puerililium』을 18세기 조선시대 이덕무(李德懋, 1742~1793)의『사소절』과 비교했다.『사소절』은 영조 51년(1775)에 당시 북학파에 속해 있던 이덕무가 남자의 예절(士典)과 부녀자의 예절(婦儀), 그리고 어린이의 예절(童規)의 총 세 부분으로 나누어서 일반적인 사회생활에서 지켜야 할 바른 행실들―성행性行, 언어, 복식, 근신 등―을 다룬 책이다. 왈라벤은 이 책이 유럽의 기독교적 문명화 과정과 유사한 패턴 속에서 조선의 유교 문명화 과정의 구체적인 내용들―자기통제력(self control), 식자력(literacy)과 시간관념(the sense of time)―을 담고 있다고 주장한다.[7] 이러한 시각과 유사하게 최근에 와서는 도로시 고(D. Ko)나 김하브시(Kim Haboush)같은 여성 한국학자들도 이 문명화 과정 개념을 저항 없이 받아들여 중국, 한국, 일본 유교 여성들의 삶을 이해하는 데 적용하고 있다. 예를 들어 조선에서 16세기까지는 정치적인 영역에서 유교적 예가 자리 잡았다면, 17세기에는 가정과 사회적 영역에서도 유교 문명화가 두드러졌다고 지적한다.[8]

　　그러나 본 연구는 이러한 엘리아스의 문명화 과정에 대한 세속적인 이해를 넘어서서 그 안에서 종교적 '성화聖化'의 특성을 보려고 한다. 엘리아스가 20세기 사회과학적 학문 방법론의 '닫힌 인간(human close)'의 인간관을 비판하면서 그것의 허구성을 주장했다면, 본 연구는 단순히 인간들 사이의 수평적인 닫힘만이 아니라 그동안 과학의 이름으로 가속화된 수직적인 차원에서의 닫힘도 크게 문제가 됨을 보기 때문이다. 즉 '초월'과 '의미', '성聖' 차원과의 열림을 말하는 것이다. 물론 이 성과 초월의 차원을 향한 개방은 자칫 다시 어떤 이데올로기적 예속이나 형이상학적 관념 속으로 빠지게 하는 것은 아닌가 의심을 받기도 하지만, 유교의 종교성과 성성聖性을 하나의 관념적 이데올로기가 아닌 오랜 전개의 과정 속에서 각 개인들에 의해서 구체적으로 체험된 실제로 읽어낸다면 이 우려와 의심에서 자유로울 수 있다고 본다. 함석헌 같은 이는 이것을 "뜻의 역사"라고도 했는데, 사람들이 어떤 초월자는 믿고 안 믿고 할 수 있지만 뜻을 가지지 않고는 살 수 없음을 지적하였다.[9]

본인은 오늘날 조선시대 여성들의 삶에 대한 평가가 온전히 이루어지지 못하는 요인도 바로 이러한 유교 전통에 대한 장기적인 관찰과 거기서부터 얻어진 의미 추구의 역사가 잘 시행되지 못했기 때문이라고 생각한다. 이 오랜 기간의 의미추구(Sinn-Sein Frage)가 바로 초월에 대한 궁극적 관심으로서의 종교성의 표현이라면 유교는 그 궁극적인 추구로서 성인지도聖人之道를 지향했고, 그 추구하는 일에 있어서 이념적으로 남녀 간의 차별을 두지 않았다.[10] 유교 역시 그러나 실제의 삶에서는 그 이상을 실행함에 있어서 사각지대를 허용하여 심하게 변종되기도 했지만, 성인지도의 추구로서의 유교 종교성 속에서 오늘날 여성주의와 새롭게 대화할 수 있는 가능성이 있고, 이와 더불어 유교 전통의 여성들을 다르게 볼 수 있는 여지가 있다고 본다.

1. 유교적 성인지도聖人之道의 종교성

궁극적인 의미에 대한 전적인 헌신(total response 또는 commitment)을 종교의 핵이라고 보았을 때 유교가 궁극적으로 추구하고 헌신하는 이상은 성인聖

人됨(聖人之道, To become a sage)이다. 유교儒敎의 유儒 자가 원래 『설문說文』의 의미로 '유약하다'(柔弱)는 뜻을 지니고 있고, 방어술에 능했던 무사 출신인 묵가墨家의 입장에서 구별의 예禮를 실천하고 옛 것을 따르는 공자 그룹(孔門)을 비난하는 의미로 쓰였다는 유가儒家의 이름대로,[11] 유교는 원래 무武가 아닌 문文을 통해서 인간 사회를 이루고자 하였다. 그리고 그 인간적인 길을 이상적으로 체현하고 있는 존재를 성인聖人이라고 불렀다. 김승혜의 원시유교 연구에 따르면, 공문孔門의 교과서로서 사용된 것이 확실한 『시경詩經』과 『서경書經』 이전 중국 최고의 자료인 갑골문에서 상대商代의 왕은 자신을 여일인余一人이라고 불렀다. 또한 최고신인 상제上帝와 인간 사회를 중재하는 연결점으로서 모든 복의 매개자로 생각했다. 당시 상대의 왕은 정치 · 군사상의 지휘관이었고 제사 때 제사장 및 신의神意를 해석하는 자로서 막강한 권력을 행사했는데, 은나라 사람들은 그 왕이 죽으면 상제의 천상궁정에 올라가서 조상신이 된다고 믿었다.[12] 이러한 여일인으로서의 왕의 명칭이 『시경』과 『서경』에 오면 천명天命 사상의 전개와 더불어 철왕哲王과 성왕聖王으로 불리면서 왕의 이상상을 지칭하는 용어로 함께 쓰였다. 더 나아가서 『시경』에는 그 명칭이 단지 왕뿐 아니라 그를 보좌하는 명철한 정치적 인물들에게로 확산되었고, 이렇게 왕 중심으로 이루어지던 인간에 대한 사고가 점점 확대되면서 철왕이나 성왕 대신에 철인哲人과 성인聖人이라는 용어가 쓰이는 것을 볼 수 있다. 그 대표적 예로 「대아大雅 탕지십蕩之什」 상유桑柔를 든다;

이 聖人은

보아 말하는 것이 百里이거늘,

저 어리석은 사람(愚人)은 오히려 미친 것으로 기뻐하는구나

(어진이들) 말을 할 줄 모르는 것이 아니었으니

(왕의 노염) 어찌 이를 두려워하리오.[13]

이처럼 유교 전통에서 최고의 인간상인 성인은 『시경』과 『서경』에서 유래되었고, 이후 춘추전국시대에 공자는 그것을 인간 모두를 위한 보편적인 이상상으로 제시하였다. 그러면서 유가의 길이란 바로 그러한 인간의 육성을 통해서 공동체의 삶을 바르게 하고, 나라를 올바르게 세우며, 나아가서 천하에 화평을 이루고자 하는 길임을 밝혔고, 그 일에 전적인 헌신을 하였다. 성聖이란 글자와 관련하여 『설문』의 해석에 따르면, 성은 '통하다', '관통하다'의 도道와 관련이 있고, 또한 '듣는다'의 청聽이나 이耳와 관계가 깊다. 즉 성인은 '큰 귀(耳)를 가지고서 하늘의 소리를 잘 듣고, 관통하지 않는 것이 없는 사람'을 가리키는 것이다.[14]

공자는 『논어』 속에서 바람직한 인격자를 지칭함에 세 가지의 용어를 사용했다. 가장 빈번하게 나오는 군자君子가 있고, 출중한 덕을 지녔다는 뜻의 현인賢人이 있으며, 마지막으로 최고의 경지를 나타내는 성인聖人이며, 총 여덟 번 쓰였다.[15] 주지하다시피 공자는 자신을 성인이라고 여기지 않았다. 그는 당시 인간 삶의 치유를 고대 성왕들의 길을 다시 회복함을 통해서 가능하다고 믿으면서 그 길에 대한 가르침을 전수하는 데 최선을 다하는 자로 그려지기를 원했다(述而不作). 『논어』 「옹야雍也」 28절에서 공자는 "만일 백성에게 널리 은덕을 베풀어서 그들을 구제할 수 있다면 그들이야말로 인의 실천을 넘어서 반드시 성인임에 틀림없다"고 하였다.[16] 이 말에서 공자가 말한 성인의 길이 궁극적으로 무엇을 향하고 있는지가 잘 나

타나 있다. 이어서 「술이述而」 33절에서는 자신은 감히 성인과 인자仁者라고 할 수 없고 다만 배우기를 싫어하지 않고 가르치기를 게을리 하지 않는 자가 될 뿐이라고 지적하면서 성聖과 인仁의 경지가 얼마나 높은지를 밝혔다.[17] 그리하여 공자는 성인을 만나볼 수 없으니 군자라도 만나보았으면 좋겠다고 한탄했다.[18] 공자는 이렇게 높은 성인의 도를 추구하는 사람들의 길을 '군자지도君子之道'로서 제시하였다. 자신의 편안함과 이익을 따름으로써 비천한 품성을 지니게 되는 소인과는 달리 군자는 '수기안인修己安人'하고 '극기복례克己復禮'하면서 자신의 인격을 수양함을 통해서 남과 세상을 편안하게 해 줌을 말한다;

> 자로가 군자에 대해서 물었다. 선생님께서 말씀하시기를, 敬으로써 자신을 닦는 것(修己以敬)이다. 자로가 말하기를, '이뿐입니까? 말씀하시기를, '자신을 닦아 사람들을 편안하게 하는 것(修己安人)이다'. 자로가 또 말하기를, '이뿐입니까? 말씀하시기를, '자신을 닦아 백성을 편안하게 하는 것(安百姓)은 요순도 힘들어하셨던 일이다'.[19]

공자 사후 100여 년이 지난 후에 맹자는 이렇게 공자에 의해서 수기안인과 극기복례의 길로서 제시된 성인의 길을 더욱 적극적으로 보편적인 인간의 길로 제시했다. 『맹자』에서는 성인이라는 용어가 무려 47번이나 사용되는데, 그에게서 성인의 범주는 무척 확장되었고, 그의 성선性善의 인성론을 통하여 인간 누구나가 공유하고 있는 인간의 본성이 되고 모두가 도달 가능한 이상으로 적극적으로 제시되었다. 공자 사상의 중심이 되던 군자 대신에 맹자는 성인聖人을 보편적인 인간상으로 앞세우고 있는 것이다.[20] 맹자에게 주공은 공자가 보았던 것과는 다르게 한 성인이었고,[21] 공자도 맹자에게 성인이 된다.[22] 이렇게 함으로써 맹자에 의해서 성인의 이상이 고대 성왕들의 시간으로부터 자유롭게 되었다. 이와 더불어 맹자는 인간의 성性에 대하여, 과거 성인들의 본성과 오늘날 보통사람들의 본성이 같은 것이라고 말하면서(聖人與我同類者)[23] "누구라도 요와 순이 될 수 있다"고 선언한다.[24] 그리하여 성인의 이상이 고대의 시간에 갇혀 있던 것으로부터 누구나 실현 가능한 목표가 되었고, 성인됨(聖人之道)이란 이제 "각자 노력의 결과(the product of one's own efforts)"이고, 그 가장 확실한 예로 공자가 지적되었다.[25]

맹자는 우리의 심心을 다하면 우리의 성性을 알 수 있고, 그 성을 알면 천을 알게 된다고 하면서 '심心'과 '성性'과 '천天'의 내적인 관계를 선험적으로 밝혀 주었다. 그러면서 성인의 길을 모두의 '진심盡心', 즉 마음을 다하는 일로 보았다.[26] 또한 그것은 '인의仁義'와 '이利' 사이의 선택의 갈림길에서 인과 의를 선택하는 정치의 길과 다르지 않음을 밝혔다. 바로 개인의 성품을 수양하는 수양의 길이고, 하늘의 명命을 아는 길임을 분명히 하였다.[27] 이렇게 해서 성인지도의 종교성은 맹자에 의해서 다시 한 번 그 정치적인 성격을 드러낸다. 그 길은 단순히 세속적인 도덕성의 문제가 아니라 인격의 주체성이 초월(天 또는 天命)에 대한 깊은 자각을 근거로 해서 실행되는 일임을 다시 밝힌 것이다.[28]

주지하다시피 맹자의 이러한 진심으로서의 성인지도 이해는 10세기 이후 도학파들에게 잘 이어졌다. 그리하여 여기서는 성인지도의 이상이 단지 과거의 한 이념이 아니라 지금·여기에서 실행되는 모든 사람 공부의 이상이 되었고, 자신의 생애 안에서 성취하고자 하는 도학의 이상이 되었다.[29] 주희(朱熹, 1130~1200)의 『근사록近思錄』은 성인이 되고자 하는 공부의 길에 안내서 역할을 했고, 왕양명(1472~1524)은 다시 한 번 유교 공부가 과거시험이나 명예나 이익을 위한 것이 아니라 바로 성인이 되고자 하는 공부임을 천명했다(登第恐未爲第一等事, 或讀書學聖賢耳).[30]

이 선언에서도 드러나듯이 성인지도의 길은 매우 영적이고, 반드시 관계 속에서 자아를 파악하려는 관계성의 영성이며, 지금 이곳에서 하늘의 도를 실현하려는 도학적 영성이다. 그래서 뚜 웨이밍(Tu Wei-ming)은 신유교의 종교성이란 한편으로는 자신의 주체성을 끊임없이 심화하는 과정 속에 있고, 다른 한편에서는 그 주체성을 끊임없이 밖으로 연결시켜서 밖의 상황에 대한 예민한 감수성의 개발에 있다고 지적하였다.[31] 이러한 도학으로서의 신유교가 고려 말에 조선에 전해져서 유래가 없이 깊이 심화되었고, 그리하여 본 연구는 지금까지의 탐구를 토대로 해서 조선의 유교화가 단순한 정치적 기획이나 도덕화의 차원이 아니라 깊은 성화의 종교적 의미를 담고 있는 것으로 보고자 한다. 그런 의미에서 유일신 사고를 기반으로하는 서구적 기독교의 성화(santification) 개념으로 유교적 성인지도의 길을 표현해도 큰 무리가 아니라고 보는 시각이다.[32]

2. 유교적 성인지도의 특징

1) 초월의 내재화: 천天과 천명天命, 덕德과 인仁, 성性과 예禮

천과 천명: 유교는 불교나 기독교와는 달리 성과 속을 그렇게 과격하게

나누지 않는다. 오히려 지극히 현세적인 방법으로 성의 세계를 속의 세계에서 구현하기를 힘쓴다. 류승국은 일찍이 "유교에 있어서는 지극히 높고 밝은 천도天道와 일상생활을 하는 인도人道와의 이원성을 어떻게 조화하며 지극히 높은 이상을 현실화할 것이냐 하는 문제가 가장 중요하다"고 지적했다.[33] 이른 시기부터 유교와 기독교 사이의 대화를 시도해온 줄리아 칭(J. Ching)에 따르면 유교는 하나의 "세속적 종교(a secular reli- gion)"이다. 이 단어를 통해 칭은 먼저는 유교를 하나의 종교 전통(a religious tradition)으로 보고자 했고, 그러나 그 유교 종교 전통의 특징을 이 세속과 인간 세계에서 도를 실현하려는 내면화의 길을 가는 것("lay spirituality")이라고 표현해 주었다.[34]

유교가 단순히 세속적 정치 원리나 도덕 윤리가 아니라 핵심적으로 거룩한 초월의식에 근거한 것이라는 증거는 상고의 여러 작품들에 나타난다. 『시경』과 『서경』을 비롯한 오경은 우주와 인간을 주재하는 초인간적·초자연적 절대 신인 천天과 상제上帝에 대한 숭경의 자취를 남기고 있고,[35] 하늘을 인간에게 대해 감찰하고 화복을 내려주는 상제로 자각하는 것은 "유교의 가장 근원적인 체험이며 핵심적 사상"이라고 지적되었다.[36] "하늘이 뭇 백성을 내심에 사물이 있으면 법칙이 있다"(天生蒸民, 有物有則)는 표현이 그 대표적인 것이다.[37] 이러한 상고의 하늘 의식은 그러나 합리적이고 추상적인 의식이 발달하는 주대周代로 내려오면 변화를 겪는데, 즉 천天이라는 글자 속에 이미 대大라는 사람의 뜻이 내포되어 있는 것처럼 하늘의 초월적 권위가 인간에게 내재됨으로써 인간과의 관련 하에서 파악되기 시작하였다.[38] 즉 덕德의 개념을 말하며, 덕이란 '하늘로부터 내가 받은 것'(得)으로서 기독교의 '하느님의 형상(the Image of God)'과 유사하게 인간이 오직 덕을 통해서 하늘을 알게 되는 선물(a gift)의 의미로 풀이될 수 있다고 한다.[39] 공자는 "하늘이 나에게 덕을 부여하였다(天生德於予)"고 하면서 이 하늘이 부여한 덕을 통하여 하늘을 알게 됨을 명시하였다.

덕德과 인仁: 공자는 전통의 상제라든가 주술적인 귀鬼(神)의 개념을 천이나 천명 등의 개념으로 존재론화하였고, 덕이나 인의 개념으로 인간화했으며 내면화했다. 초월자에 대한 직접적인 설명을 거부하는 공자에 의하면, "명命을 모르면 군자가 될 수 없다(不知命, 無以爲君子也)"[40]고 했고, 50세에 지천명知天命이라고 하며, 나의 덕을 밝히려는 자체가 천을 밝혀 가는 일임을 지시하였다.

인仁은 공자가 평생을 통하여 주장해 온 중심사상인데, 『논어』 전편을 걸쳐 58장, 108여 자에 달하는 것으로서 인을 통해서만 천을 이해할 수 있다고 보았다.[41]인을 말함에 있어서 공자는 "인자인야仁者人也"[42]라고 하였고, 맹자는 "인야자인야仁也者人也"[43]라고 하면서 인은 한마디로 인간을 지칭하는 것이고, 유교의 문제는 바로 인간의 문제라는 것을 지시하였다. 과거 은나라 때에 성행하던 순장殉葬의 풍습이 주나라 때에 없어졌지만, 공자는 무덤에 산 사람 대신에 나무로 사람 모양을 깎아서 넣는 것도 정죄하였고, 맹자는 그 정신을 잘 이어받았다. 공자는 제자 중궁仲弓이 인에 대해서 물었을 때, "문 밖에 나설 때는 큰 손님을 맞이하듯 하고, 백성들을 부릴 때는 큰 제사를 받들 듯이 하고, 자기가 원하지 않는 것을 남에게 하지 말라"[44]라고 하면서 덕의 핵심적인 사상을 잘 드러내주었다.

공자의 이러한 내면적이고, 인간화된 종교성은 『논어』에 나타난 대로 공자가 당시의 재래 종교의식에도 얼마나 깊은 공경심을 가지고 대했는지를 통해서도 잘 나타난다. 공자는 천자가 시조始祖를 배향하여 하늘에 드리는 체禘 제사에 대해서 매우 공경하는 모습을 보였고, 만약 사람이 그 의미를 진정으로 안다면 모든 일은 손바닥을 들여다보듯이 쉬운 일이 된다고 했다.[45] 그는 조상 제사를 지낼 때 조상이 거기 계신 듯하고, 신령이 거기 계신 듯하게 지내야 한다고 가르치며, 자신이 직접 제사에 참여하지 않으면 제사를 지낸 것 같지 않다고 말씀하였다.[46] 곡삭(告朔, 매월 초 하룻밤에 올리는 제사)의 희생양을 아까워하는 제자 자공과 더불어 나눈 대화나, 상喪을 당한 사람 앞에서 식사를 할 때는 배부르게 먹는 적이 없었고, 낚시로 물고기를 잡았으나 그물은 쓰지 않았으며, 자는 새는 쏘지 않았다는 이야기들은 모두 공자의 깊은 종교성을 드러낸다. 공자는 또한 우禹임금에 대해 비판할 것이 없다고 했는데, 왜냐하면 그는 자신의 음식은 박하게 하면서 조상의 귀신에게 제사지낼 때는 효를 극진히 하였고, 자신의 의복은 거칠었지만 제사 때 쓰는 제복과 제관은 아름다움을 극했기 때문이라고 밝혔다.[47] 급작스럽게 천둥이 치거나 바람이 세게 불면 얼굴빛을 바꾸었으며, 아무리 거친 음식을 먹더라도 반드시 고수레를 경건스럽게 하였다는 이야기들 속에서 공자의 종교심과 관련한 뛰어난 면을 볼 수 있다.

공자의 귀신에 대한 태도로서 잘 알려진 대로 "경귀신이원지敬鬼神而遠之 (귀신을 공경하되 멀리하라)"가 있다.[48] 여기서 경敬은 적극적인 뜻을 가져 제사 때의 공경하는 마음가짐을 말하고, 원遠은 또 다시 삼가는 마음이라고 할 수 있는데, 여기서 귀신을 공경하되 멀리하라는 것은 공자가 귀신의 존재나 죽음 후의 문제를 부인하거나 필요없는 것으로 배척하는 의미가 아니라 인간에게 가까운 일, 자기 힘으로 가능한 수기안인의 일에 전력을 기울이라는 유교 고유의 종교성을 표현한 것이라고 여긴다.[49]

이러한 공자와 또한 그를 이어받은 맹자의 삶에 대해서 로드니 테일러

(Rodney Taylor)는 자신들이 생각하는 궁극적인 가치를 위해서 모든 것을 바치는 "종교적 헌신(religious commitment)"과 "신앙(faith)"의 삶이었으며, 그 가치에 대한 믿음 속에서, 그 믿음으로 인해서 맞닥뜨리게 되는 모든 "위험을 감수하는(risk taking)" 종교인의 삶이었다고 지적한다. 즉 공자가 강조하는 군자의 삶이란 바로 오직 덕과 인에 의지해서 세상을 변화시키려는 모험을 감수하는 신앙인의 모습이었고, 맹자는 다시 의義와 이利의 대치 가운데서 목숨을 내어놓고서라도 의를 선택하는 위험을 감수하는 종교인의 모습이라는 의미이다(捨生取義).[50]

성性과 예禮: 인간 덕의 4가지 단서(四端)를 말하며 인간 성품의 선함을 역설한 맹자는 "성인聖人도 나와 같은 종류의 사람"(聖人與我同類者)이고,[51] "사람은 누구나 다 요순과 같이 될 수 있다"(人皆可以爲堯舜)고 했다.[52] 그는 진심장 첫 서두를 다음과 같이 열고 있다.

> 그 마음을 다하는 자는 性을 알 것이니, 그 性을 알면 하늘을 알 수 있다. 그 마음을 보존하여 그 性을 기름은 하늘을 섬기는 것이요, 요절과 장수에 의심을 품지 않고 몸을 닦아 기다림은 命을 세우는 것이다.[53]

맹자는 "위대하여 감화시키는 것을 일러 성聖이라 하고, 성스러워서 알 수 없는 것을 일러 신神이라 한다"[54]라고 하면서 인간 최고의 성숙된 모습을 '성聖'과 '신神'의 경지라고 지적하였다.[55] 이렇게 천과 인간의 성性과 마음(心)을 동일선상에 놓고, 누구나 성인이 될 수 있다고 역설하는 믿음(聖人之道)이야말로 유교 종교성의 참모습이라고 할 수 있다. 유교 종교성의 본래적 특성은 초월 그 자체의 본성이나 특성을 논하는 것이 아니라, 어떻게 그 초월(하늘)이 인간과 사물에 작용하며, 그 근원을 이루고 있는지를 드러내는 것이다.[56] 그래서 줄리아 칭은 유교란 본래가 '모든 사람이 성인이 될 수 있다'(Every man becomes a sage)는 인간의 진정한 가능적 위대성에 초점을 맞춘 "휴머니즘(humanism)"이라고 지적하였다.[57]

천에 관한 사상과 인에 관한 사상과 더불어 공자사상의 기본을 이루는 것이 예禮에 관한 사상이다. 공자가 극기복례를 인의 기초적인 모습으로 설명한 데서도 드러나듯이 예는 인을 근본으로 하여 우리들의 구체적인 행동을 현실의 제도와 행위 규범으로 규정하는 것이다. 사실 유교가 타종교와 구별되는 가장 큰 특징이 이러한 예사상에 있다고 해도 과언이 아니다. 그러나 유교의 예는 지난 역사의 실행에서 많은 경직과 폐단을 불러왔고 특히 여성들과의 관계에서는 심하게 부정적인 측면을 보여주었다. 그리하여 유교적 예가 심층적인 종교성을 갖는다고 하는 것이 잘 언급되지 않았다. 하지만 공자의 사상을 인도人道의 극치로서의 예사상으로 전개시킨 순자(荀子, B.C 298-238)의 예론도 선왕으로부터 전승되어 온 종교적 제사 의식들을 그의 예론 안에 수용하여 정명正名의 한 부분으로 확립시키고 있다.[58] 순자는 다음과 같이 그의 『예론』에서 밝힌다;

> 禮는 세 가지 근본을 가지고 있으니, 천지는 생명(生)의 근본이고, 선조는 인류(類)의 근본이며, 임금과 스승은 다스림(治)의 근본이다. 천지가 없으면 어떻게 생명이 있겠으며, 선조가 없다면 어디서 (인류가) 나올 것이며, 임금과 스승이 없다면 어떻게 정치가 이루어지겠는가? 세 가지 중에 하나라도 없으면 인간 사회를 편안하게 할 수 없다. 그러므로 예는 위로는 천

을 섬기고, 아래로는 땅(地)을 섬기며, 선조를 존경하고 임금과 스승을 융숭하게 하는 이것이 예의 세가지 근본이다.[59]

당시 법가의 사상을 받아들여 나라를 통치하던 진秦에 대해서 순자는 권모술수가 아니라 예의와 교화로 민심을 통일시켜야만 참된 승리를 거둘 수 있다고 조언했다. 이것은 전통적 유가의 입장을 명백히 표명한 것으로서 예란 모든 인간이 도달해야 할 목표를 성인들이 객관적 이상으로 보여 준 것이라고 이해했다. 도의 항상성(常)을 언급한 도가의 영향을 일면 받아들여서 예를 보편적이고 변치 않는 인도로 확장하여서 인간 개개인뿐 아니라 사회 전체의 틀로 제시하려고 한 것이다.[60] 순자에 의하면 예란 인간성의 완성이며, "성위지합性僞之合(性과 수양의 결합)"의 결과로서 바로 여기에서 나라가 다스려진다고 보았다.[61] 그리하여 그는 "성인이란 인간이 쌓아 올려서 된 것이다(聖人也者, 人之所積也)"라는 매우 의미 깊은 결론을 내렸는데,[62] 이렇게 인간의 이상상을 점진적인 발전의 유형으로 본 것은 본 연구가 유교적 성인지도의 종교성을 모든 사람의 삶에서 예화와 성화의 과정으로 이해한 측면과 상통한다.

2) 성인지도와 도학적 인간 이해

이상에서 살펴본 것과 같은 유교 종교성의 특징인 초월의 내면화를 다시 탁월하게 진행시킨 것이 바로 신유교, 즉 성리학이다. 그의 뛰어난 정리 定理가 이일분수理一分殊(The principle is one but its manifestations are many)인데, 신유교는 이것을 가지고 세상의 만물이 성聖의 씨앗(性, 理)을 담지하고 있다는 믿음을 다시 천명했고, 그것을 만물 가운데 실현하려고 추구하였다. 이것은 유교 수양론의 문제가 더욱 본격적으로 등장한 것을 말하며, 특히 조선으로 와서 이기理氣와 사단칠정四端七情의 논설로 전개되어 중국에서보다도 더욱 심도 깊게 논의되었다. 앞서 보았던 대로 하늘에 의해서 부여받은 인간의 본성(性)은 선하고, 누구나 성인이 될 수 있는데, 왜 성인과 어리석은 사람 간에 차이가 있는가 하는 물음이 예민하게 등장한 것이다.[63] 이것은 악惡에 대한 물음이며, 인간이 어떠한 가능성에 의해서 참된 성현이 될 수 있는가 하는 인간론의 물음이다.

일찍이 『서경』은 인심人心과 도심道心에 대해서 말했다. 인간의 마음은 악한 것은 아니지만 자칫하면 악을 범할 위험성이 있는데 하늘의 마음은 순수한 마음이므로 이 마음을 잘 보존해야 한다는 가르침이다. 또한 『예기禮記』에는 인간의 '칠정七情(喜怒哀懼愛惡欲)'에 대한 이야기가 나오고, 이어서 『중용中庸』은 이 칠정 중에서 특별히 앞의 세 가지 감정에다가 기쁨(樂)의 감정을 보태어 이러한 감정들이 일어나기 전(未發)의 상태를 '중中'이라고 하고, 나타나서(已發) 모두 절도에 맞는 것을 '화和'라고 하면서 이런 인간의 감정들을 잘 다스려서 중화의 상태를 이루는 것이야말로 유교 구원의 핵심임을 밝혔다.[64]

맹자는 '사단四端(惻隱之心, 羞惡之心, 辭讓之心, 是非之心)'이라는 개념을 가지고 인간 마음의 생래적이고, 자연스러운 도덕적 뿌리에 대해서 말하면서, 그것을 인간 성품(性)의 본래적 선함에 관한 자연적인 근거로 제시하였다.[65] 하지만 여기서 그러한 도덕적 단서(四端)가 인간의 감정(情)과 어떠한 관계가 있는지, 그것이 정情인지, 아니면 감정과는 다른 또 다른 무엇인지, 또한 인간의 자연적인 성품(性)과 욕구(欲)는 어떠한 관계가 있는지를 분명히 밝히지 않았다.[66] 11세기 이후에 송나라 성리학은 이들의 관계를 보다 분명히 밝히려고 노력했다. 주희는 여기서 '이理'와 '기氣'의 두 가지 형이상학적 원리를 끌어들여서 인간의 성性을 형이상形而上의 이성적 원리(理)로 이해하며 인간의 도덕적 마음(四端)을 성리性理의 표현으로, 반면에 인간의 감정(情)들은 기의 나타남으로 보아서 이 둘 사이의 간극을 확실히 했다.[67]조선 성리학은 인간에게 주어진 공부 목표의 달성을 위해 송대 성리학이 남긴 문제들을 더욱 분명하고 정치하게 풀어 내어서 '인간 누구나가 요순이 될 수 있다'고 하는 유교적 신념을 온몸과 삶과 학문으로 증거해 내고자 했다. 즉 조선 도학道學의 전개를 말한다.

14세기 여말선초麗末鮮初에 성리학을 받아들인 조선은 16세기에 이르러서 퇴계 이황(退溪 李滉, 1501~1570)와 율곡 이이(栗谷 李珥, 1536~1584)를 배출하였다. 도교와 불교에 비해 유교는 '실학實學'이라는 점을 강조하는 도학파들에게 이理와 기氣, 그리고 우리 마음의 사단과 칠정, 성性과 정情, 인심과 도심 등의 관계 문제는 핵심 주제였다. 왜냐 하면 여기서의 올바른 관계 설정이 인간 도덕적 행위를 가능하게 하고, 그것을 통해 하늘의 도가 실현될 수 있다고 보았기 때문이다. 고려 말 조선 초에 유학자들은 성리학을 탐구하였지만, 진정한 의미에서 '도학道學'이란 정암 조광조(靜庵 趙光祖, 1482~1519)에 이르러서 확립되었다고 율곡은 밝힌다. 도학의 이름이 어느 시대부터 비롯되었는지를 묻는 제자의 물음에 율곡은, "송대로부터 시작했고, 도학은 본래 인간 윤리의 내면성을 밝히는 것을 그 본질로 삼았으므로 인간의 도리를 극진하게 하는 것이 도학이다"라고 답했다.[68] 도학이란 단순한 교학教學사상이나 의리지학義理之學의 차원이 아니라 천天과 천도天道를 말하면서 생사를 초월한 경건한 태도로 성인의 도를 따르고자 하는 것을 말하며, 그 일을 위해서 자기 본심 내부의 극처極處에까지 성찰하고 존양하는 길을 말한다.[69] 본 연구에서 유교의 핵심을 성인지도의 종교성으로 파악한 시각과 유사하다고 하겠다.

조선의 성리학이 이러한 수준까지 심화된 대표적 모범으로서의 퇴계 성리학은 보통 이존적理尊的 이기이원론理氣二元論과 주리론主理論 등으로 정리된다. 퇴계는 기대승奇大升과의 논쟁을 거친 바 있지만 이기호발설理氣互發說을 주장하였다. 하지만 퇴계는 인간 존재의 해명에서 순수하게 도덕적이고 정신적인 측면과 자칫 이기적인 인욕으로 흐를 수 있는 육신적인 측면을 엄격하게 구분하기를 원해서 이들 사이의 부잡성不雜性을 강조했다.[70]

이러한 퇴계에 반해서 율곡의 성리학은 존재의 두 측면의 부잡성을 말하지만 불리성不離性에 강조점을 둔다. 그의 성리학은 이기지묘理氣之妙, 이통기국理通氣局, 기발이승일도氣發而乘一途 등의 이론으로 정리되는데, 율곡은 이기理氣를 분리시키지 않고 서로 연결하며 이理와 기氣 관계를 이기지묘理氣之妙와 무형재유형無形在有形의 일관된 특색을 드러냈다.[71] 율곡은 사단을 칠정 속에 넣어 생각하고, 본연지성本然之性과 기질지성氣質之性의 성이 다른 것이 아니라고 보았다. 이것은 그가 성性을 이理와 기氣와 관련시켜서 보면서 만약 이가 기 가운데 있지 않으면 성이라 할 수 없고 다만 이일 뿐이고, 그래서 본연지성이란 기질과 관련하여 말하는 것이지만 오직 이만을 가리켜 말하는 것(專言理)이고, 기질을 겸하여 말하면(兼言氣) 기질지성이라고 하는 것뿐이라고 보았기 때문이다.[72] 이와 마찬가지로 사단은 오로지 이理만을 관련시켜 말하고, 칠정은 이와 기를 겸하여 말하는 것이므로, 사단은 칠정 안에 포함이 되고, 그것은 모두 기의 활동이라고 보는 것이다. 다만 발하는 기가 본래의 청명함을 유지하여 이를 온전히 실현하면

사단이 되고, 도심이 되지만, 본연을 상실한 기는 결국 악한 정情이 되고, 인욕이 된다고 한다.[73]

이렇게 율곡의 성리학에서는 형이상하를 서로 터놓고, 기와 정, 인심을 오히려 인간의 구체적이고 현실적인 기반으로 펴 놓음으로써 "인간 육신의 복권復權"을 가능케 했고, 인간을 기로, 진리를 이로 파악함으로써 기인 인간이 이인 진리를 전폭적으로 인수하여 책임지는 관계가 되어서 그만큼 인간이 능동적이며 창조적인 존재로 파악된 것이다.[74] 이것은 율곡 정신이 가지고 있는 "개명적開明的 정신"으로 평가되는데,[75] 과거 중세기적·종속적 인간 이해에서부터 벗어나서 뚜렷한 민권사상을 가지고 민주적이며 근대지향적인 인간관과 사회관으로의 전환을 지향하는 것이다. 그래서 율곡은 "뭇사람이 어찌 성인을 기약하지 않을 것인가?"[76]라고 했고, 공자의 이른바 "사람이 도를 넓히는 것이지 도가 사람을 넓히는 것이 아니다(人能弘道, 非道弘人)"라 함을 연관시켜 말했다.[77] 이러한 율곡 성리학의 개명적 사고는 당시의 경세를 위한 여러 가지 현실 개혁의식으로 나타났다. 그리고 후대에 기호학파의 큰 줄기로서 이제 인간의 실질적 삶에서 보다 구체적으로 예의 순화를 통해서 보다 넓은 범위의 인간 삶을 고양시키려는 예학禮學의 발전을 불러왔고, 조선 후기 성리학의 호락논쟁湖洛論爭을 불러 일으켰다. 이어서 율곡 성리학은 실학사상 형성에 큰 영향을 끼쳐서 이재(李縡, 1680~1746), 김원행(金元行, 1702~1722) 등을 거치면서 북학파 형성과 이익(李瀷, 1681~1763), 정약용(丁若鏞, 1762~1836) 등의 남인계에도 영향을 끼친 것으로 평가된다.[78]

호락 논쟁의 인물성동이론人物性同異論은 인간을 넘어서 세계의 뭇 대상들과의 관계에서도 그들 나름의 독자성을 인정해 가는 방향으로 한국 사상이 나아간 것이라고 본 연구자는 평가하고 싶다. 이 그룹들 중에 본 연구의 다음 장에서 여성으로서 그들 존재의 복권을 실현하고자 한 임윤지당과 강정일당의 사상적 배경이 되는 인물들이 포함되어 있는 것은 우연이 아니다. 임윤지당의 오빠인 임성주(任聖周, 1711~1788)나 강정일당의 친정과 연결되는 권상하(權尙夏, 1641~1721), 시아버지의 스승이었던 김원행(金元行, 1702-1772) 등이 여기에 속한다.[79]

3) 성인지도의 방법론: 성誠과 경敬과 효孝

경敬: 퇴계는 그의 생애 대부분을 사화士禍(4세 때 甲子士禍, 19세 때 己卯士禍, 45세 때 乙巳士禍) 속에서 살았다. 그래서 그는 참혹한 경지를 체험하면서 천리天理와 인욕人欲이 뒤섞이고, 정의와 권세가 분간할 수 없이 혼돈된 것을 보면서, 그 둘 사이의 구분을 뚜렷이 하고자 했으며, 그것을 위한 핵심적 수행 방법으로서 '경敬'을 내세웠다. 퇴계의 주저인 「성학십도聖學十圖」는 그 제9도로서 「경재잠도敬齋箴圖」를 그리고 있고, 마지막 그림인 「숙흥야매잠도凤興夜寐箴圖」에서도 그는 중심에 경 자를 그려놓고서, 하루의 모든 시간을, 깨어 있을 때나 잠들 때나, 독서할 때나 일을 처리할 때나, 낮이나 밤이나 모든 시간과 일에서 털끝만큼이라도 경에서 떠나지 말라(持敬)는 가르침이라고 밝히고 있다.[80]

경은 이미 송대 성리학에서 '마음은 몸의 주재이며, 경은 마음의 주재이다(心者一身之主帝而敬又一心之主宰也)'라고 선언되었고, 정이천(程伊川, 1033~1107)이나 주희에 의해 가장 중요한 공부 방법으로 여겨졌다. 공자는 이미 『논어』에서 제사 때에 지녀야 하는 경이라는 태도를 인간사에 넓게 확대하여 효의 핵심도 경에 있고(「爲政」7), 모든 행동에서 두텁게 해야 될 것도 경(「衛靈公」5)이며, 누구나가 거경居敬(「雍也」1)해야 한다고 가르쳤다. 또한 인에 대해서 묻는 제자에게 "평상시 때에는 공손하게 하고 일을 잡으면 경하라"고 했다.[81]

퇴계의 「성학십도」를 "To become a sage"라는 제목으로 영역한 캘튼(Michael C. Kalton)은 이 경을 "mindfulness(온 마음을 다함)"로 번역했다.[82] 경의 본래 내용적 의미는 공경함(reverence)에 더 가까운데, 주희는 그 태도를 옛 가르침에 따라서 다음과 같이 설명하였다;

> 마치 상제를 대하듯 조심스럽게 해야 하고…길을 걸을 때 조심하여 가는 것이, 마치 개미집도 피하여 돌아가는 듯이 해야 하고, 집 밖에 나가서의 행동은 자기 집에 온 손님을 대하듯이 하고, 일을 할 때에 제사를 지내는 것 같이….[83]

매사에 조심조심하여 일을 처리할 때에는 오직 그 일을 처리하는 데에만 마음을 쏟아 다른 일에 관심을 가지지 않아야 한다고 말한 것이다. 이러한 삶의 태도를 귀중하게 여겨 퇴계는 "경이 성학의 처음과 끝이 된다(敬爲聖學之始終)"는 말을 어찌 믿지 않을 수 있겠느냐고 했는데, 캘튼은 이 경의 종교적이고 영성적인 차원을 잘 지적하여 "마치 상제가 위에서 내려다보는 것처럼 느끼면서 갖는 떨리는 마음(a shievering feeling)"이고, "상제 앞에서의 두려움(the fear of the Lord)"이라고 표현했다.[84]

성誠: 이처럼 퇴계에게서 성학지도 수행의 핵심 개념이 경이라면 율곡에서는 그것이 '성誠'이다. 이미 지적한 대로 더욱 적극적으로 이理를 기氣에 내면적으로 연관시키며, 인심과 도심 모두를 기발氣發이라고 보는 율곡은 그 기의 본연함을 보전하는가 여부에 따라 인심도 되고 도심도 된다고 함으로써 본연한 심기를 회복하기 위한 기질변화론氣質變化論을 강조하였다. 그러나 율곡은 앞에서 본 바와 같이 성과 경을 체용적體用的 관계로 보아 "성은 경의 근원이고, 경은 성으로 돌아가는 공부이다"라고 하면서,[85] 성과 경을 연결시키며 더욱 지금 · 여기에 관심하고, 경세지향적이며, 인간 신체적 작용과 역할을 중시하는 방향으로 나아갔다. 우리가 잘 아는 대로 『중용』에는 성에 대해서 다음과 같이 말하고 있다.

> 誠이라고 하는 것은 하늘 道요, 誠 되려고 하는 것은 사람의 道다. 誠이라는 것은 힘쓰지 않아도 的中되고 생각하지 않아도 터득하며, 조용히 道에 맞는 것이 聖人이다. 誠하는 것은 善을 선택해서 굳게 잡는 것이다.[86]

율곡은 이렇게 성이 천도와 인도를 접촉 매개시키는 핵심적 계기로서 제시되어 온 것에 주목한다. 그래서 성에 실리實理와 실심實心의 양면이 체용관계로서 파악되고, 하늘이 만물을 화육하게 하는 일과 거기에 대한 인간의 화답이 성을 통해서 이루어져서 성을 통한 인격의 완성은 단지 자기완성에만 그치는 것이 아니라 사물과 세계 완성을 이루게 된다는 이치에 주목하였다.[87] 성이 없으면 물도 없기 때문에(不誠無物), 성은 천天과 인人과 물物을 일관하는 기축을 이루고 있는 것으로 파악하였다. 성은 결코 쉼이 없는(至誠無息) 영원성과 지속성을 갖는 동시에 시조지의時措之宜로서 역사성과 현실성을 그 핵심 속에 내포하고 있는 것으로 파악하여[88] 성에 대해 깊은 의미를 부여하였다. 율곡은 오로지 성을 통해서만 초월적 실재에 다

가갈 수 있다고 확인했다.[89]

　효孝: 신유교의 시기에 와서 성학의 방법론으로서 성경誠敬이야말로 특별히 주목을 받았지만 원래 유교 성인지도의 길에서 실질적으로 가장 중시되는 덕목은 '효孝'다. 한국 유교의 특징이 효와 『효경孝經』의 강조에 있다고 보았고, 여기에서 유교의 종교성이 두드러진다고 보았다. 공자가 효를 덕의 근본으로 역설한 책인 『효경』에는 그 첫머리에 "효란 덕의 근본이요, 모든 가르침이 그것으로 말미암아 생기는 것(孝者 德之本也, 敎之所以生也)"이라고 적고 있다. 이것은 효도가 하늘과 땅의 모든 것에 이르는 도덕질서의 근본됨을 밝힌 것이다. 그러나 효 윤리는 단지 부모와 자식 간의 가족 윤리로만 한정되는 것이 아니라 "참된 인간 실현의 근본(爲仁之本)"으로 심화되기도 하고, "정치와 교화의 근원(敎之所由生)"으로 확대되기도 했다. 즉 효는 인간의 개인적이고 사회적인 모든 행위의 근원적인 원리로서 전통적 윤리체계의 초점이라고 할 수 있다. 이렇게 자기 훈련, 백성의 통치, 세계질서 확립의 근본 덕목으로 이해되는 효도는 공자에 의하면 "하늘의 가르침(天之經)"이며, "땅의 마땅함(地之誼)"이다.[90] 효는 '하늘의 성품(天性)'으로서 "천지의 성품은 사람을 제일 귀하게 여기고, 사람의 행실은 효도보다 더 큰 것이 없고, 효도 중에는 부모를 존엄하게 하는 것보다 큰 것이 없으며, 부모를 존엄하게 하는 것은 바로 그를 하늘에 짝하게 하는 것보다 큰 것이 없다(嚴父莫大於配天)".[91] 이 말들로써 공자가 효의 근거를 하늘(天)에 두고 있음을 분명히 알 수 있다. 그것은 우리에게 육신을 주고 사랑과 가르침을 통해 삶의 모든 것을 주는 부모를 "하늘과 동일시(配天)"할 수 있는 근거를 마련해 주고 있는 것이다.

유교 전통이 천도와 인도를 통합하는 성학과 도학의 추구 속에서 생사를 초월하고 죽음을 극복하는 길로 본 방식이 바로 이 효 실천 속에 있다. 공자는 효를 덕의 근본으로 보면서 부모를 잘 섬긴다는 것은 조상신에 대한 제사를 충실하게 지낸다는 뜻이며, 조상신을 잘 섬긴다는 것은 시조신을, 나아가서는 생명을 주신 하늘을 섬기는 것으로 귀결하였다. 효를 통하여 인간은 단독자가 아니라 무수한 조상들을 뿌리로 하여 태어나는 것이며, 무수한 후손으로 뿌리가 이어진다고 보는 것이다. 그리하여 효란 그 안에 깊은 종교적이고 초월적인 생명 존중과 시간의 연속성에 대한 관념을 담고 있는 것을 알 수 있다.

유교 상장례喪葬禮는 이러한 부모의 떠나감 앞에서 차마 어쩌지 못하는 자식의 효심을 담은 의례이다. 초기 유가의 상례나 후대에 비교적 간결하게 재구성된 『주자가례朱子家禮』 등도 모두 효심에서 출발한 것이다. 제사는 보통 4대 봉사이며, 이 기간 동안 후손들은 마치 살아 있는 것처럼 외경심을 가지고 제사를 받들면 우리의 감각으로는 알 수 없지만 분명히 그들과 통교할 수 있다는 믿음의 표현이다. 이것이 바로 '제사감격祭祀感格'이고, 유교 종교성의 한 핵심으로서 실천되어 왔다. 이런 의미에서 일본의 유교학자 가지 노부유키는 유교를 겉으로 보기에 종교적이지 않은 것처럼 보이는 "침묵의 종교"로서 기독교나 불교 등의 일반적인 성속 분리 종교의 모습과는 다르지만, 이 조상 제례 등을 통해서 유교에서 어떻게 생사가 관통되며, 생자生者와 사자死者가 소통하는 존재로서 이해되는가가 드러난다고 하였다.[92]

이렇게 해서 성誠과 경敬 그리고 효孝의 세 가지 주제는 조선 도학道學의 길에서 가장 핵심적인 주제가 되었고, 18세기 여성 성리학자들에게도 같은 역할을 하였다.

3. 가례家禮의 실행과 조선 여성의 삶

1) 가례의 실행과 유교 종교성

조선 성리학은 이일분수理一分殊와 이기호발理氣互發 그리고 이기묘합理氣妙合 등으로 이 세상 만물의 독자성을 인정하였다. 퇴율退栗 시대인 16세기 이후로 구체적으로 예의 실행을 통해서 만물과 삶의 모든 영역을 성聖의 영역으로 변화시키고자 했다. 주지하다시피 조선 후기 사상사에서 주목받는 것은 예학禮學의 발달이다. 임진왜란과 병자호란으로 나라가 큰 위기에 처하기도 했지만 오히려 이러한 전란들과 더불어 17세기 예학이 크게 발전한 것이 중국 성리학과 다른 조선 성리학의 특색으로 여겨진다.[93] 본인은 이것을 조선 성리학에서 유교의 내재적 종교성이 더욱 심도 깊게 실행된 것으로 보고자 한다.[94]

공자는 『논어』에서 인간 속에 내재하는 초월의 씨앗인 인仁을 극기복례로 해석하였다. 그런데 원래 예사상은 전통적인 의미에서 종교적 성격을 띠는 제례적인 예이다. 유교에서 삼례三禮라 일컬어지는 『주례周禮』, 『의례儀禮』, 『예기禮記』 중 『예기』에는 "예는 하늘에 근본한다(禮本於天)"고 하였음을 볼 수 있다. 또한 주희는 "예禮는 천리天理의 절문節文이요 인사人事의 의칙儀則이다"라고 밝혔는 바, 예는 인간사의 의례와 규칙이기에 앞서 천리와 하나가 되는 데 의의가 있고, 그러므로 예에 의거한 생활은 자신의 사사로운 욕망을 제거하여 천리에 부합하는 것을 지적하였다. 즉 천리를 보존하고 인욕을 제거하는(存天理去人欲) 일을 통해서 인을 실현하는 일이다. 앞에서 유교 종교성이 성인지도 지향적인 종교성인 것을 살펴본 데서도 잘 드러나듯 유교는 하늘의 도를 지금·여기에서 실현시키려는 추구로서 예론의 발달은 그 자연스러운 귀결이고, 조선 성리학의 예학은 그 극진한 사례가 되겠다.

임진왜란 이후부터 실학이 대두하기까지 보통 100여 년간을 '예학시대'라고 부른다면,[95] 조선의 유교는 지구상의 어느 곳에서도 그 비슷한 경우를 찾아볼 수 없을 정도로 초월적인 천天과 성聖의 진리(天理)를 여기 자연과 사회 내의 관계망에서 구현하고자 했다.[96] 이렇듯 예란 보본반시報本反始나 성경誠敬 그리고 효의 정신이 삶의 여러 영역 속에서 다양한 예의식禮儀式을 통해 나타난 것인데, 이 과정에서 유교는 이 세상 만물인 속俗의 영역을 크게 세 단위로 나누었다. 즉 국國과 가家 그리고 신身(자아)이다.

고려시대 불교의 성속 체계와는 다른 체계를 가지고 속俗의 관리에 힘썼던 조선시대는 이렇게 국가와 가정과 개인을 성聖의 영역으로 만들어 가고자 하였다. 우선 그 일을 국가적 의례로 구성해 나가기 위하여 성종 대에 『경국대전經國大典』으로 국가 법제화하였고, 문묘文廟, 종묘宗廟와 가묘家廟 제도를 통해서 조선 사회 전체의 삶을 의례화儀禮化하기를 원했다.[97] 여기서 문묘와 종묘는 국가 수준의 일이고, 가묘는 가정과 개인의 일이다. 세종 시대에 『오례의五禮儀』와 다시 성종대에 『국조오례의國朝五禮儀』가 확립되었고, 『주자가례』의 확산을 통해서 관혼상제冠婚喪祭의 예로써 개인의 전全 삶의 과정을 의례화하고자 했다. 또한 15세기 후반에서 16세기 초반에는 무엇보다도 『소학小學』의 이해와 실천이 강조되었고,[98] 예의 근본이 마음에 있다고 하여 점점 더 『심경心經』이 중시되었다. 한편, 조선조는 유교의 부부유별夫婦有別 내지 남녀 분별의 내외법內外法에 따라 여성들에게는 여러 여훈서女訓書를 마련하여 교화하였다. 대표적인 것으로 소혜왕후의 『내훈內訓』(1475)이 있고, 퇴계의 저서로 전해 오는 『규중요람閨中要覽』, 우암 송시열의 『우암선싱계녀서』, 그리고 이덕무의 『사소절士小節』 부의편婦儀篇 (1795) 등이 있다.

불교의 성속 체계처럼 속俗의 영역을 접어 두고 출가해서 성聖의 영역을 추구하는 방식이 아니라 바로 이 속된 영역이 성의 영역이 되도록 노력하고, 여기 이곳에서 평천하平天下를 이루려는 유교는 가례의 실천을 특히 중시했다. 유교 전통의 가묘는 바로 인간 삶의 모든 일상이 이루어지는 가정이 사원이 되고 교회가 되기를 원하는 표현이다. 성직자 그룹을 구별하여 두는 것을 원치 않던 유교는 그 대신 집안의 남성 중에서 따로 그 역할을 담당할 신분을 정했고, 그것이 바로 한 가정의 종통宗統을 세우는 일이었다.

이 종법 질서는 조선조 사회 질서의 근간이 되었다. 원래 (신)유교의 궁극(宗) 개념인 태극大極이나 (천)리(天)理는 성적性的인 것과 무관하다. 이일분수理一分殊의 이는 양성의 차이는 물론이거니와 인간과 동물, 물질과의 차이도 상관하지 않는 것이어서 이 세계의 만물 속에 내재하는 하늘의 원리로 파악된 것이다. 그러므로 그 이의 온전한 실현(聖人之道, To become a sage)은 남녀 누구나가 도달 가능한 목표가 되며, 온 세계 전체가 하나가 되는 일이 가능하다고 본 것이다. 그러나 현실에서는 분分을 근간으로 해서 절도를 추구하는 예에 있어서 음과 양의 원리는 차별의 원리가 되었고, 종법의 질서는 심한 남성 중심의 위계질서가 되었다. 그러나 앞에서도 지적했듯이 조선 시대 (신)유교는 이러한 한계와 사각지대를 가짐에도 불구하고 그 이전의 어떤 다른 종교 체계보다도 포괄적으로 속의 영역을 끌어안으려고 했다. 이러한 과정이 바로 조선시대 가례의 생활화라고 할 수 있는데, 여기서 조선 사회 여성들은 일상의 삶을 보듬어서 거기에 규모가 있고 질서가 있기를 원했다. 즉 본 연구의 개념으로는 유교적 예화禮化와 성화聖化의 과정을 말한다.

2) 가례와 더불어 변한 조선 여성들의 삶

『가례』, 『문공가례文公家禮』 등으로도 불리는 『주자가례』는 남송대인 1170년에 주희에 의해서 중국 고대의 전통적인 예법 제도가 신유교의 이념으로 새롭게 정리된 것이다. 따라서 이 예법은 신유교의 보편주의 원리 아래 고전 예학의 신분 차별적 관념을 나름대로 극복하고 보다 평등하게 예법을 적용할 수 있는 길을 모색한 것이다.[99] 우리나라에 『가례』가 도입된 것은 고려 말경으로 여겨지며, 유교 국가인 조선왕조가 건립되자 『가례』는 사대부 관료들에게 필수적으로 권장되었고, 세기가 더해짐과 함께 그 연구와 보급은 전국적으로 확산되었다.[100]

한 국가에서 천도天道(理)를 실현할 기초적인 장인 가정(家廟)의 시작은 혼인에서 이루어진다. 『가례』가 이상적으로 모색한 혼인제도는 일부일처제一夫一妻制였으며, 그리하여 조선 초기부터 일부일처제의 강화를 위한 일련의 조치가 취해졌다. 즉 중혼을 규제하고, 더 나아가서 개가改嫁를 규제하였으며 혼인 의례를 정비한 것이다. 건국 초의 중혼 규제는 고려 말의 다처병축多妻並蓄의 풍조를 막기 위한 것이었다. 실지로 고려 말의 혼인제도는 근친혼의 풍습이 여전히 성행했고, 남성들이 조금의 이익을 위해서도 쉽게 처를 버리고 다른 처를 얻는다든가 또는 중혼으로 두 명 이상의 처를 취하는 경우가 많아서 그것을 본격적으로 규제하게 된 것이다.[101] 조선시대 여성의 개가 금지는 현대 여성학자들의 비판을 제일 많이 받고 있지만, 전前 시대에 비해서 적처嫡妻의 지위를 더욱 보장하려 했으며, 적통의 계승을 통해서 가정과 사회, 국가의 예화가 계속 이어진다고 생각했다는 점에서 이 적통의 계승을 위태롭게 만드는 재가再嫁의 금지는 유교 성속 체계가 취할 수밖에 없는 선택이었다고 여겨진다. 그러나 혼인 의례의 정비에 있어서 조선조는 우리나라에서 고대 이래로 내려오던 남귀여제男歸女第(혼인이 성립되면 신랑이 일정 기간 신부의 집에서 거주하는 풍속, 장가든다)의 풍속을 바꾸어서 친영親迎(혼인식 후에 신부를 신랑 집에서 곧바로 맞는 것, 시집간다) 제도를 빠른 시일에 확립하려고 했으나 이것이 결코 쉽지 않았음을 보여준다. 그리하여 세종은 이러한 여가女家 중시의 관념이 지대했던 사회적 조건을 고려하여 친영제를 강요하는 혼례의 개정보다도 상례喪禮의 복제服制부터 개정하는 것으로 방향을 선회하여 정비해 나갔다고 한다.[102]

사실 죽은 자에 대한 예를 얼마나 갖추고 있느냐가 그 사회의 문명적 수준을 밝혀주는 척도라고 할 수 있다. 고려조에서 유교 전통의 조선조로 넘어오면서 나라에서는 가정 안의 가묘 설치를 적극 권장했고, 부모 장례 시 불교식의 100일의 예에서 3년상의 예로 전환을 시도했다. 물론 여기서도 남녀유별과 남성 중심의 적통제가 실행되어 만약 아버지 생존 시 어머니가 돌아가시면 그 기간이 1년으로 단축되고, 시가媤家와 친정, 친가와 외가 또는 처가의 구별에 따라서 상례가 차등적으로 적용되었다. 그러나 조선조부터 상례의 적용은 국가의 중요한 일이 되었으며, 바르게 지키지 않는 경우에는 관직에도 나갈 수 없었다. 그럼에도 불구하고 정도전(鄭道傳, ?~1398)이 건국 초에 한탄했던 상례에 있어서의 '무례無禮(불교식으로 돈이 무척 많이 드는 축제로 진행한 것)'가 16세기 초까지도 여전히 우세했고, 함경도나 평안도 지역에서는 심지어는 그 지역의 상층 계급까지도 관棺을 쓰는 것도 몰랐으며, 시신을 그냥 버리거나 몇 개의 돌로 겨우 가리는 정도였다고 한다.[103] 이런 상황에서 『주자가례』의 보급과 확산으로 조선조의 상례는 점점 더 자리를 잡아갔고, 하층민으로의 확산이 이어졌다.

상례 다음으로 유교적 제례의 확립이야말로 조선조 가부장주의 성립의 견인차였고, 여기에서 또한 유교의 성속 종교 체계가 가장 잘 드러난다. 신유교의 통치 이상은 조상 제례를 통한 종법의 바른 확립으로 나라 치도治道의 근본을 세우는 것이었다. 그리하여 고려 말에 이미 정몽주(鄭夢周, 1337~1392)에 의해서 건의된 가묘(사당) 설립이 조선조에 와서 그 시행년까지 정해져서 사대부들에게 강하게 권고되었다. 또한 여기서는 그때까지 보편화되어 있던 제사의 윤행輪行 관습을 지양하고 종자宗子가 제사를 주관하도록 했으며, 아울러 제사의 대수代數를 신분에 따라 한정하였다. 이후로 조선시대에는 적장자 상속의 원칙이 엄격하게 확립되어서, 형제 사이의 벼슬의 고하에 관계없이 어떤 경우에도 제사권의 적장자 상속이 이루어지게 되었으며, 이러한 가운데서 익히 들어서 알고 있는 적장자의 가계를 계속해서 유지하기 위한 남아 선호와 입후入後 제도가 지나치게 남용되었다. 또한 처첩의 구분과 적서의 차별이 더욱 분명해져 첩자인 경우 결코 가계를 이어받을 수 없게 했으며, 이로 인해 많은 비극을 초래하였다. 그러나 이러한 가운데서도 종가의 살림을 실질적으로 맡고 있는 종부宗婦의 위치는 종법의 확립과 더불어 강화되었다. 종부는 만약에 남편이 후사를 남기지 못하고 죽었을 경우 양자의 선택을 통해서 종손을 결정할 수 있는 권리를 가졌다. 원래 『예기』에 '제사는 부부가 함께 지낸다'는 율律대로 조선시대에 실천되지는 않았지만 종부는 가문의 가장 중요한 행사인 제사에서 종손이 초헌初獻을 하고 나면 아헌亞獻을 올렸다고 한다. 또한 이사를 하여 집을 옮기는 경우 사당을 모시고 맨 처음 집안으로 들어와 차례를 드리는 것도 종부였다고 한다.[104]

이러한 가부장적 적장자의 종통에 따른 제례의 규정은 그대로 재산 상속의 문제에로 연결되어 제사의 경비를 누가 부담하고, 그 제례에 누가 참여하는가에 따라서 차등적으로 나누어졌다. 조선 초기에는 고려시대의 관습에 따라 재산 상속에 있어서 자녀균분제子女均分制가 시행되었다. 또한 여성의 출가 여부가 상속 자격을 제한하지 않았다고 한다. 그러나 후기에 오면 출가한 여자는 상속권이 없어지고, 제사를 받드는 적장자에게 그 봉사의 몫이 추가로 상속되었다. 이러한 제도는 한편 조선사회에서 16세기 중반과 17세기 후반의 큰 인구 증가를 겪으면서 그 증가된 인구의 효율적인 식량 공급을 위해서 토지가 더 이상 작게 나뉘어서는 안 되었기 때문에 주요 상속자를 정하고, 출가한 딸에게는 상속을 막는 가부장주의가 더욱 견고해졌을 것이라고 추론된다.[105] 이것은 출가한 여성이 친정의 제사에 참여하지 않게 되면서 그 유산에 대한 권리도 사라지게 된 것과 병행한다. 이러한 가부장주의에 대한 사회·경제적인 추론은 그 출현과 확산을 단지 양성 사이의 도덕적인 문제로만 보려는 오늘날의 시각에 한계가 있음을 보여준다. 가부장주의란 그 당시 인류가 처한 삶의 정황에서 자신의 삶을 계속해 나가기 위한 하나의 불가피한 선택이었음을 보여주는 반증이라고 하겠다.

3) 유교 종교성의 참 모습

한국 여성사에 대한 심도 깊은 이해를 추구하는 박용옥은 그동안 일방적으로 많이 들어 온 한국 여성사에 대한 부정적인 평가, 즉 "고대에서부터 고려조를 거쳐 유교적 조선조에 이르는 역사의 흐름 속에서 한국 여성상은 보다 소극적인 개념으로 정립되어 갔으며, 여권도 실질적으로 미약해졌다"는 평가에 대해 이의를 제기한다. 그러면서 "한국에서의 여권의 역사, 또는 여성 지위사라고 할 만한 것이 일반적인 역사 발전의 법칙과 정반대로 역류하고 있다는 서술이 과연 온당한 주장이냐'고 되묻는다.[106] 거기에 반대하는 해석으로 박용옥은, 예를 들어 고려 왕실의 모계母系 성姓 계승이 여권의 문제에서 시행된 것이 아니라 지방 호족 세력을 무마하기 위한 정치적 기구였고, 조선조에서는 분명했던 처첩제가 고려시대에 이루어지지 않았던 것은 오히려 그만큼 부부 간의 권리나 처의 권리 등에 대해 확실한 태도를 가지지 못한 생태를 보여 주는 것이라고 지적한다. 이능화(李能和, 1869-1943)도 그의 『조선여속고朝鮮女俗考』에서 초기 고려왕가에서 혈족 혼인이 빈번했고, 심지어는 자신들의 누이, 딸까지 비妃로 맞이했던 풍속이 있었으며, 그것이 후에 유교적 윤리에 의해서 금지되었으나 쉽게 바뀌지 않았음을 지적하였다.[107] 그러한 동성혼인, 근친상혼은 사실 신라의 구습을 모방한 것이라고 한다.

앞의 박용옥은 여훈서에 대해서도 그것이 오늘날의 안목으로 보면 분명 여성 억압적 예도의 책일 수밖에 없지만, "역사적 진전 상황에서 보면 그것은 여성의 역사적 동참을 의도한 책"이라고 평가한다. 유교적 인문이 크게 발달하여 남자는 8세 이후 학문을 체계적으로 배워 나가 예를 갖춘 인

간으로 성장하나 여성들에게는 그와 같은 길이 막혀 있는 상황에서 여성
들에게 인륜의 도리를 가르치겠다고 하는 것은 "부녀를 떳떳한 유교사회
의 구성원으로 한층 승격" 시키려는 것이었으며, 그러한 의미에서 여훈서
는 긍정적인 안목으로 평가받을 수 있다는 것이다.[108]

오늘날 여성 고전 연구가들에 의해서 많이 밝혀지듯이, 18세기에서 조
선 여성들의 삶은 유교 종법의 경직화가 가져오는 한계에도 불구하고 경
제력의 상승과 함께 독서 인구가 확대되고 실용적인 학문의 확장으로 많
은 변화를 겪었음을 알 수 있다.[109] 이 시기의 대표적인 여성 저술은 본 연
구에서 다루려고 하는 임윤지당과 강정일당의 것뿐 아니라 의유당 남씨(意
幽堂 南氏, 1727~1823)의 『의유당意幽堂 일기』, 사주당 이씨(師朱堂 李氏, 1739~1821)
의 『태교신기胎敎新記』, 박죽서(朴竹書, ?~1851)의 『죽서시집』, 영수합 서씨(令壽
閤 徐氏, 1753-1823)의 『영수합고令壽閤稿』, 빙허각 이씨(憑虛閣 李氏, 1759~1824)의
『규합총서閨閤叢書』, 삼의당 김씨(三宜堂 金氏, 1769~?)의 『삼의당고三宜堂稿』 등
이 있다.[110] 박용옥은 이 시기의 실학자들이 비록 남녀 평등 문제에 깊은
관심을 갖지는 못했지만 그들의 과학적이고 합리적인 학문이 인간의 실질
생활과 깊이 연관되어 있어 실질적인 가정생활 담당자인 여성들에게 많은
영향을 미쳤다고 본다.[111] 특히 윤지당의 오빠 임성주와 같이 기氣의 입장
을 중시하는 성향의 성리학이 영향을 미치는 상황에서 여성의 사회적 위
치에 대한 인식이 바뀌었고, 그래서 성리학의 성인지도 추구가 단지 남성
들만의 것이 아니라 여성들도 그 일을 위한 동등한 능력을 가졌다는 의식
이 태동하게 되었다고 지적한다.[112]

물론 조선시대 유교 전통 아래에서 여성들이 차별받았고 그들의 삶이
가부장적 예속 아래서 지난한 것이었다고 하는 데 대해서는 다른 말이 있

을 수 없다. 그러나 앞에서도 여러 차례 지적하였듯이 이것은 삶의 전체를 거룩한 영역으로 만들고 일상의 속俗의 영역에서 성聖을 실현하려는 뜻을 가진 유교 성속 체계가 가졌던 시대적 한계로 볼 수 있다. 이일분수理一分殊 라는 세계관을 가졌지만 현실에서 속俗의 전 영역을 성聖의 영역으로 화하게 하기 위해서는 하나의 '출발점(a starting point)'을 필요로 했을 것이고, 그 출발점을 모든 세속 가정의 적장자 가부장으로 본 것이다. 성속의 구분을 여기까지 포기할 수는 없었던 것이다. 그러나 이러한 한계에도 불구하고 유교의 성속 통합적인 사고로 인해서 여성과 그들의 현실적 살림살이가 그 이전의 다른 종교 전통에서보다도 더욱 적극적으로 예화와 성화의 과정에로 끌어들여졌음도 또한 사실이다. 즉, 유교는 비록 남성들과 차별을 두기는 했지만 여성과 그들의 삶을 그대로 속俗의 영역에 둘 수 없었고, 그래서 여성들에게도 한계는 있지만 교육을 시키기 시작했고, 그들을 위한 책을 만들기 시작했으며, 모든 살림살이가 질서가 있고, 규모가 있으며, 구별이 있기를 원했다.

앞에서도 강조했지만 본인은 이러한 변화의 과정을 단순히 세속적인 문명화 과정이라고 표현하기보다는 유교 여성들의 성화聖化(To become sage)의 과정으로 보고자 한다. 즉 여기에서야말로 진정으로 조선시대 유교 영성과 종교성이 잘 드러나는 것으로 보는 것이다. 유교 전통의 여성들은 조상의 제사를 준비하고 이어가면서 그들의 지극한 종교성을 드러냈고, 손님을 접대하고 가족공동체를 이끌어가면서 신神을 모시듯 했으며, 열烈과 절節의 의미를 가리고 지조를 지키며 구별의 의미를 키워 나갔다. 일반적인 여성 연구들이 조선시대 여성들의 종교 활동이 별로 없는 것으로 그리고 있으나 본인은 이러한 유교 여성들의 극진한 삶의 표현들이야말로 그들

종교성의 핵심이 된다고 생각한다. 특히, 유교 제사의 실행과 각종 절기의 예의 실행은 여성들에게 깊은 구별의 의미와 시간과 공간에 있어서의 성과 속의 차별의 의미를 심어 주었을 것이다. 그 구체적인 예인 18세기 임윤지당(任允摯堂, 1721~1793)과 특히 윤지당의 성리학적 남녀평등사상을 이어받아서 나름의 성리性理사상을 펼치며 자신의 삶에서 체화한 강정일당(姜靜一堂, 1772~1832)의 삶에서 조선시대 유교 여성들의 진정한 종교성을 본다. 삶의 전 과정을 성화시키려는 이들의 노력은 어느 남성 선비의 그것보다도 못하지 않고 오히려 더 진실되어서 유교 영성과 종교성을 뛰어나게 실천하고 실현한 모습으로 볼 수 있다.

| 주 |

Ⅰ. 한국 종교문화사에 대한 여성주의적 탐구의 의의

1 19세기 말 서구에서 여성참정권 운동과 관련하여 일어났던 '여권운동' (페미니즘, femi-
   nism)은 20세기에 들어와서 시몬느 드 보바르의 『제2의 성性 *Le Deuxiéme Sexe*』이
   출간된 이후 본격화되었다. 20세기 후반기에 와서는 이 운동 안에서의 다양성에
   더욱 주목하게 되면서 '포스트모던 페미니즘' 논의로까지 전개되었다. 본 연구는
   페미니즘의 시각이 학문 담론에서 무시할 수 없는 보편적 시각이 되었다는 인식
   아래 그 안에서의 다양성에도 주목하면서 유교와의 대화를 시도한다. 여기서 '페
   미니즘'을 우리나라 말로 '여성주의'로 번역하여서 사용할 것이지만 글의 맥락
   에서 '페미니즘'이 더 타당하다고 생각되면 또한 그렇게 쓸 것이다. 즉 본서에서
   는 이 두 용어를 큰 구별 없이 두루 같이 사용하고자 한다.

2 '종교' 내지는 '종교성'이라는 용어로 무엇을 말하는가에 대한 논의는 매우 다양
   할 수 있다. 본 연구자가 이번 연구에서 18세기 조선 후기 여성 성리학자들의 의식
   속에 나타난 유교 종교성을 탐구하면서 염두에 둔 종교 이해는 서구 근대 슐라이
   에르마허(F. Schleiermacher, 1768-1834) 이후 루돌프 오토(R. Otto, 1869-1937), 멀치아
   엘리아데(M. Eliade, 1907-1986), 폴 틸리히(P. Tillich, 1886-1965), 요하킴 바하(J. Wach),
   고든 카우프만(G. Kaufmann), 윌프레드 스미스(W. C. Smith) 등의 종교 이해이다. 이
   들에게서 공통적으로 나타나는 특징은 종교의 본질을 어떤 유일신에 대한 신앙이
   나 구별된 성직자 그룹의 유무로 판단하지 않는다는 것이다. 대신에 이들은 인간
   의 '궁극적 관심'(The Ultimate Concern)이나 '의미 물음'(die Sinn-Sein Frage), '궁극적
   인 가치에 대한 물음'(an unconditional meaning) 등에 주목한다. 종교란 거기서 그
   물음을 묻는 자아와 인간이 자신을 포함하여 세계의 '상대성'을 경험하고, 그 상
   대성에 대한 '절대성'(die absolute Abhaengigkeit, das Numinose)의 경험을 '거룩함'
   (das Heilige)으로 이름 지으면서 지금 여기의 '속된 영역'(the profane) 속에서 그 '거
   룩함'(the sacred)을 '전심을 다해서'(a total commitment) 실현시키고자 하는 노력을
   말한다. 이런 의미라면 유교 聖人之道의 추구는 깊은 종교적 추구가 되는 바, 왜냐
   하면 거기에 유교의 궁극 관심이 잘 나타나 있고, 유교는 바로 그 길의 완성을 통
   해서 이 세상에 道를 실현하려는 추구이기 때문이다. F. Schleiermacher, *Ueber die*

Religion, Goetingen Vandendoeck & Ruprecht, 1967(6); M. Elide, *das Heilige und das Profane*, Rowohlt Taschenbuch Verlag GmbH, 1957(M. 엘리아데, 『성과 속』, 이은봉 옮김, 한길사, 2001); P. Tillich, *The Courage to Be*, New Heaven Yale Univ. Press, 1952 (폴 틸리히, 현영학 역, 『존재에의 용기』, 전망사, 1980); G. D. Kaufmann, *In Face of Mystery-A Constructive Theology*, Harvard Univ Press, 1993; 고든 카우프만, 기독교 통합학문연구소 옮김, 『신학방법론』, 한들출판사, 1999.

3 유교를 하나의 종교적 전통으로 보려는 본 연구는 유교 전통의 핵을 '聖人 됨'(To become a sage)의 추구에 있다고 보고, 그것을 하나의 '聖人之道'의 종교성으로 표현하고자 한다. 본문에서 탐색될 것이지만 본 연구에서 하나의 완결된 명사처럼 사용되는 이 용어는 유교 전통이 인간성의 완성을 자신의 궁극적 가치로 보는 그의 인본주의적이고 교육적인 특성을 잘 드러내 주는 용어이다. 이러한 인본주의적 성격 때문에 유교는 종종 종교가 아니라는 지적이 나오지만, 본 연구는 聖人之道의 종교성이라는 용어를 가지고 그것이 바로 유교의 인본주의적이고, 聖俗一如的이며, 초월과 내재를 같이 묶으려는 유교 종교성의 특징을 잘 나타내 주는 용어로 삼고자 한다. 또한 이 용어는 '道學'으로서의 유교적 의미와 다르지 않고, 그런 의미에서 본 논문에서는 이 두 용어가 두루 같이 쓰일 것이다. Julia Ching, *To Acquire Wisdom-The Way of Wang Yang-ming*, Columbia University Press; 1976; Tu Wei-ming, *Confucian Thought-Selfhood as Creative Transformation*, SUNY, 1991; 柳承國, 『東洋哲學硏究』, 東方學術硏究院, 1988 참조.

4 Herbert Fingarette, *Confucius : The Secular as the Sacred*, 송영배 역, 『공자의 철학』, 서광사, 1993.

5 동아시아 유교 전통 속에서 살아온 여성으로서 지금까지 유교 전통이 여성들에게 가해 왔던 가부장주의적 폭압에 대해서 의식하지 않는 여성들은 없을 것이다. 그만큼 유교 전통은 오랜 기간 억음부양적抑陰扶陽的인 사고와 태도로 여성들을 제2의 性으로 부르면서 삼종지도三從之道나 칠거지악七去之惡, 또는 내외법內外法이나 재가녀자손금고법再嫁女子孫禁錮法 등으로 심하게 차별하고 억압해 왔다. 『공자의 이름으로 죽은 여인들』이라는 책은 중국에서 몽고족의 원나라 시대가 끝난 후 명청 시대 국가적 유교 도덕의 교화가 어떻게 여성들을 열烈과 절節의 덕목과 관련시켜 자살에로 내몰았나를 잘 보여주고 있다. 거기서 유교의 예禮는 '사람을 잡아먹은 예'로 전락하였고, 모든 생명의 가장 기본적인 욕구인 살려는 의지조차

도 무참히 짓밟았으며 죽음에로 내몰았다. 이러한 이유들로 오늘날에 와서도 대부분의 유교 전통의 여성들은 유교와는 도저히 어떻게 해 볼 수 없다고 생각한다. 그래서 지금은 유교 쪽에서 여성들과의 관계 개선을 위해 손을 내밀어 보지만 그렇게 쉽게 관계 회복이 이루어지지 않는다. 전여강,『공자의 이름으로 죽은 여인들』, 이재정 옮김, 예문서원, 1999; 한국유교학회 엮음,『유교와 페미니즘』, 철학과현실사, 2001; 졸저,『유교, 기독교 그리고 페미니즘』, 지식산업사, 2004 참조.

6 Dorothy Ko, *Teachers of the Inner Chambers-Women and Culture in Seventeenth-Century China*, Stanford Univ. Press, 1994, p.3.

7 Nobert Elias, *Uber den Prozess der Zivilisation: soziogenetische und psychogenetische Untersuchurgen*, Basel: Haus Jum Falhen, 1939; Boudewijn Walraven, "The Confucianization of Korea as a Civilizing Process", 제8회 한국학 국제학술회의 논문집,「유교문화의 보편성과 특수성」, 한국정신문화연구원, 1994, 535-556쪽 참조.

8 본 연구가 유교를 하나의 종교적인 전통으로 보려고 한다는 점에서 일반적으로 서구 기독교에서 종교적인 변화와 성숙의 의미로 쓰이는 '聖化'(santification)의 용어를 유교 聖人之道가 지향하는 '聖人 됨'(To become a sage)의 추구와 다르지 않다고 보고서 여기서 두루 같은 의미로 쓰고자 한다.

9 본 연구에서는 '종교성'(religiosity)이라는 용어와 '영성'(spirituality)이라는 용어를 특별한 구분 없이 두루 사용할 것이다. 그러나 더 세밀히 살펴보면, 현대 여성주의 종교가들은 영성이라는 단어를 전통적인 종교성이나 신앙이라는 단어들보다 더 선호하는 것을 알 수 있다. 왜냐하면 영성이라는 표현 속에는 전통적인 가부장주의적 종교에서의 배타성과 수동성, 권위주의 대신에 신앙하는 주체의 직접적인 '경험'(religious experience)이나 '체험'(bodily experience)의 측면이 더욱 강조되기 때문이다. 또한 영성은 종교나 신앙을 단순히 이론이나 지적 세계관 등으로 파악하는 것이 아니라 신앙인들의 구체적인 참여와 체험으로 그 참여자들의 삶의 성숙과 변화를 지향하는 역동성을 강조하기 때문이다. 이러한 차이에도 불구하고 본 연구는 이 두 용어를 이상의 영성의 의미를 크게 강조하여 두루 같이 쓰고자 한다. Joann Wolski Conn, "Toward Spiritual Maturity-Spirituality", Cathrrine Mowry LaCugna(ed.), *Freeing Theology-The Essentials of Theology in Feminist Perspective*, San Franscio Harper, 1993, p.235 참조.

10 Elisabeth Grosz, "Irigaray and the Divine", in: C.W. Maggie Kim/ Susa M. St. Ville/

Susan M. Simonaitis(ed.), *Transfiguration-Theology and the French Feminists*, Minneapolis, Fortress Press, 1993 참조.

11 Gordon D. Kaufmann, "The Epic of Evolution as a Framework for Human Orientation in Life", *Zygon*, Vol.32, No.2, June, 1997 참조.

12 M. 엘리아데, 이은봉 옮김, 『성과 속』, 한길사, 2001.

13 곽차섭 엮음, 『미시사란 무엇인가』, 푸른역사, 2000; 로버트 단턴, 조한욱 역, 『고양이 대학살–프랑스 문화사 속의 다른 이야기들』, 문학과지성사, 1999.

14 나탈리 제먼 데이비스, 『여성의 역사(3): 르네상스와 계몽주의의 역설』, 새물결 1999; 권희정, 「미시사, 악마들의 언어 또는 가능성의 역사?」, 『여/성이론』 통권 12호, 2005년 여름, 232-247쪽.

15 이배용, 『한국 역사 속의 여성들』, 어진이, 2005, 15쪽.

16 메리 데일리, 『하나님 아버지를 넘어서』, 황혜숙 옮김, 이화여대출판부, 1997.

II. 한국 여성의 종교의식과 종교문화사적 전개

1 柳承國, 「中國哲學과 韓國思想」, 『東洋哲學研究』, 東方學術研究院, 1988, 332쪽.

2 柳承國, 「韓國人의 神觀」, 『韓國思想과 現代』, 東方學術研究院, 1988, 156-167쪽; 이동준, 『유교의 인도주의와 한국사상』, 한울아카데미, 1997, 133쪽.

3 柳承國, 「傳統思想의 原流」, 앞의 책, 311쪽.

4 柳承國, 「中國哲學과 韓國思想」, 앞의 책, 333-334쪽.

5 같은 글, 330쪽.

6 같은 글, 335쪽.

7 李恩奉, 『韓國古代宗敎思想』, 集文堂, 1984, 76쪽.

8 같은 책, 255쪽.

9 柳東植, 『韓國巫敎의 歷史와 構造』, 연세대출판부, 1975; 무교학자 김성례는 유동식이 해방 이후 '무속' 대신에 '무교'라는 용어를 처음 사용하면서 단순한 사회적 습성 이상의 종교 현상으로 규정하여 이 분야의 연구에서 주요한 전기를 마련하였다고 본다. 이러한 전기가 마련된 유동식의 무교 연구는 엘리아데(M. Eliade)의 샤머니즘 정의와 관련하여 한국 무교를 동북아시아와 유라시아 일대에 퍼져 있는 원시종교 형태인 샤머니즘의 일부로 본다. 조선시대에 억압적 표현이었던

음사(淫祀)나 무당, 좌도(左道) 등의 명칭을 거쳐 일제시대부터 가장 광범하게 사용되는 무속, 민간신앙의 개념을 넘어서 무교라는 용어는 무(巫)신앙을 하나의 종교체계로 받아들이는 것이다. 김성례, 「한국 무교 연구의 역사적 고찰」, 김성례 외, 『한국 종교문화연구 100년–역사적 성찰과 전망』, 청년사, 1999, 140쪽.

10 한국여성연구소여성사연구실, 『우리 여성의 역사』, 청년사, 1999, 56쪽.

11 김성례, 「무교신화와 여성문화」, 김승혜·김성례 지음, 『그리스도교와 무교』, 바오로딸, 1998, 106쪽.

12 조흥윤, 『한국종교문화론』, 동문선 현대신서, 2002, 55쪽.

13 일찍이 최치원이 "우리나라에는 玄妙한 道가 있다. 이것을 風流라고 한다. … 이는 실로 三敎(儒·佛·仙)를 포함하고 있는 것이며, 뭇사람들에게 접해서는 그들을 교화한다"(『三國史記』卷4「新羅本紀」제4, '眞興王條')라고 소개한 風流道는 종교신학자 유동식에 의하면 고대 우리 민족의 제천의례祭天儀禮에 나타났던 원시적인 영성이 삼교 문화를 매개로 하여 승화된 것이다. 그에 따르면, 풍류도는 하느님과 인간이 하나로 교합되는 것을 표시하는 우리 민족의 원초적 영성이 고등 종교문화를 매개로 승화된 것이고, 그것은 한국 문화 전체의 기초가 되어서 현대 한국인의 의식 속에서도 살아 있는 정신적 원리이며 구조가 된다. 柳東植, 『風流道와 韓國神學』, 展望社, 1992, p.18ff.; 한편 유학자 이동준에 따르면, '화랑도'의 원래 이름이 이 '풍류도'라고 한다. 그리하여 이미 최치원이 풍류도가 삼교를 포함했다고 지적했듯이 신라 화랑도에서 유교적 요소들이 많이 발견된다고 지적한다. 이동준, 앞의 책, 152-153쪽; 단재 신채호는 그의 『조선상고사』에서 國仙이나 花郎은 신라의 진흥왕이 고구려의 '선배'–이두문자로 '先人' 또는 '仙人'이라고 하는데–제도를 본 따서 만든 것이고, 여기서 원화는 마치 중세 유럽에서 "예수교 武士團의 여교사처럼 남성의 情性을 조화시키기 위하여 둔 여자 교사"였다고 한다. 신라의 선배는 꽃으로 장식을 시켰으므로 '花郎'이라 부른 것으로 당시에는 공익을 위해 자기 몸을 희생하는 것이 선배들이었다고 한다. 신채호, 박기봉 옮김, 『조선상고사』, 비봉출판사 2007, 348쪽.

14 김성례, 「한국 무교 연구의 역사적 고찰」, 앞의 책, 204쪽.

15 같은 글, 181쪽, 203쪽.

16 같은 글, 200-207쪽.

17 Carol Christ, *Laughter of Aprodite: Reflection on a Journey to the Goddess*, San

尾
註

Francisco: Harper &Row 1987, p.67; 리타 그로스, 김윤성 · 이유나 옮김, 『페미니즘과 종교』, 청년사 1999, 178쪽.

18 정진홍, 『한국종교 문화의 전개』, 집문당 1985; 김성례, 「한국 무교 연구의 역사적 고찰」, 앞의 책, 167쪽 참조.

19 리타 그로스, 앞의 책, 193쪽.

20 같은 책, 204쪽.

21 앞에서 이은봉이 한국 古代 신관의 주도적인 특징을 天父神的인 天神觀에서 찾고 그것이 샤머니즘과 하등의 관계가 없다고 주장한 데서도 샤머니즘에 대한 부정적 평가가 드러난다. 그는 "父가 없는 종교의 미성숙성"을 이야기하면서 무당들의 신들에서 한꺼번에 한 자리에 함께 모셔지는 神들의 병렬 현상을 비판했다. 이은봉, 앞의 책, 264쪽.

22 엘리자베드 바텡터, 최석 옮김, 『XY남성의 본질에 관하여』, 인맥, 1993.

23 졸고, 「과학시대의 종교와 여성」, 『포스트모던 시대의 한국여성신학』, 분도출판사, 1997, 121쪽.

24 한국종교연구회, 『한국종교문화사 강의』, 청년사, 1999, 52쪽.

25 禹貞相 · 金煐泰, 『韓國佛敎史』, 進修堂, 1969, in: 한국철학사연구회, 『한국철학사상사』, 한울아카데미, 1997, 60쪽.

26 崔淑卿 · 河炫綱, 『韓國女性史 Ⅰ』, 이화여대출판부 1978, 57쪽; 金英美, 「불교의 수용과 여성의 삶 · 의식 세계의 변화–고려시대 여성의 가정생활을 중심으로」, 『歷史敎育』 제62호, 1997, 6쪽, 40쪽.

27 『三國遺事』 卷 제5 「효도와 선행」; 金煐泰, 「三國時代 庶民들의 佛敎信仰」, 『歷史敎育』 제62호, 23쪽.

28 『三國遺事』 卷 제5 「感通」; 金煐泰, 같은 글, 25쪽.

29 金英美, 「신라인의 이상적 인간상–聖人觀을 중심으로」, 『韓國思想史學』 제23집, 2004, 231쪽.

30 같은 글, 237쪽.

31 같은 글, 246쪽.

32 崔淑卿 · 河炫綱, 『韓國女性史; 古代–朝鮮時代』, 이화여대출판부, 1993, 261쪽.

33 金龍善 編著, 『高麗墓誌銘集成』, 翰林大學校아시아文化硏究所, 1997, 102쪽, 392쪽.

尾
註

34 崔淑卿·河炫綱,『韓國女性史; 古代–朝鮮時代』, 261-262쪽.

35 같은 책, 260-261쪽.

36 세등(김인숙), 「팔경법의 해체를 위한 페미니즘적 시도」, 『페미니즘이 종교를 바꿀 것인가–현대 한국의 종교와 여성학』, 카톨릭대학교 성평등연구소 제3회 학술대회, 2001년 11월 20일, 카톨릭대학교 다솔관 501호.

37 金英美, 「불교의 수용과 여성의 삶·의식 세계의 변화–고려시대 여성의 가정생활을 중심으로」, 41쪽.

38 김영미, 「高麗時代 比丘尼의 활동과 사회적 지위」, 『한국문화연구1』, 2001 가을, 73쪽.

39 같은 글, 74.쪽

40 Rita M. Gross, *Buddhism after Patriarchy-A Feminist History, Analysis, and Reconstruction of Buddhism*, SUNY Press Albany, 1993, 5쪽.

41 리타 그로스, 앞의 책, 166쪽.

42 같은 책, 173쪽.

43 졸고, 「한국 종교문화사 전개과정에서 본 한국 여성종교성 탐색」, 『韓國思想史學』제21집, 2003.12, 561쪽.

44 『高麗史』卷134, 列傳 47.

45 崔淑卿·河炫綱,『韓國女性史; 古代–朝鮮時代』, 256-262쪽.

46 『三國史記』卷13「高句麗本紀」제6.

47 柳承國, 「中國哲學과 韓國思想」, 『東洋哲學研究』, 327쪽 참조.

48 『後漢書』卷85, 「東夷列傳」; 東方曰夷 … 故天性柔順 易以道御 至有君子不死之國焉 … 故孔子欲居九夷也, 한국철학사연구회, 앞의 책, 31쪽 참조.

49 柳承國, 「中國哲學과 韓國思想」, 앞의 책, 328쪽.

50 『三國史記』卷17「高句麗本紀」제5 '東天王' 22年條.

51 『三國史記』卷4「新羅本紀」제4 '眞興王' 37년條;『三國遺事』卷3, 「塔像」제4 '미륵선화' (彌勒仙花), '미시랑' (美尸郎), '진자사' (眞慈師).

52 柳承國, 「新羅時代에 있어서 儒·佛·道 三教의 交涉에 관한 研究」, 『大韓民國學術院論文集(人文·社會科學編)』제35집, 1996, 45, 268-269쪽; 柳承國, 「古文獻의 研究」, 『韓國思想과 現代』, 247-251쪽.

53 『三國史記』卷45, 「列傳」제5 '溫達'.

尾
註

54 『三國史記』卷46,「列傳」제6 '强首'.

55 『三國史記』卷48,「列傳」제8 '孝女 知恩'.

56 같은 책, '薛氏女'.

57 같은 책, '都彌'.

58 崔淑卿·河炫綱,『韓國女性史; 古代–朝鮮時代』, 191쪽.

59 金龍善 編著,『高麗墓誌銘集成』, 522쪽; 崔淑卿·河炫綱,『韓國女性史; 古代–朝鮮時代』, 192쪽 참조.

60 같은 책, 192쪽.

III. 유교와 조선시대 여성

1 Martina Deuchler, *The Confucian Transformation of Korea-A Study of Socie- ty and Ideology*, Havard-Yenching Institute Monograph Series, 1992; —, "Propagating female Virtues in Chosun Korea", Dorothy Ko·Jahyun Kim Haboush·Joan R. Piggott (eds.), *Women and Confucian Cultures-in Premodern China, Korea and Japan*, University of California Press, 2003, pp. 142-169.

2 미야지마 히로시, 노영구 옮김,『양반–역사적 실체를 찾아서』, 강, 1996, 225쪽; Jahyun Kim Haboush, *The Confucian Kingship in Korea-Yongjo and the Politics of Sagacity*, Columbia University Press 1988, p.87.

3 노버트 엘리아스, 유희수 역,『매너의 역사–문명화 과정』, 신서원, 1995, 382쪽.

4 노버트 엘리아스, 김수정 옮김,『죽어가는 자의 고독』, 문학동네, 1991, 8쪽.

5 노버트 엘리아스,『매너의 역사–문명화 과정』, 172쪽.

6 Boudewin Walraven, "The Confucianijation of Korea as a Civilijing Process", pp.535-540.

7 *Ibid.*, p.540.

8 Dorothy Ko (eds.), *op. cit*, p.11.

9 함석헌,『뜻으로 본 한국 역사』, 창, 1993, 9쪽.

10 Pauline C. Lee, "Li Zhi and John Stuart Mill" in: Chenyang Li(ed.), *The Sage and the Second Sex*, Open Court Chicago and La Salle, Il, 2000, p.114.

11 김승혜,『유교의 뿌리를 찾아서』, 지식의 풍경, 2001, 16-17쪽.

12 같은 책, 61-61쪽.

13 『詩經』「大雅 蕩之什」 '桑柔' : 維此聖人 瞻言百里. 維彼愚人 覆狂以喜. 匪言不能. 胡斯畏忌., in: 같은 책, 80쪽 참조.

14 Rodney L. Taylor, *The religious Dimensions of Confucianism*, SUNY 1990, p.24. 참조.

15 Harvard Yenching Institute Sinological Index Series, in: 김승혜, 앞의 책, 119쪽.

16 『論語』「雍也」28: 子貢曰 如有博施於民而能濟衆, 何如? 可謂仁乎? 子曰 何事於仁, 必也聖乎! 堯舜其猶病諸!

17 『論語』「述而」33.

18 『論語』「述而」25.

19 『論語』「憲問」45: 子路問君子. 子曰 脩己以敬. 曰 如斯而已乎? 曰 脩己以安人. 曰 如斯而已乎? 曰 脩己以安百姓. 脩己以安百姓, 堯舜其猶病諸!

20 김승혜, 앞의 책, 202쪽.

21 『孟子』「公孫丑下」9.

22 『孟子』「梁惠王 下」2,「萬章下」1.

23 『孟子』「告子上」7.

24 『孟子』「告子下」2: 曹交問曰 人皆可以爲堯舜, 有諸? 孟子曰然.

25 Rodrey Taylor, op.cit., p.43.

26 『孟子』「盡心上」1: 孟子曰 盡其心者, 知其性也. 知其性, 則知天矣.; 天은 『孟子』 안에서 모두 80번 언급된다. 김승혜, 앞의 책, 221쪽.

27 『孟子』「告子上」10.

28 같은 글. 孟子曰 魚我所欲也; 熊掌亦我所欲也, 二者不可得兼, 舍魚而取熊掌者也. 生亦我所欲也; 義亦我所欲也, 二者不可得兼, 舍生而取義者也.

29 Rodrey Taylor, *op.cit.*, p.43.

30 줄리아칭, 이은선 옮김, 『지혜를 찾아서—왕양명의 길』, 분도출판사 1998. 52쪽.; 양명은 聖人의 공부를 통하여, "하늘과 땅과 우주의 만물을 한 몸으로, 이 세상 모두를 한 가족으로, 이 땅 전체를 한 나라로 파악하는 사람"(大人者以天地萬物爲一體者也)의 경지가 지향됨을 말하였다. 그리하여 聖人또는 大人이란 만약 자신의 부모와의 관계에서 충분히 仁을 실천하였다고 하여도 남과의 관계에서 아직 그것이 충분치 않다고 보면 자신의 仁이 아직 충분히 확충되지 않은 것으로 여기고…또한 자신의 가족은 배부르고 따뜻하지만 옆에서 삶의 필수품과 즐거움을

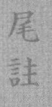

박탈당한 채 궁핍한 사람들을 본다면 결코 그들에게는 仁과 義를 요구할 수 없고 禮義를 지키며 인간관계에서 성실할 것을 요구할 수 없다고 하였다. 그래서 大人 은 다시 법과 정부를 세우고, 禮와 음악과 교육을 정비하면서 그들에게 필요한 것은 공급해 주고, 자신과 남을 온전하게 하려고 노력하며, 그 일들을 통해서 자 신을 완성해 나가는 사람이라고 밝힌다. 王陽明, 「大學問」: 見瓦石之毁壞, 而有 顧惜之心焉. 是其仁之與瓦石而爲一體也.

31 Tu Wei-ming, "Neo-Confucian Religiosity and Human-Relatedness", *Confucian Thought*, SUNY 1985, p.137ff.

32 Rodney Taylor, *op. cit.*, p.47ff. 참조.

33 柳承國, 「主體性과 宗教」, 『韓國思想과 現代』, 149쪽.

34 Julia Ching, *Confucianism and Christianity-A comparative Study*, Kodansha International, Tokyo, NY and San Francisco, 1977, p.9; 줄리아칭, 변선환 옮김, 『佛 敎와 基督敎』, 분도출판사, 1994; 이동준, 「한국 유학의 미래적 방향–인간의 성숙 과 열린사회」, 『西江人文論業』제17집, 2004; 후레드릭 W. 모트, 권이숙 역, 『중국 문명의 철학적 기초』, 인간사람, 1991; Tu Wei-ming/ Mary Evelyn Tucker(eds.), *Confucian Spirituality*, New York Crossroad, 2001.; Charles Taylor, *A Secular Age*, The Belknap Press of Harvard University Press, 2007.

35 이동준, 『유교의 인도주의와 한국사상』, 1997, 23쪽.

36 금장태, 『韓國儒教의 再照明』, 展望社, 1982, 100쪽.

37 『詩經』「大雅」, in: 같은 책, 100쪽. 참조.

38 이동준, 앞의 책, 24쪽.

39 Seung-kook Lew, "Confucianism and Korean Social Structure–The Spirit of Confucian Philosophy", Chai-shin Yu(ed.), *Korean and Asian Religious Tra- dition*, Korean and Related Studies Press, Toronto 1977, p.154.

40 『論語』「堯曰」3.

41 柳承國, 「先秦哲學의 根本問題」, 『東洋哲學硏究』, 108쪽.

42 『中庸』20.

43 『孟子』「盡心下」16: 孟子曰 仁也者人也. 合而言之道也.

44 『論語』「顔淵」2: 仲弓問仁. 子曰 出門如見大賓, 使民如承大祭, 己所不欲 勿施於 人.

45 『論語』「八佾」11: 或問禘之說. 子曰 不知也. 知其說者之於天下也, 其如示諸斯乎! 指其掌.

46 『論語』「八佾」12: 祭如在, 祭神如神在 子曰 吾不與祭, 如不祭.

47 『論語』「泰伯」21.

48 『論語』「雍也」22.

49 김승혜, 앞의 책, 176쪽 참조.

50 Rodney L. Taylor, *op. cit*, p.12.

51 『孟子』「告子上」7.

52 『孟子』「告子下」2.

53 『孟子』「盡心上」1: 孟子曰 盡其心者, 知其性也. 知其性, 則知天矣. 存其心, 養其性, 所以事天也. 殀壽不貳, 修身以俟之, 所以立命也.

54 『孟子』「盡心下」25: 大而化之之謂聖, 聖而不可知之之謂神.

55 이상익, 「儒敎에 있어서의 聖과 俗」, 『宗敎硏究』10호, 1994, 66쪽 참조.

56 금장태, 앞의 책, 101쪽.

57 Julia Ching, *op. cit.*, p.9.

58 그의 원시유교 연구에서 마지막 장을 荀子에 대한 탐구로 할애하는 김승혜에 따르면 순자의 사상은 禮論이 중심임에도 불구하고 性惡論으로 알려져서 역사상에서 많은 오해를 받아왔다. 性惡論이라고 하는 것도 禮의 중요성을 더 강조하기 위한 것이었는데, 그의 사상이 법가나 불가의 사상으로 오인 받아 유가의 사상이 아니라고 소외되기도 했고, 그의 예의가 단지 僞裝으로 간주되어 많은 오해를 받아왔다는 것이다. 순자 자신도 그의 중심사상이 禮에 있으면서도 性惡에 치중하는 방법론을 써서 문제를 심화시켰다고 보지만, 김승혜는 이런 오해를 벗기고 보면 순자의 예론적 해석은 맹자가 이루지 못했던 공자 사상의 다른 일면을 훌륭히 체계화시켰고, 당시 중국 고대의 여러 사상들은 일부분씩 포괄적으로 수용하여 집대성시킨 것이라고 한다. 김승혜, 앞의 책, 285-286쪽.

59 같은 책, 366쪽 참조;『荀子』「禮論」: 禮有三本, 天地者, 生之本也, 先祖者, 類之本也, 君師者, 治之本也. 無天地惡生, 無先祖惡出, 無君師惡治, 三者偏亡焉, 無安人. 故禮上事天, 下事地, 尊先祖而隆君師, 是禮之三本也.

60 같은 책, 283쪽.

61 같은 책, 296쪽 참조; 荀子」「禮論」: 故曰, 性者本始材朴也, 僞者文理隆盛也. 無性

尾
註

則僞之無所加, 無僞則性不能自美. 性僞合然後成聖人之名, 一天下之功於是就也. 故曰, 天地合而萬物生, 陰陽接而變化起, 性僞合而天下治.

62 같은 책, 307쪽;『荀子』「禮論」.

63 『孟子』「滕文公上」1: 顔淵曰 舜何人也, 予何人也.

64 『中庸』1; Edward Y. J. Chung, *The Korean Neo-Confucianism of Yi T'oegye and Yi Yulgok–A Reappraisal of the "four-Seven thesis" and Its Practical Implications for Self-cultivation*, SUNY Press 1995, p.39ff.

65 『孟子』「公孫丑上」6.

66 『孟子』「盡心下」24.

67 Edward Y. J. Chung, *op.cit.*, p.44.

68 柳承國,「한국의 유학사상에 대하여」,『한국유학사상–이황・이이』, 윤사순・유정동 역, 삼성출판사, 1993, 25쪽.

69 같은 글, 25쪽.; 李相星,「靜庵 道學의 宗敎的 特性」,『東洋哲學硏究』제32집, 2003, 7쪽.

70 이동준,「한국의 道學的 전통과 의리사상」, 앞의 책, 472쪽.

71 같은 책, 475쪽.

72 『栗谷全書』卷9, 書1,「答成浩原(壬申)」: 情一也而或曰四或曰七者. 專言理兼言氣之不同也. 是故 人心道心 不能相兼而相爲終始焉. 四端不能兼七情 而七情則兼四端 道心之微 人心之危 朱子之說盡矣. 四端不如七情之全 七情不如四端之粹 是則愚見也;『栗谷全書』卷20, 聖學輯要2, 修己第二上: 臣竊謂 先儒心性情之說 詳備矣. 然各有所主 而言或不一 故後人執言而迷旨者多矣. 性發爲情 心發爲意云者 意各有在 非分心性爲二用 而後人遂以情意爲二岐 四端專言理七情合理氣非有二情而後人遂以理氣爲互發 情意二岐 理氣互發之說 不可以不辨; in: 한국철학사연구회,『한국철학사상사』, 176-177쪽.

73 『栗谷全書』卷10, 書2,「答成浩原(壬申)」: 本然之性 則專言理而不及乎氣矣. 氣質之性 則兼言氣而包理在其中 亦不可以主理主氣之說 泛然分兩邊也. 本然之性與氣質之性分兩邊 則不知者 豈不以爲二性乎.

74 이동준, 앞의 책. 474-475쪽.

75 같은 책, 472쪽.

76 『栗谷全書』卷27,「擊蒙要訣」, 立志章第一: 初學 先須立志 必以聖人自期 不可有

一毫自小退託之念 蓋衆人與聖人 其本性則一也 雖氣質不能無淸濁粹駁之異 而苟
能眞知實踐 去其舊染 而復其性初 則不增毫末 而萬善具足矣 衆人豈可不以聖人
自期乎 참조.

77 『栗谷全書』卷10, 書2, 「答成浩原」: 孔子何以曰 以能弘道 非道弘人乎 참조.

78 한국철학사연구회, 앞의 책. 199-200쪽.

79 이영춘, 『강정일당–한 조선여성 지식인의 삶과 학문』, 가람기획, 2002, 17-19쪽.

80 『退溪集』卷7, 箚, 「夙興夜寐箴」.

81 『論語』「子路」19: 樊遲問仁. 子曰 居處恭, 執事敬, 與人忠. 雖之夷狄, 不可棄也.

82 Yi Toegye, *To Become a Sage–The ten Diagrams on Sage Learning*, trans, ed., by
Michael C. Kalton, New York Columbia University Press 1988, p.175-196.

83 『退溪集』卷7, 箚, 「敬齋箴」: 對越上帝 足容必重 手容必恭 擇地而蹈 折旋蟻封 出
門如賓 承事如祭.; 이황, 『성학십도』, 조남국 옮김, 교육과학사 2000 참조.

84 Michael C. Kalton, *op. cit.*, p.189.

85 『栗谷全書』卷6, 雜著: 誠者 敬之原也, 敬者 反乎誠之功, in: 柳承國, 「東洋思想과
誠」, 『韓國思想과 現代』, 226쪽.

86 『中庸』20장: 誠者, 天之道也; 誠之者, 人之道也. 誠者不勉而中, 不思而得, 從容中
道, 聖人也. 誠之者, 擇善而固執之者也.

87 『中庸』22장; 柳承國, 「東洋思想과 誠」, 앞의 책, 227-228쪽.

88 같은 글, 228쪽.

89 『栗谷全書』卷4「拾遺」: 鬼神死生策, 有其誠則有其神, 無其誠則無其神.

90 『孝經』「三才」: 子曰 夫孝 天之經也, 地之誼也 民之行也.

91 『孝經』「聖治」: 子曰 天地之性, 人爲貴, 人之行, 莫大於孝. 孝莫大於嚴夫, 嚴夫莫
大於配天.

92 가지 노 부유키, 이근우 옮김, 『침묵의 종교 유교』, 경당, 2002.

93 鄭仁在, 「尹白湖의 禮論과 倫理思想」, 『한국정신문화연구원 연구논총』 82-4, in:
한국철학사연구회, 앞의 책, 217쪽.

94 앞에서도 지적했지만 오늘날까지도 유교 禮에 대한 시선은 곱지 않다. 무척 거추
장스럽고 허례허식에 불과할 뿐이라는 지적이다. 이러한 맥락에서 17세기 禮學
의 발달을 국가가 두 번의 난을 겪은 후 해이해진 국민들의 도덕의식을 다시 세
우기 위해서 인위적으로 조장한 것이라는 해석이 있다. 이런 측면을 모두 간과할

수는 없지만 조선 성리학이 禮學으로 전개된 것은 그 道學的 추구가 심화되어서 삶의 全 영역을 더욱 경건하게 살아가고자 하는 염원이고, 聖人之道의 길에서 각론에까지 내려가서 합당한 방법을 찾고자 하는 노력이었음을 퇴계와 율곡을 비롯한 많은 조선 道學者들의 삶과 글에서 볼 수 있다. 유권종, 「禮: 경건한 몸가짐과 마음가짐의 길」, 윤사순 외, 『조선시대, 삶과 생각』, 고려대학교민족문화연구원 2000, 131쪽.; 김현, 「유교: 종교적 염원과 세속적 가치의 이중주」, 같은 책, 85-112쪽 참조.

95 李丙燾, 『韓國儒學史』, 아세아문화사1987, 296쪽.

96 박례경, 「유교 제의(祭儀)에 담긴 예(禮)의 정신―『禮記』, 「祭祀」류의 제사의식을 중심으로」, 『宗教研究』제36집, 2004년 가을, 307쪽.

97 한국종교연구회, 『한국종교문화사 강의』, 187쪽.

98 윤사순, 『한국유학사상론』, 열음사총서3, 열음사, 1986, 61쪽.

99 이영춘, 『차례와 제사』, 대원사 1994, 137쪽.

100 졸고, 「한국종교문화사 전개과정에서 본 한국 여성종교성 탐색」 참조.

101 장병인, 『조선전기 혼인제와 성차별』, 일지사, 1999, 56쪽.

102 같은 책, 117쪽.

103 M. Deuchler, *op. cit.*, p.202.

104 이순형, 『한국의 명문종가』, 서울대학교 출판부, 2000, 366쪽.

105 M. Deuchler, *op. cit.*, p.225.

106 박용옥, in: 하현강 외, 『한국 여성의 전통상』, 민음사, 1985, 150쪽.

107 李能和, 金尚億 옮김, 『朝鮮女俗考』, 東文選, 1990, 081-089쪽.

108 박용옥, 「유교적 여성관의 재조명」, 박용옥 외, 『한국여성연구1―종교와 가부장제』, 청하, 1988, 49쪽.

109 최연미, 「조선시대 여성저서의 편찬 및 필사 간인에 관한 연구」, 성균관대학교 박사학위논문, 2000.

110 정해은, 「조선후기 여성실학자 빙허각 이씨」, 『여성과 사회』8집, 1997, 302쪽.

111 박용옥, 「한국 근대여성운동사 연구」, 고려대 박사학위 논문, 1982, 14쪽.

112 같은 글, 18쪽.

제2부

조선시대 유교 종교성의 실례와
현대 여성주의적 조명

한국 유교의 종교적 성찰과 여성주의

잃어버린
초월을
찾아서

I
임윤지당의 성리사상과 유교 종교성

　임윤지당(任允摯堂, 1721~1792)은 조선 후기 영·정조 시대에 원주에서 살았던 여성 성리학자이다. 함흥판관을 지낸 아버지 임적(任適, 1685~1728)과 어머니 파평윤씨坡平尹氏의 딸로 1721년에 태어났다. 조선 후기 기호지방의 뛰어난 성리학자 녹문 임성주(鹿門 任聖周, 1711~1788)의 누이였다. 그녀의 형제자매들은 모두 5남 2녀였는데, 막내동생 운호 임정주(雲湖 任靖周, 1727~1796)가 쓴 「유사遺事」에 따르면, 집안의 고조부인 임의백(任義伯, 1605~1667)은 조선중기 예학으로 유명한 사계 김장생(沙溪 金長生, 1548~1631)의 문인이었고, 아버지는 우암 송시열(尤庵 宋時烈, 1607~1746)의 제자로서 기호학파의 지도자였던 수암 권상하(遂庵 權尙夏, 1641~1721)에게서 배웠다. 주지하다시피 오빠 임성주는 18세기 호락논쟁湖洛論爭에서 인물성동론人物性同論을 주장한 낙론 계열의 대표적 인물인 도암 이재(陶庵 李縡, 1680~1746)의 사상을 전수받았다. 이렇듯 집안의 내력이 율곡 계열의 학파에 속하고 조선 중기 당파로 보면 노론 계열에 속하는데, 윤지당은 어려서부터 일찍 돌아가신 아버지를 대신해서 그 역할을 하던 오빠 임성주로부터 『효경』, 『열녀전』, 『소학』과 『논어』, 『맹자』, 『대학』, 『중용』의 사서 등 유교 경전과 역사책을 학습하였

다. 경전 공부를 매우 좋아해서 총명하고 근면한 그녀를 오빠들은 매우 사랑했다고 한다.[1]

어린 시절의 편린을 읽을 수 있는 기록에 의하면, 윤지당은 집안에 과일나무가 많았으나 사당에 올리기 전에는 입에 가까이 하지 않았다. 또한 어머니가 재계하며 채식하는 날에는 자신도 비록 먼 조상이라도 육식을 하지 않아서, 어른들이 어린아이들은 그렇게 할 것이 없다고 하면, "어머니가 잡수시지 않는 것을 제가 어떻게 제가 먹습니까?"라고 응대하였다고 한다.[2] 성장하여 19세 때에 원주의 선비 신광유(申光裕, 1722~1747)와 결혼하였다. 그러나 혼인한 지 8년 만에 남편이 죽었으므로 28살의 나이로 과부가 되어서 시동생 형제들과 한 집안에서 살았다. 생가와 양가의 두 시어머니를 모두 모시면서 효성을 다하였고, 47세 때에 이미 집안의 큰 어른이 되어 제사를 받들고 손님 접대하고, 일가친척을 대하고, 모든 가사를 처리하면서도 밤에는 늦게까지 학문에 몰두하는 생활을 하며 자신의 독서와 저술 활동을 감추고 드러내지 않았다. 그러한 윤지당이 여름날 공부를 방해하는 더운 날씨를 탓하는 동생들에게 "정신을 집중하여 책을 읽으면 가슴 속에서 자연히 서늘한 기운이 생긴다. 어찌 부채질을 할 필요가 있겠는가?"라고 말할 정도로 공부와 수양의 경지가 뛰어났다고 전해진다.[3]

윤지당은 결혼 후 난산 끝에 아이 하나를 낳았으나 어려서 죽었고, 그 후 시동생의 아들을 입양해서 지극 정성으로 키웠지만 그녀가 40세 때에 먼저 떠나보내야 했다. 50대에 들어서서도 불행이 계속되어 친정의 형제들조차 잇따라 죽었고, 1788년에는 지기知己이자 스승이던 오빠 임성주조차 먼저 가서 매우 비통해 했다. 그러나 이러한 가운데서도 강인한 의지와 심성 수양으로 생을 지탱했으며, 말년에는 독서와 저술에 힘쓰다가 1793년

원주에서 73세의 나이로 세상을 떠났다.

　그녀의 호 윤지당允挚堂은 오빠 임성주가 지어준 것이다. 주희가 주周 문왕文王의 어머니 태임太任과 부인 태사太姒를 존경해서 쓴 말인 '윤신지允莘挚'(태임과 태사를 존경하노라)에서 태임의 친정이었던 지중씨(挚仲氏∷임씨)의 지挚를 따와서 윤지允挚, 즉 '지임씨를 독실하게 믿는다'의 뜻으로 지은 것이라고 한다.⁴ 윤지당은 여성으로서는 드물게 다양한 문체의 글을 남겼다. 일생 동안 저술한 글을 수록한 문집인 『윤지당유고允挚堂遺稿』는 상하 2편 1책의 목판본으로 작고한 지 3년 후인 1796년(정조 20년) 친정동생 임정주와 시동생 신광우에 의해서 간행되었다. 서문은 없고 이들이 지은 「언행록言行錄」 19개조와 「유사遺事」 16개조, 또 간략한 발문이 붙어 있다. 상편에는 인물전기인 전傳 2편, 역사인물 평론인 논論 11편, 책의 후기인 발跋 2편, 철학논문에 해당하는 설說 6편이 수록되어 있고, 하편에는 잠箴, 명銘, 찬讚, 제문祭文, 저자 서문에 해당하는 인引과 유교 경서의 해석서인 경의經義가 실려 있다. 많은 연구가들이 주목하기를 『윤지당유고』의 특징은 보통 이 시기의 다른 여성문집들과는 달리 이른바 문학에 속하는 시문은 드물고 학술적인 논문이거나 경전 해설이 주류라는 점이다. 본서의 핵심이라고 할 수 있는 설說 6편은 본격적인 성리학 논문을 보여주고 있는데, 「이기심성설理氣心性說」, 「인심도심사단칠정설人心道心四端七情說」, 「예악설禮樂說」, 「극기복례위인설克己復禮爲仁說」, 「치난재득인설治亂在得人說」, 「오도일관설吾道一貫說」 등이 그것이다. 「경의經義」 2편은 각기 『대학』과 『중용』에 관한 나름의 해설서이고, 논論 11편은 모두 중국 역대의 인물들에 대한 사론史論으로 안자顏子 한 사람을 제외한 모든 사람들에 대해 신랄한 비판을 담고 있다. 이렇게 함으로써 윤지당은 본격적으로 조선시대 여성 성리학자의 모습을 보여주었고, "여성사에서 윤지당이 가지는 위치는 남성의 입장에서 보면 퇴계나 율곡과 같은 존재이다"라는 평을 듣는다.[5]

1. 윤지당의 사상 기반: 성인지도의 주체성 자각

18세기 기호학파 낙론 계열 집안의 딸이었던 윤지당은 여성도 남성과 마찬가지로 차별 없이 성인지도 추구의 인간적 본분을 가지며, 그 일에 있어서 결코 어떤 생래적인 차이가 없음을 일깨우고자 노력하였다. 그러한 그녀가 1785년 65세 때 그동안 틈틈이 써 온 글들을 문집으로 엮을 생각을 하면서 쓴 저자 서문격의 「인引」에 보면 다음과 같은 글이 있다.

> 나는 어릴 때부터 성리의 학문이 있음을 알았다. 조금 자라서는 좋아하는 것이 더하여 마치 맛난 음식이 입을 즐겁게 하는 것 같아서 그만두려 해도 할 수 없었다. 이에 감히 아녀자임에도 불구하고 경전에 기록된 성현의 유훈을 마음을 다해 탐구하였다.[6]

윤지당이 "젊을 때"(아시작兒時作)에 쓴 글이라고 밝히는 유고집의 서두를 장식하는 인물 편에 보면, 어떻게 어린 시절부터 여느 남성들보다도 확고하게 성인지도에 뜻을 두었고, 그 길을 가는 데 있어서의 탐구를 정치하게 행했는가가 잘 나타나 있다. 윤지당이 당시 「송씨댁부인(宋氏婦)」이라는 여성의 이른 죽음을 애도하면서 쓴 글에 보면, 이 여성이 단지 식견과 행실이 탁월한 것만이 아니라 문예에도 재주가 뛰어났음을 밝힌다. 그러면서 "친정 부친이 세속의 구구한 소리를 믿고 글을 가르치지 않았으나" 혼자서 사서삼경의 경서와 역사책을 배워 어지간히 그 뜻에 통달했다고 지적한다.[7] 윤지당은 송씨댁 부인 한씨가 남편을 참으로 깨닫게 했고 분발하게 했다는 이야기를 들려 준다.[8] 그것은 그녀가 자신 가문의 남자들이 말로는 율곡을 존경한다고 하지만 실상은 율곡의 도덕을 흠모하는 것이 아니라 그 지위를 부러워하는 것이 아니냐는 지적을 통해서였음을 밝힌다. 이어서 윤지당은 두 모녀(崔洪二女)가 남편과 아버지의 원수를 갚기 위해 스스로 살인죄를 감수한 이야기를 여성들이 과감하게 도덕적 주체로 나선 의로운 이야기로 들려 준다.[9] 『논어』의 이야기인 「미생고가 식초를 구걸한 일을 논함(論微生高乞酢)」은 다시 한 번 그녀가 어떻게 도덕적 원리를 지키는 일에서는 한치의 양보도 없는가를 잘 드러내 준다. 그러나 여기서 더 논의를 전개시켜, 윤지당은 예를 들면 그것이 한낱 식초가 아니라 생명의 위급과 관련된 약이라면 처신이 다를 수 있다는 것을 지적하기도 했다.

이렇듯 윤지당은 젊은 시절부터 의(義)나 충, 효나 절(節), 직(直) 등 도덕 원리의 준엄한 기준을 여러 역사상의 인물들을 평가하면서 밝히고자 했는데, 역시 젊은 때의 글인 「안자의 즐거움을 논함(論顔子所樂)」이라는 글에서는 그녀의 성인지도를 향한 뜻을 분명하게 밝힌다. 윤지당은 중국 역사의 인물들 중에서 어느 누구보다도 안연을 좋아했는데, 공자로부터 "그는 즐거움을 고치지 않는 사람이다" 하는 칭찬을 들은 안연의 인격을 여러 가지로 논한다. 안연은 "즐거움은 배움으로 말미암은 후에 얻어지는 것이지, 배우지 않으면 그 즐거움을 얻을 수 없다"는 것을 보여준 사람이고,[10] 결국 그의 가르침은 성인의 경지도 역시 노력하여서 성취할 수 있다는 것으로 귀결된다고 밝힌다.[11] 윤지당에 따르면, "성인이란 말은 자신의 도량을 넓혀서 타고난 기질을 변화시킨 사람을 지칭하는 것일 뿐이다."[12] 그리하여 그 녀는 "성인은 우리와 같은 종류에 속하는 존재이다", "사람은 누구나 요순과 같은 성인이 될 수 있다" 하는 맹자의 말을 자주 인용하면서, "마치 나 그네가 잠자리를 찾고, 먹는 사람이 배부르기를 구하는 것처럼"[13] 그렇게 간절히 노력하여 성인의 경지에 이르기를 기약하는 것이 인간에 대한 규정임을 확언한다.

이혜순의 『윤지당유고』 연구에 따르면 여기서 젊은 시절의 작품에서는 윤지당의 이야기가 인간 일반에 대한 담론으로 나타나지만 점점 더 시간이 가면서는 그것이 결국 "여성담론"을 지향하고 있다고 한다. 유고집에서 두 편의 여성전女性傳을 서두에 놓은 일의 의미와 더불어 그 글에서 일반적으로 우리라는 의미의 나로부터 시작하여 글의 작가인 개별 주체로서의 나, 그리고 다시 여성으로서의 나를 드러내는 점진적인 변모를 볼 수 있다고 주장한다.[14] 윤지당은 성리학적 논설들을 본격적으로 저술하여 여성도 성인지도의 추구에 있어서 동등한 성품을 부여받았으며, 그 노력의 일에서 결코 제외될 수 없음을 뚜렷이 밝힌다. 이러한 여성으로서의 자각이 아주 분명하게 드러난 「극기복례위인설」에서 다시 안연을 거론한다. 그러면서 안연은 자신의 노력으로 99% 성인의 경지에 이른 사람이었다고 지적하는데, 여기서 윤지당은 우리 모두가 진실로 요순·주공·공자·안자·맹자의 성품을 가지고 있지만 이들처럼 되지 못하는 이유는 가장 핵심적으로 노력의 부족이라고 주장한다.[15] 또한 이 노력에서 가장 중요한 것이 '입지立志'라는 것을 그녀는 강조하는데, "남이 한 번 노력하면 나는 천 번 노력한다"는 『중용』20장의 언어를 들어서 "진실로 안자가 준성인(亞聖者)이 된 것은 바로 순임금과 같은 성인이 되고자 확고하게 뜻을 세우고 노력했기 때문이다. 후세에 그와 같은 큰 성현이 나타나지 않은 이유는 이 뜻을 확립하는 데 있어서 안자 같은 사람이 없었기 때문"[16]이라고 말한다. 여기서 당시 18세기 조선 성리학의 호락 논쟁에서 하나의 중요한 관건이 되는 '기질지성氣質之性' 이야기가 나온다. 그러나 윤지당은 다른 논설인 「이기심성설」에서와는 달리 그 주제에 천착해 들어가지 않고 오히려 진실로 사람들이 자신의 부족한 단점을 찾아 변화 발전시키려는 노력을 다해 보면 결국 모든 것이 자신에게 달려 있으며, "그러므로 뜻을 세워 독실히 실행하는 것보다 더 큰 것은 없다"는 것을 깨닫게 된다고 언명한다.[17] 그러면서 "이런 까닭에 기질지성은 군자가 그것을 성性이라고 부르지 않는다(是以, 氣質之性, 君子不謂之性也)"는 맹자와 장횡거(張橫渠, 1020~1077)의 논설을 지적한다. 윤지당은 인간의 본성에 대한 존재론적인 설명으로 자칫 성인지도의 본래적 규정과 노력이 훼손되고 약화되는 것을 염려하여 오히려 여기서 이렇듯 강하게 밝힌 것이 아닌가 본 연구자는 생각한다. 그러면서 그 글의 마무리를 다음과 같은 진술로 갈음한다;

> …아아! 내 비록 부인이기는 하지만, 부여받은 성품(性)은 애초에 남녀 간에 차이가 없다. 안연이 배운 것을 배울 수는 없다 해도, 聖人을 앙모하는 뜻은 간절하다. 그러므로 간략히 소견을 펼쳐 여기에 서술하여 나의 뜻을 덧붙인다.[18]

윤지당이 당시 세속의 일반적인 이해와는 달리 그 자신이 깊이 체득하여 강조한 것은 인간의 무한한 가능성이었고, 거기에 결코 여성도 예외가 될 수 없다는 것이다. 그녀의 「유사」에 보면, 살아 생전 항상 "부인이면서 태임太任과 태사太姒로 스스로를 기약하지 않는 자들은 모두 자포자기한 사람이다"라고 반복해서 말했다.[19] 이것은 여성들의 삶의 임무도 남성들과 다르지 않게 성인지도의 길을 가는 것임을 분명히 한 것이다. 윤지당은 사람들의 마음이 육신의 노예가 되어서 자포자기를 편안히 여기고, "나는 자질이 변변치 못하니 어떻게 감히 성현을 바라볼 수 있겠는가"고 하면서 초목과 마찬가지로 썩어가고 금수와 다를 바 없이 행동하는 것을 보고서, 그들이야말로 '착한 마음(仁)'이 있다는 것마저도 가르쳐 줄 수 없는, 공자가 말한 "어찌 해 볼 수 없는 사람"이 아닌지 탄식한다.[20]

윤지당이 남긴 글에는 「비수에 새기는 명문(匕劍銘)」이라는 비장한 명銘이 있다. 이 글의 서두에서 윤지당은 사람의 성품은 모두가 선한 것인데, 왜 요순·주공·공자와 같은 성인이 되지 못할까 하고 물으면서, 이러한 본래의 성품을 해치는 사욕을 끊는 단호한 마음가짐을 밝힌다. 여기서 '비수' 또는 '칼날'은 그 사욕을 끊는 마음의 결단력을 말하고, 자연의 순리와 사람의 사욕이 만나는 경계선에서 밝게 분별하여 단호하게 사욕을 끊는 비장한 실천을 말한다. 이 일에서 윤지당은 "나를 결코 부인이라 말라(無我婦人)"고 주창한다. 이것은 자신이 여성으로서 비록 약자일지는 몰라도 성인지도의 길에서는 어느 남성보다도 단호하다는 것을 드러내는 큰 자부심의 표현이다. 혈기를 앞세우는 용기가 아닌 의리를 앞세우는 용기를 길러야 한다고 강조한다. 그렇게 되는 경우 마음의 운용과 여러 신체 기관의 작용이 순리대로 되어서 요순과 주공과 공자가 자신에게 있게 되는 것이라고 밝힌다.

추상 같은 그 광채여

이글대는 태양 같은 그 칼자루여

그 예리함이 쇠라도 끊겠네.

칼끝이 가리키는 곳에는

온갖 사악함이 숨죽이니

네 위엄의 씩씩함이여!

네 공력의 신통함이여!

아 빛나도다, 비수여

나를 부인이라 말라.

너를 더욱 날카롭게 갈아

숫돌에 새로 간 것처럼 하여

어지러운 생각 쓸어버리고

막힌 생각 베어 버리리라.

4씨이 제거되니

순임금이 중천의 태양처럼 되어 있듯

만세토록 태평하여

이 마음이 평화롭네.[21]

이상의 시에 나타난 것처럼 윤지당은 당시 사회가 한정해 놓은 성 역할을 넘어서 참된 인간이 되고자 하는 열망을 모든 사람의 일로 보며 살았다. 이러한 윤지당에 대해 막내동생 임정주는 "유인儒人 같은 사람은 진실로 규중의 도학이다. 여인들 중의 군자라고 할 만하다"고 했고, 시동생인 신광우는 "안온하면서도 대성大成하셨다"고 평했다.[22]

이러한 평가를 받은 윤지당의 삶은 바로 유교적 초월의 실현인 성인지도의 추구에 있어서 뛰어난 주체성과 평등성의 표현이고, 그러한 의식은 오늘날 여느 세속적 여성주의자의 그것보다 더 확고했다고 할 수 있다. 그 것은 존재의 뿌리로 내려가서 그 근원(性理)과의 대면에서 얻어진 존재론적 주체성의 표현이고, 유교 존재론의 영성적 표현으로서 삶의 모든 실천에서 흔들리지 않는 뿌리가 되었기 때문이다.

2. 윤지당의 이기론理氣論과 성속 통합의 인간 이해

1) 전일적 이기심성론理氣心性論

앞에서도 지적했지만 이상과 같이 성인지도에 대한 강한 신념과 의지를 가진 윤지당에게 무엇보다도 중요한 일은 그 구체적인 실행이었다. 이러한 입장은 그 성리학 이론에서도 잘 드러난다. 당시 조선 지성세계의 모든 주요한 안건들을 한 자리에서 논한 논설이 「이기심성설」이라는 5,300여 자의 긴 논문이다. 여기서 특히 눈에 띄는 것은 이기론, 심성론, 인물동이론 등의 논의에서 윤지당이 일관되게 유지하는 이기묘합적理氣妙合的이고 전일적인 사고이다.[23] 윤지당은 먼저 천지의 도는 다름 아니라 음양·오행의 기氣가 태극의 순수한 이理와 함께 사물에 부여 되어서 모든 만물로 하여금 그 삶을 영위하도록 하는 것이라고 밝히면서, 이와 기가 하나이면서 둘이요, 둘이면서 하나(一而二 二而一)라는 것을 강조하며 그 논리를 시작한다.

사람들은 대부분 주자가 말한 "이 理가 있은 후에 이 氣가 있다"는 말을 오해하여, 태극을 형체와 기질을 초월해서 다른 영역에 있는 사물이라고 여기는데 결코 그렇지 않다. 氣가 없이 理가 어디에 붙어 조화를 이룰 수 있겠는가? 태극은 음양의 이치에 불과하며, 음양 밖에 별도의 다른 理가 있는 것이 아니다. 단지 음양이 자연히 이와 같음(自然如此)을 일러서 理라고 하는 것이다. 그 理의 지극하여 더 할 것이 없는 것을 태극이라고 한다. 理가 아니면 氣가 참으로 연원할 곳이 없지만, 氣가 아니면 理 또한 무엇을 따라 존재할 수 있겠는가? 그러므로 오직 氣에 나아가서(卽하여) 그 (理의) 의미를 알아낼 뿐이라는 것이 옳다. 理와 氣는 나누고 합칠 수도 없으며, 구분시키고 꿰매어 붙일 수도 없다. 어디에서 선후나 피차를 논할 수 있겠는가?[24]

여기서 윤지당은 이기理氣의 불리성不離性을 분명히 밝혔지만, 동시에 아주 분명하게 "오직 기에 나아가서 그 이의 의미를 알아낼 수 있을 뿐이다"라고 하였다. 이는 존재의 구체성과 개체성, 실천성을 더욱 강조하는 기 중시의 입장으로 재래의 성리학이 관념성에 그치는 경향을 비판한 것이다. 여성으로서 현실을 살아가면서 훨씬 더 경험적으로 겉과 속, 현실과 본질, 성과 속의 하나 됨을 인식한 모습이라고 하겠다.

이 입장에서부터 윤지당은 인간의 구체적인 심을 매우 중시하는 「인심도심사단칠정설」을 설파한다. 마음이란 "천지가 만물을 생육하는 마음(天地生物之心)"으로서 우리의 성품(性)을 실어 몸의 주인(一身之主)이 되고 만사의 근본이 되는 것이라고 설명한다. 이 고요하고 한결같이 밝은 마음을 도심으로 부르는 것이다. 그러나 사람은 누구나 형체를 가지고 있으므로 그 형기의 사사로운 작용에서 나온 인심이 없을 수 없으며, 그래서 비록 성인

일지라도 인심을 가지고 있는 것이며, 악인일지라도 도심이 없을 수 없다는 것이다.[25] 이렇듯 율곡과 같이 인심과 도심을 어떤 동떨어진 두 실체로 보는 것이 아니라 매우 전일적이고 역동적으로 한 마음의 두 상태와 작용으로 보는 윤지당은 사단칠정의 논의에서도 사단을 결코 인간의 감정과 동떨어진 개별적인 것으로 보지 않고, "칠정 이외에 별도로 사단이 있는 것이 아니기에 말의 표현 때문에 그 뜻을 해쳐서는 안 된다"고 강조한다.[26] 율곡 계열의 심 이해 전승을 잘 따르는 것으로 보이는 이러한 통전적인 이해로부터 윤지당은 자신의 확고한 심성불리의 논의를 다음과 같이 펼치고 있다.

> 性이라는 것은 心이 갖추고 있는 원리이고, 心이란 것은 性이 깃든 그릇이니, 둘이면서도 하나인 것이다. 그러므로 그것이 허령하고 신명하여 변화를 예측할 수 없는 것이 심이고, 허령하고 신명하여 변화를 예측할 수 없게 하는 까닭이 理이다. 理는 작용이 없지만, 心은 작용이 있다. 理는 자취가 없지만, 心은 자취가 있다. 理가 아니면 발동할 것이 없고, 心이 아니면 발동할 수 없다. 어찌 理氣가 뒤섞인 것이면서 본성(性)만 발동한다던가, 心만 발동하는 이치가 있겠는가? 여기에 대해 비록 선배 학자의 논의가 있지만, 나는 그것을 감히 신뢰할 수 없다. 일단 기록하여 아는 자를 기다린다.[27]

윤지당은 논설의 끝머리에 자신의 심성불리론에 대해서 후대의 판단자를 기다린다고까지 확신하며 말했다. 그러나 윤지당은 이렇게 인물성이 불리되어 있는데 왜 생성된 사물에는 수만 가지 종류가 있으며, 그 중에서 어떤 것은 지각이 있고 운동은 하지만, 어떤 것은 지각도 없고 운동도 하지 못하느냐는 질문을 설정한다. 즉 이렇게 심에는 수만 가지의 차이가 있는데, 그 이유가 사물의 성품이 달라서인가 아니면 사물은 성품을 가지지 않아서인가라는 인간과 사물, 성인과 범인의 차이에 대한 의문에 답을 해야했다. 여기에 대해서 다음과 같이 말한다.

> 사물이 고르지 않은 것은 바로 天命이 원래 그런 것이다. 그 기질에 따라 스스로 하나의 性이 되면 이것이 각기 태극을 갖춘 것이다. 이에 즉한 것이 性卽理의 性이니, 어찌 이 외에 性을 말하여 원래 命 · 性이 없다거나 그 理가 氣에 국한되는 것이라고 의심할 수 있겠는가? 초목과 같이 혈기도 없고 지각도 없는 모든 생물은 또한 형체와 기질의 치우치고 막힌 것 중에 치우치고 막힌 것을 얻은 것이다. 그러므로 이런 物에 있는 理 또한 그 형체와 기질을 따라 저절로 한 사물의 理가 되는 것이니, 비록 天命之性을 다시 논할 수 없다고 하더라도, 그 꽃 피고 시들고 피고 지는 것이 모두 그 순서를 따라 각각 자연의 원리를 가지고 있으니 또한 어떻게 이 性이 없다고 할 수 있겠는가? 지금 태양이 중천에 떠 있어 사람이 창문을 활짝 열면 햇빛이 사람을 비추는 것이 클 것이고, 창을 막아서 빛이 조금만 들어오게 하면, 그 햇살 또한 작을 것이나 햇살 아님이 없을 것이다. 사람과 사물의 性이 어찌 이와 다르겠는가?[28]

여기서 윤지당은 여러 가지 것들을 말한다. 밝은 태양빛이나 어두운 태양빛이 모두 태양빛이듯이 그렇게 인간과 사물 모두가 성性을 가지고 있다는 지적이다. 그러나 왜 그 성이 차이가 나는지에 대한 대답은 다시 기질을 이끌어서, 이 기질의 차이에 따라서 각각의 성품을 갖게 된다는 것이다. 그러나 여기서 더 주목할 사실은 윤지당이 그 기질의 차이도 바로 "천명의 본연(天命本然)"으로 보았다는 것이다. '천명지성天命之性'으로 칭할 수는 없지만 '천명본연'으로 말하면서 이것을 통해서 다시 한 번 이기理氣의 불리를 말하였다. 다음과 같은 논설에서 그것을 분명히 알 수 있다;

통하고 바른 것을 얻은 것은 사람이 되므로 五性이 갖추어져서 모든 善이 충분하고, 막히고 치우친 기질을 얻은 것은 사물이 되므로 五常을 온전히 갖추어 본체를 통관하지 못한다. 그러나 똑같이 이 근원의 원리를 얻었기 때문에, 호랑이의 부모자식관계나 까마귀의 반포지효, 벌이나 개미의 군신관계, 수달이 근본에 보답할 줄 아는 것, 저구새의 부부유별과 같은 것이 이것이다. 이것은 이른바 '천지의 성' (天地之性)이요 천하에 性을 벗어난 것이 없다는 것이다.[29]

2) 인물성동이人物性同異의 변주

윤지당은 그러나 다른 한편으로는 흰 깃털과 흰 눈, 흰 옥의 성품이 기질에 따라서 모두 다르며, 말과 소, 개와 닭의 성품이 기질의 차이에 근거해서 다르다는 것을 말한다. 그러면서 그것들이 "그들의 본래 가진 성질(本然之性)이 아니고 무엇이겠는가"라고 반문한다.[30] 이것은 윤지당이 한편으로는 사람과 사물의 성性이 같다는 것을 주장하는 것이고(人物性同說), 다른 한편으로는 기질의 차이를 말하면서 인물성이 다른 것(人物性異說)을 밝히는 것이다. 그럼으로써 윤지당의 사상은 한마디로 동론이나 이론으로 규정할 수 없고, 또한 단순히 주리主理 또는 주기主氣의 도식적인 범주로 재단할 수 없음을 드러내 준다.[31] 다음의 인용문에서 그것이 더욱 드러난다.

> 인의예지가 바로 사람과 사물이 같이 부여받은 性인데, 사물에게서 仁義의 性이 드러나지 않는 것은 氣에 국한되어 그 작용이 나타나지 못하였을 뿐이요, 본연의 체가 아니라고 한다면 크게 그렇지 않다. 이를 '원리는 하나지만 나눔은 달라진다' (理一分殊)는 네 글자에 착안해서 살펴보면 저절로 분명해질 것이다. '理一'의 理는 진실로 理이나 '分殊'의 理는 홀로 理가 아닌가? 分殊라는 글자도 마땅히 理자에 속하게 해야 하는데 요즘 사람들은 대부분 氣 자에 귀속시켜서 하나 되는 것은 理이고 나누는 것은 氣로 보아 심지어 본체는 온전하지만 작용은 통달하지 못한다는 말까지 있으니 잘못된 것이다.[32]

이것은 매우 강력한 이기묘합적이며 심성불리적인 사고의 표현이다. 윤지당이 분수의 분도 이理의 작용으로 본다는 점에서 한편으로는 이의 입장에서 이 중시적으로 사고하는 것이고, 다른 한편으로는 그 이가 기처럼 나뉠 수 있다고 본 점에서는 기의 입장을 충분히 고려한 바라고 할 수 있다. 이러한 이기 묘합의 변주에서 윤지당 사상의 독특성이 잘 나타나는 것이 아닌가 생각한다.

그러나 윤지당의 심성론은 여기서 끝나지 않는다. 그녀는 한편으로는 이렇게 性과 기氣, 심心과 성性을 통합적으로 논하면서도 다른 한편으로는 이와는 다른 논의를 전개한다. 자신이 그렇게 심성의 불리를 말하였지만 왜 현실에서 성인과 범인의 심이 그렇게 차이가 나며, 금수와 초목의 심이 인간과 달라서 성품이 치우쳐 있고 막혀 있는지를 설명해야 했다. 즉 이것은 악의 현실과 현실에서의 역할의 차이 문제를 말한다. 여기서 그러나 윤지당은 이미 보았듯이 특별한 다른 설명을 주는 것이 아니라 성리학에서 보편적으로 설명하듯이 다시 기氣의 청탁과 수박粹駁 이야기를 제시하고, 성의 두 이름(天命固有之性과 氣質之性)을 사용하면서, "기질의 성은 군자가 성으로 여기지 않는다"는 말을 자신의 대답으로 내 놓는다.[33]

> 순선하고 악이 없는 것이 性이니, 하나의 理에서 근원하며 사람들이 다 같은 것이다. 우둔함과 총명함, 강함과 약함 등 품성이 고르지 않은 것은 재질(才)이니, 기질에서 말미암아 사람마다 다르다. 대개 理는 정밀함과 거침의 구별이 없지만 氣로 말미암아 맑음과 탁함이 있으니 聖人과 어리석은 사람의 구분이 있는 까닭이다.[34]

이것은 한편으로 그녀가 기를 중시하고, 오직 기에 나아가서 그 이의 의미를 알아낼 수 있다고 했던 입장과는 다르게 보일 수 있다. 여기서 윤지당의 해설은 전통적으로 이를 궁극적인 진리로 보는 성리론자들의 논의와 크게 다르지 않다. 그렇다면 이처럼 서로 차이가 나는 것처럼 보이는 이유가 어디에 있을까?, 윤지당 사상의 주안점이 기질의 차이라든가 역할의 차이를 밝히는 데 있다기보다는 그 기질의 차이나 현실에서의 문제점에도 불구하고 어떻게든 본연의 하나 됨과 인간 성性의 가능성(善)을 밝혀서 남녀 양성을 포함하여 누구를 막론하고 성인지도의 추구를 인간 본연의 규정으로 알려 주려는 데서 나온 것이라고 해석하고자 한다. 이와 더불어 존재의 서로 다른 측면들, 이와 기, 인간과 사물 등을 모두 포괄해서 전일적

으로 사고하려는 입장에서 나온 것이 아닌가 생각한다. 그리고 선악善惡에 대해서 다음과 같이 말한다;

> 惡이란 형체가 생긴 후에 있는 것이다. 그것을 기질지성이라고 하면 옳지 만 하늘이 명부한 본래의 성(天命固有之性)이라고 하면 전혀 옳지 않다. 性에는 오직 인의예지 네 가지만 있을 뿐인데 어찌 악이 있을 수 있겠는 가? 그러나 세상에는 性을 갖지 않는 사물이 없으므로 비록 근본은 모두 선해도 氣에 가려지면 악으로 흐르니 이것을 일러서 性의 근본이 아니라 고 하는 것은 무방하겠지만, 만약 性이 아니라고 하면 이 악은 어디서 생겨 났겠는가? 그러므로 '선악이 모두 性이다'라고 한 것이며, 性 가운데 원래 두 가지가 있어서 서로 대립하여 생겨났다는 말은 아니다.[35]

여기서 윤지당이 분명히 밝힌 것은 악조차도 성性을 떠나서는 논할 수 없다는 것이다. 그것을 천명지성天命之性이라고는 할 수 없지만, 앞에서 인 간과 사물의 심리적 차이를 말할 때 썼던 개념인 천명본연天命本然 등과 같 은 차원에서 기질지성으로 말하면서 선과 악 모두가 성性이라고 이름지어 짐을 밝힌다.

위에서 살핀 바와 같이 윤지당은 지극히 전일적인 사고를 가지고 당시 성리 논쟁의 핵심 사안들을 나름의 확신과 자신감으로 정리해 냈다. 이런 윤지당의 사고와 그가 그토록 강조한 성범 간聖凡間, 양성 간兩性間의 동류 의식은 조선 후기 노론, 낙론 계열 가문 출신의 다른 여성 문사들(김호연재, 강정일당)에게서도 유사하게 나타남이 지적되었다.[36] 한편 이러한 윤지당의 존재란 단지 그 혼자만의 개인적 자질이나 가족 환경의 특수성에서 찾을

것이 아니라 도학의 정신을 끊임없이 연마하고 확신해 온 조선 사회 전체
의 노력이 18세기 후반에 이루어 낸 결실이라고 평가받기도 한다.[37] 윤지
당의 성취란 바로 신분 경계와 더불어 성性(Gender)의 벽을 넘어 확산되어
간 성리학적 가치관의 토대에서 가능했던 일이라고 보는 것이다. 이 지적
과 모순되지 않게 당시 성리학의 골자를 온전히 소화한 윤지당은 이기理氣
와 심성, 선악의 양면성에 대해 충분히 인지하고 있어서 기의 측면을 확인
시키려 했지만, 동시에 궁극적으로 인간 존재가 나아가야 할 방향을 알았
기에 더욱 더 이의 보편성을 놓치지 않으려고 애썼다.[38] 그는 자신이 말한
기질의 청탁이 다시 성범聖凡과 남녀의 차이를 말하는 것이 될까봐 그 기질
을 또 다시 나누어 "기질의 지엽말단적(氣之末流) 요소가 그런 것이지 기질
의 본연(氣之本然)은 그런 것이 아니다"라고 말하고,[39] 또한 "성품의 대본(性
之大本)"을 말하면서 그것으로 말하자면 "성인과 어리석은 사람이 같은 존
재(則聖愚一也)"임을 한결같이 강조한다.[40]

　앞에서도 지적했지만 윤지당은 기질의 차이라든가 역할의 차이보다는
그 역할들을 가능하게 하는 근본적인 원리의 하나 됨에 더 강조점을 두었
다. 그래서 그녀의 인물성론은 동론에 더 가까운 인상을 준다고 평가받는
다. 이러한 맥락에서 윤지당은 남녀 모두가 그 원리에 충실하도록 최선을
다하는 것이 우리 삶의 규정이라고 보았고, 이것은 "성性이 곧 기질이요,
기질이 곧 성이다"라는 말을 따른 것이다.[41] 그녀는 여기에서도 『중용』의
"성취하면 똑같이 된다(及其成功一也)"는 진실을 잘 받아서 사람들이 자기에
게도 요순과 같은 지극히 선한 성품이 있는 줄 알고 힘써 배워서 같은 점은
확충하고, 다른 점은 변화시키는 것이 가장 중요하다고 강조한다. 물론 윤
지당도 당시 남녀 역할의 차이를 부인하지는 않았지만 그보다는 세계의

삶을 근원적으로 주재하는 원리의 하나 됨을 확신했으므로 자신의 삶에서
도 통상적으로 남녀의 일이라고 구별되어 행해지던 일들을 동시에 최선을
다하여 행했다. 이러한 입장은 결국 이를 중심으로 한 원리의 규명도 중시
하였고, 동시에 기를 통한 원리의 실현에 적극적인 근거와 가능성을 확립
한 것이라고 할 수 있으며, 관념론적인 추구보다 현실적 실천을 더욱 큰 과
제로 삼은 것이다. 윤지당의 「유사」에는 다음과 같은 지적이 있다.

> (누님은) 늘 말씀하였다: 乾은 씩씩한 것이고, 坤은 유순한 것이니, 각기 그
> 에 따른 법칙이 있다. 聖女 태사가 행한 바가 다른 것은 그 분수가 달랐던
> 것이니 그 본성을 다함이 같은 것은 理가 하나인 것이다. 입장을 바꾸어
> 놓았어도 다 그러했을 것이다. 그런 즉 부인으로 나서 태임과 태사로 스스
> 로를 기약하지 않는다는 것은 다 스스로를 버린 것이다.[42]

이러한 믿음에서 윤지당은 독서하고 저술하고 일생 동안 심성을 닦고
수양하는 일에 전념하면서도 큰 가족의 어머니로서, 누이로서, 형수로서,
딸로서, 제사 받들고 손님 접대하며, 어른을 섬기고 아랫사람을 거느리는
모든 가사에 최선을 다하였다. 이러한 모습은 통상적으로 유교 여성들을
오직 사적私的 영역에 갇혀 사는 인물로 그리는 것이 반드시 타당하지 않다
는 것을 말해 준다. 원래 유교적 세계 의미 실현의 방법인 '수신修身 · 제가
齊家 · 치국治國 · 평천하平天下' 란 사적 영역의 일이 질서와 예로 정리됨으
로써 공적 영역과 연결되어 세계의 의미가 실현된다는 믿음이다. 그래서
여기서 둘 사이의 연결은 매우 긴밀하다. 윤지당의 실제 삶의 모습이 그것
이었고, 그것을 유교적 영성의 한 진실한 실천으로 보고자 한다.

3. 천지의 화육을 돕는 지속성의 영성과 성誠사상

조선 성리학의 변천사를 특히 종교성의 관점에서 파악하여 수행한 윤지
당 연구에 의하면, 조선후기에 윤지당이나 정일당 같은 여성 성리학자가
배출될 수 있었던 것은 조선 성리학이 후기로 오면서 점차 존양성찰存養省
察의 심학적心學的 전개를 보이고, 인간 마음을 통해 초월을 표현하려는 "종
교성"이 강화되었기 때문이라고 한다.[43] 즉 조선 성리학이 전기의 경세적
관심으로부터 점점 "심학화心學化"의 경향을 보이는데, 심학화란 궁극 실
재(理, 道, 體)를 지금 이곳의 마음에서 체화하려는 종교적 열정으로서 여기
에서 신분과 성性에 대한 차별이 점점 걷히면서 여성 성리학자의 출현을
가능케 했다는 것이다.[44]

이러한 관찰에 일면 주목하며 수긍하면서 그러나 본 연구자는 여기서
한 걸음 더 나아가 보다 더 적극적으로 평가하기를 원한다. 즉 조선 성리학
이 후기로 접어들면서 단지 사족士族 학자들의 정치적 출로가 막혔기 때문
에 심학화해서 종교성을 띠는 방향으로 나갔다고 보기보다는 그 이전에
성리학 자체가 하나의 종교적 의미 체계였다고 본다. 여기서 윤지당이나
정일당의 출현이 그런 종교성 강화의 단순한 "부수효과"가 아니라[45] 오히
려 이들 여성들에 의해서 유교 성리학의 종교성이 더욱 농도 짙게 드러났
다고 이해하는 입장이다. 왜냐 하면 종교란 단지 이론의 문제가 아니라 구
체적인 삶의 실천 및 체득體得과 관계되는 것이라면 이들 여성들의 학행적
삶이야말로 어느 남성학자의 그것보다 진지해서 유교 종교성의 진실을 더
욱 지극히 체화한 것으로 보기 때문이다. 다름 아니라 그들 삶에서는 삶과

학행이 더욱 진한 농도로 일치되었음을 말하는 것이다.

1) 예악설과 역사 · 정치의식

윤지당은 『유고』에 두 편의 예설을 남겼는데 「예악설」과 「극기복례위인설」이 그것이다. 두 글은 비록 짧지만 예와 악樂, 덕과 경敬, 인仁 등의 관계를 명쾌하게 밝히고 있어서 이것을 통해서 그의 사회관과 문화관, 정치의식과 교육사상 등을 잘 엿볼 수 있다.

윤지당은 먼저 『중용』에서 "천자天子가 아니면 예를 논하지 않는다"고 한 말과, "비록 그 지위에 올랐다 하더라도 그 덕이 없으면 감히 예악을 만들지 않는다"라고 한 말을 들어서 덕성(德)이 있은 연후에 예악이 있음을 분명히 밝힌다.[46]

윤지당은 예란 "하늘의 도道(天理)가 구체화 된 것(節文)"이요 "인간의 도리를 확립하는 규범(儀則)"이라는 주희의 말을 지적하며, 여기에 대해서 악樂이란 "그 절제된 것을 화평하게 하고 엄격한 것을 구김 없이 펴는 것"이어서 "사람들을 날마다 착하게 만들어서 저도 모르게 인간의 도리를 완성하게 하는 것"이라고 지적한다.[47] 이렇게 예와 악을 구분하여 설명한 후, 다시 이 두 가지가 항상 같이 가야 함을 강조하는데, "공경함"을 위주로 하는(主敬) 예와 "화평함"을 위주로 하는(主和) 악이 같이 행해져서 서로서로 견제하면서 도울 때만이 사람들 마음이 떠나지 않고, 동시에 허튼 데로 흐르지 않는다고 보기 때문이다.[48]

윤지당은 예란 사람의 마음을 수습하고 행동을 구속하는 것이어서 사람들을 힘들게 하는 것이라고 한다. 그럼에도 그 예를 통해서 인간이 금수와 구분되는 것이므로 쉽게 세속과 타협하는 것을 경계해야 한다고 강조한다. 그래서 공경심을 위주로 하는 예에서 음악으로 나가는 것은 쉽지만, 화평을 위주로 하는 음악에서 예로 오는 것은 어려운 법이라고 말하면서 예의 근본됨을 밝힌다.[49] 윤지당은 이미 「사마온공을 논함(論司馬溫公)」이라는 인물론에서 왕안석(1021~1086)의 신법新法 대신에 구법舊法을 다시 내세운 사마광(司馬光, 1019~1086)을 매우 애석해하면서, "하늘이 만물을 창조하시니 그 가운데서 사람이 제일 귀한 것은 삼강오륜이 있기 때문이다" 하고 자신의 예론을 내비쳤다.[50] 남성과 동등한 여성의 도덕적 주체성을 강조한 그녀의 언술로는 보수적인 예론이라고 할 수 있다. 그러나 윤지당은 여기서부터 시작해서 공자가 "사람이 어질지 못하면 어떻게 예를 실행하며, 어떻게 악을 실천할 수 있을까?" 하고 탄식한 말을 들어서 예악의 근본은 인仁이며 덕이라는 것을 분명히 명시한다.[51] "덕이 있은 연후에야 예악이 이루어지는 것이다(有德而後, 禮樂作焉)"라는 것이 그녀의 기본 입장이고, 여기서 예의 근본정신인 공경심(敬)이란 "덕이 축적된 것(夫敬德之聚也)"이라고 밝힌다. 따라서 "예악을 진중시키는 데는 '덕성을 소중히 지키는 것(尊德性)'보다 큰 것이 없다"고 하는 것이 윤지당 예악설의 결론이다.[52]

　윤지당이 당시 이미 심하게 여성 억압적으로 적용되고 있던 삼강오륜 등에 대해서 구체적으로 어떤 입장을 취했는지가 궁금하지만, 이상에서처럼 예에서도 인간의 자연스러운 덕성과 하늘의 씨앗인 인을 강조하는 데서 보듯이, 윤지당의 수양론이 어떤 인위적인 강요나 차가운 논리에 근거한 것이 아니라 천성에 대한 신뢰에 근거해 있음을 알 수 있다. 그래서 윤지당은 중국 위진남북조 시대에 진나라 공신 온교가 충을 실현하기 위해서 효를 거스른 사건을 세차게 비난한다. 또 다른 인물론 「온교가 옷깃을 자른 일을 논함(論溫嶠絶裾)」에서 윤지당은 아들인 온교가 전쟁 중에 비록 상관의 명을 받고 떠나는 일이었지만 어머니의 만류를 뿌리치고 옷깃을 자르면서까지 떠난 일을 비판한다. 이 사건에 대한 일반적인 평가와는 달리 윤지당은 그것은 오륜의 기초인 효를 손상하고 "공훈과 출세에 대한 욕심 때문에 천륜의 은혜를 손상한 일"이었다고 평가한다.[53]

윤지당은 이 역사적 사건에 대한 자신의 판단 근거를 여러 가지로 제시하고 있는데, 그 근본은 "효도는 백가지 행실의 근원"이기 때문에, 이러한 근본적인 행실에서 이미 과오를 범하게 되면 아무리 천하에 유능한 사람이더라도 볼 것이 없다는 시각이다. 즉, "어버이에게 불효하면서 국가에 진정으로 충성할 수는 없다"는 것이다.[54] 그러면서 순임금은 아버지 고수가 만약 살인을 했다면 천자의 자리를 내놓고서라도 그를 업고 도망가서 바닷가에 숨어서 즐거운 마음으로 살았을 것이라는 맹자의 말을 들면서, "천하에 왕으로 군림하는 일도 헌신짝처럼 버리는데 하물며 구차한 공명심 때문에 어버이를 저버리고 은혜를 끊을 수 있겠는가?' 하고 질타한다.[55] 온교가 당시 어머니의 청을 듣고 가지 않아서 충절의 명예를 얻지 못했다 해도 그것은 큰 일이 아니며, "스스로 덕을 닦으면 아름다운 명성은 저절로 드러나게 된다"는 것을 아는 것이 중요하다고 지적한다.

이렇듯 윤지당에 의해 이해된 예와 덕이란 어떤 기존의 세워진 틀과 원칙을 그저 따르는 것이 아니라, 보다 더 진정으로 인간 마음의 근본으로 내려가서 거기서부터 주체적으로 판단하며 행동하는 일이다. 이러한 진정성(誠)과 근본에 대한 강조는–온교의 경우에 있어서는 효–그 밖의 다른 역사적 인물에 대한 평에도 그대로 드러나고 경전을 대하는 태도에서도 나타난다. 윤지당은 왕안석을 신법을 시행한다는 명분 하에서 붕당을 만들고,

근본은 소홀히 하고 지엽에만 치중하는 공리주의의 무리였다고 평가한
다.[56] 그러나 한편 남송 초기의 장군 악비(岳飛, 1103~1141)에 대해서는 그가
황제의 명을 받들어 금나라와의 싸움에서 국토 수복의 목전에서 회군한
일은 비록 왕명의 불복이라는 죄를 저지른다 해도 그보다 더 근본적인 양
심과 천성의 도를 따르지 않았던 일로 평가한다.[57] 그것은 마치 순임금이
부모 몰래 장가들었고, 맹자가 "물에 빠진 형수를 손을 잡아 건진다"라고
한데서도 드러나듯이 "임기응변의 권도權道"에 통달하지 못했기 때문이라
고 비판한다.[58]

이상의 여러 역사적인 사건들에 대한 평가는 사람과 시대에 따라 다양
할 수 있다. 그러나 여기서 여성 성리학자 윤지당이 보여주는 일관된 역사
의식은 항상 근본을 중시하고, 인간의 도보다 하늘과 자연의 도를 더 핵심
으로 강조했다는 점이다. 이것은 그가 결코 바깥의 시선이나 평가에 급급
하지 않고 얼마나 진지하게 자신의 내면적 진실 앞에서 성실하기를 원했
는지를 잘 드러내 주는 일이다.

2) 「중용경의中庸經義」에 나타난 성誠의 종교성

윤지당은 성리학적 종교성의 핵심 경전인 『중용』에 대해 「이기심성설」
다음으로 많은 분량을 갖는 「경의」를 펴냈다. 이 「경의」는 『중용』을 단지
단편적으로 접근한 것이 아니라 전체의 내용을 체계적으로 분석하고 종합
적으로 해석하고자 하여 총 33장 중 27개 장에 대한 나름의 해석과 부연설
명을 한 것이다. 김원행을 위시한 낙론 계열에서 특히 『중용』 연구가 활발
했던 것이 지적되는데, 윤지당의 오빠 임성주는 혼자서 『중용』 강의를 듣

고 산에 들어가 50일간을 은거하면서 연구하여 해설서를 냈다고 한다. 특히 그의 관심이 16장의 귀신의 덕에 있었는데, 윤지당의 「중용경의」는 이런 오빠의 영향을 엿볼 수 있게 한다고 지적되었다.[59]

윤지당은 우선 『중용』 제1장의 "하늘이 명한 것은 성性이라 하고, 성에 따르는 것은 도道라고 하며, 도를 닦는 것은 교敎라고 한다"를 들어서, 이 문구는 바로 "도의 큰 근원이 하늘에서 나왔음"을 밝히는 뜻이라고 설명한다. 여기서 '도체道體'(道之體)에 대한 윤지당의 분명한 의식이 드러나고, 그래서 도를 닦는 수양은 사사로운 지혜로 억지로 법제를 만들어서 인위적으로 행동하는 것이 아니라 성품에 고유한 것을 따르고, 그 도의 마땅함을 인해서 준칙을 적절히 맞게 적용하려는 것이라고 밝힌다.

윤지당은 「중용경의」의 마지막 총론에서 『중용』이 총체적으로 의미하는 것은 "'도에서 가히 떠날 수 없다'는 뜻을 밝힌 것이다"라고 정리하고 있다. 또한 '홀로 있을 때를 삼간다(愼獨)'는 절목이 "만사의 핵심"이 되며, "성현의 학문에서 시종을 꿰뚫는 대목"이라고 지적한다.[60] 이렇듯 궁극적 실재에 대한 깊은 경외를 근본으로 하고 있는 윤지당의 『중용』 이해는 중용의 도를 "진실하여 망령되지 않음"과 다르지 않다고 파악한다. 따라서 그도 『중용』의 요지를 성誠으로 보는 것인데, 즉 "처음부터 끝까지 전적으로 성실을 근본 삼아, 독실하고 공경하여 천하를 태평하게 하는 성대함을 이루려는 데 있다"고 밝힌 것이다.[61]

윤지당은 『중용』 11장의 경의에서 같은 군자라도 두 가지로 분류할 수 있다고 말한다. 첫 번째 그룹은 "경經의 도를 따라 행하다가 도중에서 그만두는" 사람들을 말하는데, 이들은 단지 "선한 사람(善人)"일 뿐이다. 반면 다른 그룹은 중용을 실천하고 세상에서 숨어 살면서 사람들이 알아주지 않더라도 후회하지 않는 사람들인데, 이들은 바로 "덕을 이루어 성인의 경지에 이른 사람(乃成德而至於聖者也)"인 것이다. 『중용장구中庸章句』에서 주희는 이 구절을 한편으로는 은밀한 것을 찾고 별난 것을 행하는 사람과 이에 반해서 중용을 실천하는 사람 사이의 구별로 설명했고, 다른 한편으로는 지知는 이루었지만 행行은 이루지 못한 사람과 행에서도 이룬 사람 사이의 구별로 설명했다.[62] 윤지당은 대체로 이런 뜻을 따르지만 중도에 그만두지 않고 끝까지 지속적으로 도에 뜻을 두어서 덕을 이루는 사람에 대한 설명을 더욱 부각시킨다.

『중용』은 주지하다시피 20장 후반부터 "지극한 정성은 신神과 같다(至誠如神)"고 말하며 인간의 모든 덕의 소이所以가 된다고 하는 성誠에 대한 설명을 시작하는데, 그 전에 16장에서 귀신에 대한 이야기를 다룬다. 윤지당은 이 「귀신장鬼神章」에 대해 앞에서 비교적 길게 해설을 붙이면서 해석한 다른 본문과는 달리 매우 조심스런 태도로 후일의 연구에 대비하고, 진리를 아는 자를 기다린다고 적고 있다.[63] 여기서 문제가 되는 것은 『중용』 16장이 '귀신의 덕(鬼神之爲德)'을 말하면서 귀신을 이기理氣의 어느 편에 속하는 것으로 보는가 하는 것인데, 윤지당은 이로 보는 것이 옳은 것 같다고 밝힌다. 그러면서 일반적으로 귀신을 음·양 두 기의 신명神明함이 이와 합일된 것으로 알고 있는 바, 그 범위가 넓어서 기에 속하는 것으로 보기도 하고 이와 합일한 것으로 보기도 한다는 것이다. 그런데 여기 『중용』 16장이 일컫는 귀신은 이와 합일된 귀신이며,[64] 주희가 "은미하고 광대함(費隱)"이란 단어를 써서 귀신과 바로 연결시킨 것이 귀신이 이와 합일됨을 알려주는 증거라고 한다.[65] 그러나 윤지당은 다시 주희가 『시경』에서 인용한 "솔개가 날고 물고기가 뛴다(鳶飛魚躍)"는 문구를 설명하며 솔개와 물고기가 곧

장 이가 아닌 것처럼 귀신도 그렇게 곧바로 이가 되는 것은 아니라고 하면
서 다시 이기불리理氣不離의 원칙을 말한다.[66] 그러면서도 여기서 윤지당이
귀신을 이와 합일된 것으로 보고자 한 것은 그녀의 깊은 종교적 심성을 나
타내는 것이라고 볼 수 있겠는데, 가장 일상적이고 자연스러운 성실의 덕
이 곧 은미하고 광대한 정상情狀이 됨을 지적한 것이다. 그것이 중용의 가
르침이라는 의미에서이다.

곧 이어서 이어지는 20장의 해설에서 윤지당은 다시 한 번 나름의 해석
을 보여주고 있다. 즉『중용』20장 수신과 천리와의 관계에 대한 해석에서
원래 나와 있는 "자신을 닦는 것을 생각한다면 어버이를 섬기지 않을 수
없을 것이요, 어버이를 섬기는 것을 생각한다면 사람을 알지 않을 수 없을
것이요, 사람을 알기를 생각한다면 하늘은 알지 않을 수 없다"[67]는 구절을
"자신의 근본은 하늘에 있는데, 하늘이란 바로 이理일 뿐이다. …그러므로
수신을 하려면 하늘을 알아야 한다"고 특별히 풀이하여 자신의 근원이 '하
늘(天)'에 있다는 것을 밝히는 의미로 해석한다.[68] 이것은 그가 어떻게 하늘
과의 관계를 깊이 주체적이고 실존적으로 느끼고 있으며, 육신의 부모를
넘어서 더욱 더 근원적이며 궁극적인 근거와 연결되어 있음을 고백하는지
를 알게 해준다.[69]

이상에서처럼 윤지당은『중용』을 매우 종교적으로 해석했다. 아버지와
오빠, 그리고 남편을 일찍 잃고 늦게 양자로 기른 아들까지 먼저 떠나 보내
는 아픔을 겪은 그녀가 쓴 제문들에는 하늘을 단순히 이학적理學的 이치로
파악하는 차원을 넘어서 죄와 과오를 주관하고, 인간의 호소를 들어 주며
생명을 주재하는 궁극자로서 파악한 것이 잘 드러나 있다. 오빠 녹문의 삶
과 죽음과 관련하여서는 "하늘에 대하여 유감이 없을 수 없다"고 하면서

오빠의 학문이 살아 생전에 잘 펼쳐지지 않았음을 매우 안타까워한다. 또
다른 명문銘文 「자와 저울에 새기는 명문(尺衡銘)」을 보면 타고난 본성의 순
수한 상태를 자(尺)와 저울(衡)로 그리면서 범인들의 노력에 표준이 됨을 말
하는데, 이 명문을 그녀는 "아! 높으신 상제여(皇上帝)"라는 『시경』의 언어
로 시작한다.[70]

이러한 하늘에 대한 깊은 자각과 더불어 윤지당 성誠 해석의 또 다른 핵
심은 "성취하면 똑같이 된다(及其成功一也)"라 함과 같이 인간 누구나의 노력
에 의해서 성인이 될 수 있다고 하는 데 있으며, 다음과 같이 말한다.

> 수신은 천하의 근본(天下之本)이다. … 만약 천부적으로 지혜를 갖춘 聖人
> 이 아니라면, 누구나 반드시 배움을 통해서 알게 된다. 이 때문에 배움을
> 좋아하는 것보다 더 큰 것은 없다. 참으로 배움을 좋아하여 나의 성품이
> 요순의 성품과 같다는 것을 알고 힘써 실천하여 진리가 쌓이고 노력이 오
> 래되면 누구나 聖人에 이를 수 있는 것이다. 그러므로 그 功을 이룸에 미
> 쳐서는 다 같다(及其成功一也)고 한 것이다.[71]

그리하여 윤지당은 학문하고 사변하는 것은 바로 이 이치를 궁리하는
것이고, 독실히 행하는 것은 바로 이 이치를 보존하여 자기 자신을 성실히
하기 위한 것이라고 밝힌다.[72] 또한 세 가지 달덕達德도 바로 이 이치를 알
고, 지키고, 강하게 하는 것이라고 해석하는데, 한마디로 하면 바로 '성실
함'(誠)인 것이다(所以行之者一也).[73]

> 誠이 아니면 아무것도 없으니, 德이 어디로부터 확립되는가? 그러므로 또

말하기를, '하는 것은 하나이다'고 하였으니, 그 하나는 바로 誠일 뿐이다.[74]

윤지당은 이렇게 성실함을 지극히 여겼다. 여기서 윤지당의 '교육(敎)'에 대한 사고를 잘 살펴볼 수 있다. 그녀는 "성실로 인해 밝아지는 것을 천성(性)이라고 하고, 밝아지므로 인해 성실하게 하는 것을 교육(敎)"이라고 한 『중용』 21장의 문구를 "그래서 공功을 이루는데 미쳐서는 한 가지이다(성취하게 되면 똑같아질 뿐이다)"라고 한 말과 연결시키는 것을 통해서 천성보다 배움을 통한 노력의 성취를 더욱 중시하는 입장을 드러냈다.[75] 그녀에 따르면 "배워서 알고 노력하여 행하는 것은 가르침(敎)에 의해 선善을 택하여 행함으로써 본성을 회복하는 일"이다.[76] 성인聖人은 천성대로 하여 잘못되는 일이 없지만, 현인賢人은 "교육으로 말미암아 성실을 이루는 것(由敎而致乎誠)"이기 때문에 그것을 "인도人道"라고 하는 것인데,[77] 이렇게 해서 "수양(교육)의 공효"에 대한 남다른 확신을 표시한다.[78]

25장의 "성誠은 스스로 이루어지는 것이요(誠者自成也), 도道는 스스로 인도하는 것(而道自道也)"이라는 문구와 관련하여 타고난 성품에 따르는 것을 도라고 했을 때, "도라는 것은 만물이 스스로 실천하게 하는 것이다"라는 뜻이라고 밝힌다. 또한 그녀의 의하면, 성誠은 하늘에서 말할 때는 실리實理가 되고, 인간에서 말할 때는 실심實心이 된다. 이 이理로써 말하면, 만물의 시작과 끝이 모두 이가 행한 바가 되고, 마음(心)으로써 말하면 만사의 시작과 끝이 모든 마음의 행한 바가 되어서 이른바 "성실이란 만물의 시작과 끝(誠者物之終始也)"으로 만물과 만사를 비롯케 하고 완성하는 창조 원리가 됨을 밝히는 것이라고 지적한다.[79] 윤지당은 여기서 이러한 진실되고 망령

되지 않는 성실함을 "자기를 이루고 또한 남을 이룬다(成己成物)"의 문구와 연결시킨다. 그러면서 나를 이룰 때에는 수신을 근본으로 삼고, 남을 이루고자 할 때는 '나를 미루어 베푸는 것(推己)'을 근본으로 삼는다고 밝힌다.[80] 윤지당에 따르면 성인이란, 이 덕을 간단없이 행하는 사람이다. 그의 마음이 곧 실심이 아닌 것이 없어서 만 가지 일과 변화에 대응하여 화합하고 작용할 때 망령됨이 없고, 성실치 않음이 없다. 그리하여 "(그 사람의 지극한 덕이 없으면) 지극한 도가 응집하여 이루어지지 않는다"고 지적하는데, 윤지당은 여기서 "응집한다(凝)는 말에 가장 묘미가 있다"고 지적한다.[81] '응집한다'는 것은 바로 작은 조각들이 모여서 점점 더 크고 온전한 덩어리로 완성되어가는 것을 말한다.

　　윤지당은 다시 이곳에서 학문하는 방법론을 설명하는데, 그것을 "덕으로 들어가는 방법(入德之方)"이라는 도학의 길로 제시한다. 여기서 윤지당은 "덕성을 높이고(尊德性) 학문을 말미암음(道問學)"에 대해서 설명한다. 이 일을 다시 "마음은 보존하고(存心)", "지식을 밝히는(致知)" 일의 두 쌍으로도 표현하는데, 이 두 가지는 "덕을 닦고 도를 이루는 큰 단서"가 된다고 강조한다.[82] 그녀에 따르면 "광대함에 이르고 높고 밝은 것을 극진히 하는(致廣大極高明)" 일은 존심存心에 해당되는 일이고, "정밀함을 다하고(盡精微) 중용을 실천하며(道中庸), 새로운 것을 알고 예를 숭상하는 일"은 치지致知에 해당하는 일이다. 앞 구절에서 '예의삼백禮儀三百'과 '위의삼천威儀三千'이라고 한 것이 모두 이 치지에 속하는 것으로 본다.[83] 이렇게 구체적으로 도학의 길이 어떤 것인지를 밝히는 그녀는 배움에 뜻을 둔 사람들은 진실로 힘을 기울여서 이 두 가지를 깨뜨리고자 해도 할 수 없는 지경에 이르러야 한다고 말한다. 그러면서 "도는 능히 모아 이를 수 있으며, 성인됨도 능히 배울 수 있다"고 하면서 "순임금은 어떤 사람이며, 나는 어떤 사람인가!"라는 안연의 탄사로 성인지도聖人之道, 곧 도학의 추구에 대한 자신의 뜻을 드러낸다. 윤지당은 『중용』의 마지막 장들은 배우는 사람들이 고원하고 현묘한 것에 마음을 빼앗겨 덕으로 나아갈 기초를 닦지 못한 것을 걱정하며 쓴 것이라고 밝힌다.[84]

3) 윤지당의 삶과 성誠

결국 윤지당의 성誠의 영성은 "도에서 떠날 수 없다"는 명제와 잘 일치함이 다시 한 번 드러났다. 이것은 삶의 모든 시간과 공간에서의 진실함과 성실함이 곧 『중용』인 것으로 풀이한 것이다. 이것은 한 여성이 주부로서, 며느리로서, 친정 부모와 형제들에게 극진한 딸이자 누이로서, 또한 어머니로서 이웃들에게 배려 깊은 어른으로서 살아가면서 그러한 삶의 모든 부분들에서의 일이 결코 도를 실현하는 일과 다르지 않으며, 그래서 자신은 어느 한 순간도 도에서 떠날 수 없음을 깨달았다고 하는 것과 다르지 않다. 이것이야말로 유교적 극고명이도중용極高明而道中庸의 종교성이 지극하게 드러난 것이라고 하겠는데, 이렇게 지극한 일상의 삶에서 도의 실현을 추구하던 윤지당은 중용의 도란 "지극히 성실한 성인의 덕이 자연스럽게 응한 것"이고, "성신의 조화가 극치를 이룬 것(聖神功化之極致)"이라고 지적한다.[85]

이러한 지속성의 영성을 생이 다하도록 실천하며 살아온 윤지당의 삶은 바로 자신의 주위와 집안으로부터 시작하여 만물을 살리고 화평을 심는 큰어머니의 역할이었다. 그녀는 삶을 통해서 위로는 지극한 효를 실천하였고, 가족 간의 우애를 매우 돈독히 했으며, 이웃들에게 자애롭고 친절하였다. 처음 시집와서 사당의 조상신들을 배알할 때는 시중을 물리치고 손수 제기를 받들어 모셨고, 어른이 앉거나 누운 곳에는 한 번도 가까이 간적이 없었다고 한다.[86] 어렸을 때 극진한 효녀였던 그녀는 시집와서는 일찍이 남편을 여의었지만 한 집에서 두 시어머니를 봉양하였고, 두 명의 시동생들과 늙도록 한 집에서 살면서 어머니와 같은 존경을 받았다. 또한 어릴 때부터 형제들이 병이 있을 때 통증이 마치 자신에게 있는 것처럼 하여 침식을 잊었다고 한다. 출가하고서도 자신의 친정집과는 5백 리 이상 떨어진 거리에 살고 있었지만 해마다 봄과 가을에 사환을 보내 문안하였다. 그사이에도 백방으로 노력하여 편지를 보냈으며 음식이나 약재를 얻은 것이 있으면 있는 대로 보냈다.[87] 동서가 일찍이 난산을 겪었을 때 몸소 약과 음식을 조리하여 지성으로 간호하느라고 나흘 밤낮을 잠시도 눈을 붙이지 않았다는 이야기, 또한 오빠 녹문의 행장에는 그 두 남매가 어떤 우애를 나누었는가가 감동스럽게 실려 있다. 윤지당이 해산할 때 그 고통 앞에서 오빠는 어찌나 심하게 돗자리를 쥐어뜯으면서 축원을 했던지 손바닥의 피부가 모두 벗겨지고 피가 흘러 나와 적시는 줄도 몰랐다고 한다.[88] 녹문은 식솔들을 이끌고 윤지당이 시집간 원주 치악산 근방에 와서 몇 년간 살다 돌아가기도 했다.

윤지당은 사람을 대하고 남과 교제할 때는 한결같이 화목하고 너그럽게 했으며, 남에게 베풀 때는 아끼거나 바라는 마음이 없었으나 그렇다고 분수에 지나치게 하는 법도 없었다고 한다.[89] 입으로 하는 말에도 흉이 될 것이 없어서 비록 노비에게도 일찍이 나쁜 말은 쓰는 법이 없었다고 전한다. 남의 과오를 보면 면밀히 여기고 반드시 잘 타일러 정도에 맞도록 한 후에야 그만두었다고 한다. 그녀의 시동생이 벼슬 차 멀리 떠나 있을 때 집안 소식을 전하기 위해 보내 오는 편지의 정성스러움에 감탄하고서 "이는 범인을 초월한 정신에 말미암은 것이었고, 또한 학문의 공력이 비상하였음을 속일 수 없는 것"이라고 적고 있다.[90]

그래서 이러한 윤지당의 삶과 저술에 대해서 그의 친정 동생이 쓴 유고 후기를 보면 그의 저술과 담론은 "마치 차 마시고 밥 먹듯이 자유로웠다(有若茶飯)"고 적고 있다. 이렇게 일생의 끊임없는 노력을 통해서 참으로 자유인의 경지에 도달한 윤지당의 삶과 사상은 50년 후 또 다른 유교 영성과 종교성의 실천자 정일당에게로 이어져서 더욱 감동스러운 모습으로 열매 맺는다.

II
강정일당의 학행學行과 유교 종교성

강정일당(姜靜一堂, 1772-1832)은 임윤지당보다 50여 년 후인 영조 48년(1772) 10월 15일 충청북도 제천에서 아버지 강재수姜在洙와 어머니 안동 권씨安東 權氏의 딸로 태어났다. 그녀의 행장에 보면, 어머니가 임신하고 있을 때 돌아가신 두 시어머니가 모두 꿈에 나와서 지극한 덕인德人이 태어날 것임을 예고했고, 그래서 이름을 '지덕至德'으로 지었다고 한다.[1] 부계를 보면 세종대왕 때 『국조오례의』를 편찬한 강석덕姜碩德과 세조 때의 유명 문장가인 강희맹(姜希孟, 1424-1481)을 배출한 명문가였지만 할아버지와 아버지가 모두 단명하여 경제적으로 가난했다. 정일당의 어머니는 기호학파 성리학의 학풍을 유지하는 권상하權尙夏 집안 출신이었는데, 어머니가 돌아가신 후 정일당이 남편 윤광연(尹光演, 1778~1838)을 대신하여 쓴 행장에 보면 가난한 선비의 아내로 일생 동안 지극한 경지까지 부덕을 실천하며 살았다.

정일당은 어려서부터 매우 조신하여 보는 사람들이 혀를 찰 지경이었다고 한다. 어버이가 병이 있으면, 비록 추운 겨울이나 더운 여름이라도 옷을 벗지 않고, 눈도 붙이지 않고 약이나 음식을 직접 시중들었고, 아버지의 상을 당해서는 너무 슬퍼하여 목숨이 위태로울 뻔했다고 한다.[2] 신해년(1791)

에 정일당이 20세 때 6세 연하의 충주 선비 윤광연과 결혼하자, 그 어머니는 사위 윤광연을 처음 만났을 때 공부한 것을 물으면서 "만약 직접 체득하여 실천하지 않으면 이것이 헛되이 공부한 것"이라고 지적했다.[3] 시아버지 윤동엽은 미호 김원행(美湖 金元行)의 제자였고, 시어머니 천안 전씨全氏도 지일당只一堂이라 했는데 시문으로 명성이 높았다. 윤광연의 집안도 매우 빈곤하여 가정 형편상 젊은 시절에 학문에 힘쓸 수가 없었는데 시어머니 지일당은 며느리를 맞자, "가난이란 보통으로 있는 것이다. 언제나 명命에 맡기고 절대로 걱정하지 마라"고 충고했다고 전한다.[4] 정일당은 이 가르침을 일생 동안 잊지 않았고 시어머니 임종시까지 16년을 하루와 같이 지극한 효도와 공경을 바쳐서 시어머니의 사랑을 받았다.[5]

정일당은 집안이 가난하였으나 남편에게 간곡히 성인지도의 학문을 권면하였고 그 말에 감동한 남편이 학문에 뜻을 두게 되자 자신도 곁에서 삯바느질 하면서 남편의 글소리를 듣고 더불어 공부했다. 매우 총명했던 그녀는 경전을 한 번 살피고는 곧장 암송하였고, 그런 방식으로 유교 13경을 두루 읽으면서 깊이 침잠하여 생각하였고, 글씨 쓰기를 좋아하여 늘 붓글씨를 즐겨했는데 필획이 씩씩하고 단정하였다고 전해진다.[6] 정일당은 남편이 과거시험이나 생계에 매달리지 않고 학문과 수양에 전념할 수 있도록 주위 환경을 조성하였고, 그가 삶과 행실에 있어 과오를 범하지 않도록 엄밀하게 충고하였다. 또 남편에게 강력하게 권하여 당시 노론의 대학자였던 강재 송치규(剛齋 宋穉圭, 1759~1838 송시열의 6대손)의 문하에서 배우게 했고, 학식과 덕망을 갖춘 선비들과 교류토록 하면서 자신도 남편이 배운 바를 전달받는 방식으로 학문을 심화시켜 나갔다. 윤광연은 당시 많은 노론 명사들과 교류하는 중에 혜강 최한기(惠岡 崔漢綺, 1803~1877)와도 일정 교분이 있었다고 전해진다.[7] 이런 정일당을 남편 윤광연은 자신에게 일종의 스승이었다고 고백했고, 먼저 세상을 떠나자 너무도 애석해 하면서 제문을 반복하여 올렸고, 재산을 바쳐 문집을 간행하여서 그 글들이 오늘까지 전해지게 했다.

정일당은 살아 생전 5남 4녀를 낳았으나 모두 한 살이 되기 전에 죽는 고통을 감내해야만 했다. 그러나 생애 마지막에 이르러서는 세밀한 가계 관리를 통해 어느 정도 살림이 펴 나갔고, 그 와중에서 이들 부부는 산을 사서 3대 조상 7위의 묘를 천릿길로부터 이장하였으며, 가난한 형제, 친척들의 혼례와 상례를 대신 치러 준 일도 적지 않았다고 한다.[8] 1832년(순조 32년) 9월 14일 향년 61세로 타계했는데 이웃 사람들이 목놓아 울었고, 문하의 학도들이나 어린 시절 양육을 받았던 사람들 수십 명이 가슴에 흰 띠를 두르고 그녀를 위해 곡했다고 전해진다.[9]

1. 정일당의 삶과 여성 성인의 길

정일당은 가난한 가정 환경과 허약한 몸에도 불구하고 각고의 노력으로 학문에 정진하여 「문답편問答編」과 「언행록言行錄」 등 원래 10여 권에 이르는 저술을 하였으나 모두 유실되었다. 남은 것으로 사후에 남편 윤광연이 4년이 지난 1836년에 한 권의 유고문집으로 엮어 낸 것이 있다. 따라서 그녀의 체계적인 학문은 알 수 없지만, 그가 남긴 시문들, 또한 성인의 도를 같이 찾아가는 도반으로서 사랑방의 남편에게 때때의 상황마다 생각을 적어 보낸 쪽지문들, 사후 여러 사람들이 지은 행장과 남편의 제문들에서 그

녀의 삶과 사상이 어떤 경지에 올랐는지를 알 수 있다. 그것은 한마디로
'여성 군자(女中之君子)'의 모습이고, 어떻게 유교 성리학과 조선 도학이 참
된 위기지학爲己之學의 학문으로서 오늘·여기에서 초월을 실천하는 깊은
종교성의 배움이 될 수 있는지를 보여주었다.

　제사를 받들고, 빈객을 접대하고 바느질하며 밥하고, 상을 치르며 질병
을 간호하는 일 외에 유교 13경을 다반사로 여겼고, 여러 전적들에 두루 통
하면서 고금의 정치 변동과 인물들의 행적을 손바닥처럼 밝게 알았다고
한다.[10] 정일당은 일찍이 『주례周禮』, 『이아爾雅』, 『춘추좌전春秋左傳』, 『근사
록近思錄』, 「격몽요결擊蒙要訣」 등의 책을 좋아했다.[11] 거의 독학으로 학문을
했지만 스승 관계에서 남편 윤광연의 스승이었던 강재 송치규와의 관계를
생각해볼 수 있다. 강재는 우암 송시열의 6대손이었으므로 정일당은 율곡
栗谷—사계沙溪—우암尤庵을 잇는 노론 정통 기호학파의 성리학을 계승했다
고 볼 수 있다.[12] 이와 더불어 정일당의 학문 정진에서 윤지당과의 관계는
특별해서 윤지당보다 50년 후에 태어나서 한 번도 만난 적은 없지만, 그녀
를 몹시 흠모하여서 "남녀의 품성은 차이가 없고, 여성도 성인이 될 수 있
다"는 윤지당 글의 구절을 일상의 가장 중요한 구절로 삼고 정진했다고 적
고있다.

　　　윤지당께서 말씀하시기를, '나는 비록 부인이지만, 하늘에서 받은 성품은
　　　애당초 남녀의 차이가 없다'하셨고, 또 "부인으로 태어나 태임과 태사로
　　　스스로 기약하지 않는 사람들은 모두 자포자기한 사람들이다"고 하셨습
　　　니다. 그렇다면, 비록 부인들이라도 有爲할 수 있다면 聖人의 경지에 이를
　　　수 있습니다. 당신은 어떻게 생각하십니까?[13]

정일당 역시 윤지당이 말한 것처럼 남녀의 차이를 본질적으로 인정하지 않았고, 여성도 노력을 통해 참다운 성인의 경지에 도달할 수 있다고 굳게 믿고 실천했다. 남아 있는 유고집에서 그녀의 학문을 엿볼 수 있는 것은 특히 심성 수양과 도학적 경지를 읊은 시들이 두드러지는데, 이미 그때에 주목받기를, 그의 시는 당시 일반 여성들의 것처럼 사랑이나 경치를 읊은 것에 비할 바가 아니라고 했다. 자기를 성찰하는 성심誠心의 공부에서 간절하고 부지런한 모습이 나타나서 읽는 사람들로 하여금 무릎을 모으고 자리를 고쳐 앉게 하였다고 전한다.[14] 이렇게 시문과 성리학에 동시에 능했던 정일당은 그래서 이미 그 시대에 사임당과 윤지당의 능한 것을 겸비했다고 평가받았다.[15]

정일당은 자신보다 6살 아래인 남편이 학문과 수양에 전념할 수 있도록 많은 노력을 했고, 일종의 스승의 역할을 하면서 남편과 함께 학문과 수양의 길을 같이 갔다. 그녀가 안채에 거주하면서 사랑채에 거주하는 남편과 주고받은 많은 쪽편지 글들은 참으로 감탄을 자아내고, 진심을 다해서 공부의 길을 가고자 했음을 잘 볼 수 있다.

> 나이 서른에 공부를 시작하니
> 학문의 방향을 종잡을 수 없네
> 이제부터라도 모름지기 노력하여
> 아마도 古人과 같아지기를 기약하리[16]

밥을 짓지 못한 지가 이제 사흘이 되었습니다. 글 배우는 아이가 마침 호박 덩굴을 걷어왔는데, 그 속에서 주먹만한 열매 몇 개를 찾아 칼로 썰어

국을 끓였습니다. 술을 한 잔이라도 구해 볼까 하였으나 얻지 못하고, 단지 국만 올리게 되니 죄송스러움을 금할 수 없습니다. 덕을 하루라도 닦지 않을 수 없고, 학문 역시 하루라도 하지 않을 수 없는데, 학문은 독서보다 우선하는 것이 없습니다. 듣건대, 당신이 마침 『주역』을 읽고 계시고, 은하자銀河子 이만영李晩英께서 와서 겨울을 나신다고 합니다. 이분은 젊은 시절부터 경학을 하던 선비이니, 더불어 강마하신다면 매우 좋을 것입니다. 매일 토론하신 것을 쪽지에 기록하여 보여주신다면 매우 고맙겠습니다.[17]

서늘한 기운이 들어오는 것을 보니, 이는 바로 등불을 가까이 할 때입니다. 바라옵건대, 손님을 접대하고 일을 보시는 등, 부득이한 경우 외에는 오로지 독서에 만 마음을 쓰십시오. 저도 역시 바느질하고 음식 장만하는 여가나 밤에 글을 읽을 때 독서를 하며 연구할 계획입니다. 전에 사서를 읽으면서 『맹자』 뒷부분 3편을 아직 끝내지 못하였습니다. 그러나 오래지 않아 끝낼 것입니다. 겨울부터는 당신과 함께 『주역』을 공부할 수 있을 것 같긴 한데, 만약 손님이 오래 머물면 할 수 없을 것입니다. 얼마 전 세마洗馬 김헌金憲께 편지 보내 『시경대전』과 『서경대전』을 빌려주실 것을 허락받았습니다. 홍세마께서 당신에게 보낸 시에 이르기를 "단경을 이루지도 못하였는데 머리는 백발이 되었네, 백년 장부 일생이 헛되어라" 라고 하여 사람들로 하여금 조심하고 두려워하게 하오니, 당신께서는 덕을 새롭게 하기에 힘써서 나아가기를 그치지 마소서.[18]

정일당은 인간의 도리란 자신을 갈고 닦는 학문의 길에 있음을 누누이 강조했다. 그래서 남편이 분주히 다니며 장사하는 일을 "의를 버리고 생계를 도모하는 일"로 지적하고 그렇게 사는 것은 "도를 들고 가난을 편히 여기는 것만 못하다"고 주장했다.[19] 그녀에게 있어 학문의 길은 결코 남성에게만 해당되는 것이 아니라 남녀 모두에게 인간적 도리로서 부여된 일이었다. 그래서 자신도 성현을 닮기 위해 최선의 노력을 다하고 있음을 내보인다.

> 군자가 道를 닦는 것은 자신을 수양하여 남을 다스리기 위함일 뿐이니, 밤낮으로 부지런히 하여 오히려 미치지 못할까를 걱정합니다. 어느 겨를에 쓸데없는 생각하고 잡담하며, 한가하게 손님이나 맞고 여기저기 출입하면서 '군자의 책임은 중대하고 갈 곳은 멀다'는 교훈을 스스로 저버릴 수 있겠습니까? 당신은 조심하고 노력하시기 바랍니다. 사람이 장수하든 일찍 죽든, 빈궁하든 현달하든 命이 있습니다. 부모 된 자가 세속의 말을 믿고 딸에게 책 읽히기를 크게 꺼리기 때문에 부녀자들이 종종 의리를 알지 못하니 매우 가소롭습니다.[20]

> 저는 한낱 부인이라 몸이 집안에 갇혀 있어 들은 것도 아는 것도 없지만, 그래도 바느질하고 청소하는 짬짬이 옛 경전들을 보고 그 이치를 궁리하여 그 행실을 본받아 선현들의 경지에 이르기를 작정하고 있습니다. 하물며 당신은 대장부로서 뜻을 세우고 道를 구하며 스승을 따르고 벗을 사귀어 부지런히 노력하여 나아간다면 어찌 배움에 능하지 못하고, 어찌 강론함에 밝지 못하며, 어찌 행함에 이르지 못하겠습니까? 인의를 말미암아 中正을 세운다면 聖을 이루고 賢을 이루는 것을 누가 막을 수 있겠습니까?

성현도 장부이며 나도 장부인데, 어찌 두려워서 하지 않습니까? 날마다 그
德을 새롭게 하고 반드시 성현이 되기를 기약하소서![21]

이렇게 굳은 결심과 강한 집념을 가지고 성학의 길에 정진하고 남편에
게 대장부로서 더욱 분발할 것을 촉구하는 정일당은 그리하여 그 길을 감
에 있어 타협은 있을 수 없었고 한치의 양보도 없이 최선을 다했다. 그에게
있어 학문의 목표는 결코 입신양명이 아니었고, 남에게 잘 보이려는 것이
아니라 자신 속의 천명에 대한 깊은 순종이었고 하늘과 땅에 대한 떳떳함
이었다. 그리하여 그녀는 다음과 같은 단호한 선언으로 남편에게 바른 길
을 갈 것을 간구한다.

나에게 참다운 덕이 있으면 남들이 알아주지 않은 들 무슨 손해가 있겠습
니까? 나에게 참다운 덕이 없다면 비록 헛된 명예가 있어도 무슨 이익이
있겠습니까? 여기에 玉이 있는데 사람들이 그것을 돌이라 해도 옥에게는
손해가 없는 것이요, 여기에 돌이 있는데 사람들이 그것을 옥이라 해도 돌
에게는 이익이 없을 것입니다. 바라건대 당신은 참된 덕에 힘써서 위로는
하늘에 부끄럽지 않고 아래로는 땅에 부끄럽지 않다면, 사람들이 알아주
고 알아주지 않고에 마음쓰지 마십시오.[22]

이상과 같은 정일당의 진지성과 진정성은 결코 남편을 비롯한 남에게만
요구하는 기준이 아니었다. 그녀 자신에게는 더욱 엄격하여 친정 동생에
게 대해서 남편이 배려하는 것이 형평에 맞지 않는다고 하면서 아래와 같
이 지적했다. 이러한 모습은 정일당의 수양 공부가 어느 정도인가를 잘 드

러내 주어서, 당시 많은 사람들이 그녀의 유고를 읽고 오싹하고 옷깃을 여미게 되었다고 고백한 것을 실감할 수 있다.

> 동생 일회日會가 추위를 무릎 쓰고 일찍 왔기에 그 고생이 딱하여 이렇게 밥을 지으라는 말씀이 계신가요? 예산禮山 숙부(尹光擧)께서 여기에 오신 지 이미 열흘이 다 되어 가는 데도 간혹 죽 대접도 못할 때가 있습니다. 그런데 오늘 갑자기 일회를 위하여 밥을 짓는다면, 형편도 안되지만 당신의 입장에서 말한다면, 처 형제를 자기 친족보다 더 대접하는 것이 되고, 저의 입장에서 말하더라도 친정 형제를 시댁 친족보다 중히 여기는 것이 됩니다. 이것은 비록 작은 일이지만 도리상 마땅치 않으니, 감히 命을 따를 수 없으니 황송하기 이를 데 없습니다.[23]

> 오늘 아침에 손님(상사 李遠重)이 가셨는데, 왜 만류하지 않으셨는지요? 보통 사람들에게도 그렇게 대접할 수 없는 데, 하물며 어진 분에게 그렇게 할 수 있겠습니까? 틀림없이 제가 중병에 있기 때문에 힘들까 염려하여서 일 것입니다. 그러나 항아리 속에 아직도 몇 되의 쌀이 남아 있고, 병세도 어제보다 조금 나아졌는데 어찌 한낱 부인의 수고를 걱정하여 당신의 가규家規를 손상할 수 있습니까? 빈객을 접대하는 예법은 조상 제사 다음으로 중요한 것이니, 집안의 큰 일입니다. 절대로 소홀히 할 수 없습니다.[24]

정일당은 당시 시대적인 한계에 따른 부인의 한정된 지위와 역할을 부정하지 않았다. 그런 의미에서 그 역시 시대의 딸이었으므로 도덕적 주체로서의 자각이 매우 뛰어났지만 오늘날 여성주의 각성과 그대로 일치하지

않는다. 그러므로 그녀의 자각을 부덕의 일과 역할에 대한 거부의 의미로
해석하거나 그것을 요구하는 것은 무리이다.[25] 하지만 이렇게 시대적 제약
아래에 살았다고 하지만 성인지도를 따르고자 하는 수양에 있어서는 남녀
의 차별이 없다고 확신하면서 극한에 이르는 가난과 병마 속에서도 자신
의 역할을 하며 순수한 마음으로 배움에 정진했다. 이런 모습은 당시 어느
남성 성리학자도 쉽게 이룰 수 없는 모습이었고, 그것은 도와 삶을 뛰어나
게 일치시킨 한 종교적 실존자의 삶이었다고 할 수 있다.[26] 정일당의의 삶
에 대해서 당시 남성학자들은 여성들 중에 비록 영민한 자질과 밝은 식견
을 가진 자가 있더라도, "일찍이 도학에 힘쓰는 사람은 없었다"고 평가했
다.[27] 이러한 정일당의 삶에 대해 총 14인이 보내왔던 만장挽章의 한 편에는
다음과 같은 글이 있다.

> 예로부터 여사들이 많았지만 대개는 시문에 향기나 날렸을 뿐
> 이제 정일당에서 학문이 정밀하고 은밀한 경지에 이르렀음을 듣는구나
> 하늘과 사람 사이의 진리를 탐구하고 性命의 근원을 탐구하여
> 우리 도의 중함을 한 붓으로 규문閨門에 그려내었네
> 뉘라 내 마음의 본체를 체험하였는가?
> 마음이 발동하기 이전의 경지에 능하였지
> 위대하다! 칼과 자 위에 새겨진
> 존심存心 양성養性의 다짐이여![28]

이러한 평가는 본 연구에서 조선 후기로 오면서 여성 도학자들의 출현
을 보면서 한국 종교문화사 속에서 그 의미를 새기고자 하는 데 좋은 시사

가 된다.

2. 정일당의 학행과 성경론誠敬論

1) 학문의 도야

정일당은 이렇게 뚜렷한 학문적 자각을 가지고 비록 늦은 나이에 학문을 시작하였지만, "천지만물은 나와 더불어 한 몸을 이룰 것이니, 한 가지의 이치라도 구하지 아니하면 나의 한 가지 지식에 흠이 된다"고 하면서 자신의 탐구를 심화시켜 나갔다. 천지귀신天地鬼神, 괘상卦象, 정전제井田制로부터 곤충, 초목 그리고 경전, 역사의 어려운 이치와 일상생활에서 의심나는 것에 이르기까지 하나하나 조목을 나열하여 탐구하였다.[29] 그녀는 『대학』에 대해서 논하기를 "학문은 격물치지보다 앞서는 것이 없다. 지금 사람들이 대부분 수신제가를 잘못하는 것은 격치(格物致知) 공부에 정력을 들이지 않기 때문이다"라고 하면서 학문의 길을 누구보다도 철저히 수행하였다.[30] 그리하여 자연과 인간의 성품과 운명, 왕도 정치와 패도霸道 정치의 옳고 그름 등에 대해 연역하여 궁리하지 않은 것이 없었고, 또한 실생활에서 사람들이 한마디 말이나 한 가지 행실이라도 착한 것이 있으면 들은 대로 수록하여 모범을 삼았다고 한다.[31] 이것은 특별히 따로 공부 시간을 내기 어려웠던 여성의 공부 방법이었고, 그리하여 이것이야말로 『논어』의 하학이상달(下學而上達)과 『중용』이 가르쳐주는 극고명이도중용(極高明而道中庸)의 공부법이었다고 할 수 있다. 이렇게 쪼개진 시간들을 모으면서 전심

전력으로 공부하여 정일당은 유교 13경과 여러 저작들에 두루 통하였고, 당시 남성들의 저작인 역학과 상수론象數論 등의 책에 대해서도 나름대로 평가를 내릴 수 있었다;

> 군자가 세상에 처함에 있어서 운세의 성쇠 하는 이치와 사물의 변화하는 원리도 마땅히 연구해야 할 것들입니다. 감역관을 지낸 산천재山天齋 김 상악金相岳 선생의 역학과, 처사인 팔년당八年堂 심류 선생의 상수론은 그 뜻이 정밀하고 그 해설이 상세합니다. 진실로 잘 배울 수 있다면, 이것에도 그 요지를 알 수 있을 것입니다. 승지를 지낸 학산공鶴山公은 시운이 청온하고, 감역監役을 지낸 청한자 이관하李觀夏 선생은 문사文辭가 담박합니다. 대저 정감을 형상화하고 뜻을 글로 펴는 것도 선비로서 하지 않을 수 없는 일입니다. 청컨대, 육경을 연구하시는 여가에 때때로 시문에도 힘쓰시기 바랍니다.[32]

정일당이 당시 50여 년 전 쓰여진 윤지당의 유고를 읽을 수 있었고, 그로부터 여성 성인의 가능성에 대한 신념을 배우게 된 것도 그녀의 학문에 대한 열정에서 가능했을 것으로 보인다. 정일당이 학문을 좋아하는 것은 마치 목마른 사람이 물을 찾는 것과 같았다고 하는데,[33] 때로 남편에게 책이름을 열거하면서 빌려다 줄 것을 부탁하였다. 또한 당시 양가 친척의 많은 지인들, 남편 서당의 학생들, 주변 선비들의 학문 정도와 인품들을 세세히 알고서 남편에게 그들과 관련한 처신을 여러 모로 조언하면서 그의 학문과 수양을 도왔다;

경암絅庵 이진연李晉淵의 "마음을 잡아 풀어놓지 않고, 바른 이치를 따라 어기지 않는다"는 경구는 세마洗馬 홍직필洪直弼의 "참된 마음을 가지고 참된 일을 행한다"는 말과 서로 표리가 됩니다. 양와養窩 이의승李義勝이 자손들을 훈계하는 글에 "선은 허물을 고치는 것보다 큰 것이 없고, 악은 마음을 속이는 것보다 큰 것이 없으며, 복을 기르는 일은 너그러움만한 것이 없고, 화를 재촉하는 것은 분노만한 것이 없다"고 한 이 네구절은 비단 자손들의 훈계에 요긴할 뿐만이 아니라, 실상 군자가 마땅히 경계하고 살펴야 할 것입니다. 원컨대, 당신은 더욱 스스로 노력하고 조심하십시오. 참의參議인 저암著庵 유한준兪參議과 도정都正인 사사당四事堂 이정인李廷仁은 모두 8순의 원로인데 먼 곳에서부터 자주 방문해주시니, 이것이 어찌 보통의 안면 때문에 그러하겠습니까? 당신의 학문과 행실을 아껴서 기대하는 것이 많기 때문일 것입니다. 원컨대 자신의 참된 덕을 닦아서 사람들의 여망에 부응하시기 바랍니다.[34]

정일당 문집인 『정일당유고』에는 남편 윤광연을 대신하여 쓴, 이른바 '대부자작代夫子作(남편을 대신하여 쓴 글)'의 글이 많다. 대작은 한문학에서 종종 볼 수 있는 글쓰기 형태이지만 조선시대 여성작가 중에서 그런 글을 남긴 경우는 드물고, 더군다나 정일당처럼 산문 대다수가 대작이고, 여성/아내가 남성/남편을 대신하여 쓴 경우는 거의 없다고 한다.[35] 또한 정일당의 문집에는 대부자작이 엄연하게 대부자작임을 밝힌 채 기록되어 있다. 즉 남편을 대신하여 썼으나 정일당의 저술로 인정받고 있으며, 또한 대부자작의 대상이 집안 내부 사람이 아니라 남편의 스승인 강재 송치규를 비롯하여 남편의 친구와 당대 관료를 위시하여 여성인 정일당이 직접 만나서 교류하기 어려웠을 '외부'에 속한 사람들이었다.[36] 이것은 여성 정일당이 대부자작을 통해 "사회적 학문 토론의 장에 직접 참여했던 사정"을 보여주는 것이고, 그가 남성 사대부들 간에 벌어진 공적·사회적 담론과 학술 논의의 장에 참여했음을 알 수 있게 해준다고 평가받는다.[37] 이상에서와 같이 정일당은 문사로서 명망 있는 인물들에 대한 답시뿐 아니라 서신, 제발題跋, 묘지명墓誌銘, 행장行狀, 제문祭文 등의 산문들을 썼다.

한편 그렇게 정일당에게 자신을 대신해서 글을 쓰게 한 남편 윤광연은 어떤 인물인가 하면, 그는 부인의 권고로 늦게 도학에 입문하여 당시 노론의 대학자 강재 송치규의 문하에서 배웠고, 송치규의 「문인록文人錄」에 10명의 문인 중 한 사람으로 올라 있다고 한다.[38] 그는 출처 문제와 가난한 삶으로 인해 번민했지만 안심입명의 공부에 열심을 내어서 단지 '무명無名 선생'에 머물지 않았다. 정일당의 유고집에 기록들을 남기고 있는 그의 사승관계나 교우관계들을 살펴보면, 당시 성균관 대사성까지 지낸 오헌梧軒 이우재李愚在는 청나라로 사신을 떠나면서 아들을 윤광연에게 부탁했고,[39] 해석 김재찬(海石 金載瓚, 1746~1827)은 이들 부부에 대한 애정이 깊었으며,[40] 스승의 아들 송흠성宋欽成, 아버지 윤동엽의 스승이었던 김원행의 후손 김병운金炳雲도 누차 그들의 집에 방문하였고, 매산 홍직필洪直弼, 양화 이의승李義勝, 최한기 등과도 교분이 있었다.[41] 또한 정일당이 윤광연을 찾아온 사람들의 면면을 평가하여 남편에게 권면하고 그들 사이에 오간 학문의 내용을 자신에게도 가르쳐 줄 것을 부탁하는 편지들을 보면, 임윤지당의 오빠 임성주를 스승으로 모시고 있던 임노(任魯, 1755~1828), 심홍모沈弘模 등과도 교류했음을 알 수 있다.

은진恩津 심문영沈文永 공은 마음을 비우심이 탄복할 만합니다. 목사牧
使 임노任魯와 군수 이형수李馨秀 두 분과 진사 심홍모沈弘模 공이 연달
아서 왕림하시니, 연구하시는 것이 어떤 책이며 토론하는 것은 어떤 내용
이신지요? 반드시 참고할 만한 것이 많을 터이니, 베껴다 보여주시면 다행
이겠습니다.[42]

정일당은 학문의 길에서 스승과 벗의 필요성을 절감하며 남편에게 교유
를 적극적으로 권면했고, 그 남편도 위에서 본 바와 같이 낙론계 기호학파
의 선비들과 주로 교류하면서 "규방에 갇힌 여인"인 자신의 부인에 대한
생각도 남달랐다. 그는 부인이 아프자 떠나는 손님도 굳이 만류하지 않았
고,[43] 또 스승을 뵈러 가려던 일정을 취소하려 했으며,[44] 정일당이 자신의
친정 일을 세세히 의논하는 상대였고, 그녀와 그녀 가족의 학문 여정을 열
어 주고 이끌어주었다. 다음의 시는 남편 윤광연이 지은 것으로서 정일당
은 아주 귀하게 여겼다.

공자孔子와 안자顔子는 내가 배우고자 함이요
태임과 태사는 그대가 기약하는 것일세
뜻과 일도 서로가 권면하는데
하물며 이 쇠락하고 저물어 가는 때이리오![45]

2) 심성의 수양

정일당은 늦은 나이에 학문을 시작했지만, 위에서 본 대로 최선을 다하며 노력해서 당시의 학문 성과에서 소외되지 않았다. 그러나 그녀 학문의 핵심은 심성 수양에 있었고, 그런 의미에서 참다운 도학자의 면모를 보여 준 것이라고 하겠다. 그런 정일당이 남편에게 보낸 한 편지를 보면;

가난은 선비의 분수이고, 검약함은 물질 생활의 기본입니다. 자기 분수를 편안히 여기고 근본을 지켜서 내가 좋아하는 대로 살면, 즐거움이 이보다 더 클 수 없습니다. 비록 3정승의 귀함이나 만종의 부유함이 있더라도, 진실로 바른 도가 아니라면 마음속에 담아 두지 마시기 바랍니다. 공자님의 말씀이 있지 않습니까? "정의롭지 않은 부귀를 누리는 것은 나에게 뜬 구름과 같다"고.[46]

윤지당과 마찬가지로 정일당도 『중용』을 무척 좋아하였는데, 그 중에서도 특히 「계신장戒愼章」 연구에 정진하여 추위와 배고픔을 잊고 질병도 다스릴 정도로 깊은 중화中和의 경지를 체득하였다고 남편은 밝히고 있다.

성품과 천명의 근원을 연구하며 정밀하고 한결같이 하는 요령을 탐구하였고, 항상 일을 처리하고 사물을 대함에 있어 범연히 단좌端坐하여 마음이 발동하기 전의 상태를 체득하였다. 스스로 말하기를, "매번 병을 앓으면 마음을 가다듬고 단정히 앉아 성誠·명明의 경계를 보니, 자연히 정신과 기운이 화평하게 되어 병이 몸에서 떠나는 것도 몰랐다"고 하였다.[47]

정일당 자신이 쓴 쪽편지에도 다음과 같은 글귀가 있다.

"경계하고 두려워함"은 마음이 발동하기 전의 공부나 이미 발동한 후에
삼가니, 남은 알지 못하고 자기만 아는 때가 가장 긴요한 곳입니다. 근래
쇠약한 증세가 심해져서 정신이 더욱 소모되어 다른 공부는 하지 못하고
오직 여기에만 힘을 들이고 있는데, 약간의 효험이 없지 않습니다. 당신도
참된 마음으로 체인해보시기 바랍니다.[48]

정일당은 성誠과 경敬 두 가지를 "도에 들어가는 문(入道之門)"이라고 했
다. 이 둘 중에서도 그녀는 특히 경을 중시하였는데(主敬), 경은 성정性情의
진면목을 환하게 볼 수 있게 하고, 또한 그 성정을 통솔하는 먼 길을 가는
데 있어서 그 외에 다른 길이 없다고 보았기 때문이다.

〈敬을 주로 함〉
모든 이치는 천지에 근원을 두었고
한 마음은 性情을 통섭하네
만약 敬을 위주로 하지 않으면
어찌 먼 길을 갈 수 있으리오![49]

또한 그녀는 『소학』을 논하기를, "몸은 만 가지 행동의 근본이고, 경은
한 몸의 주인이다. 그러므로 『소학』의 「경신편敬身篇」은 총괄편이 된다"고
하였다.[50]

이렇듯 정일당이 자신의 공부 방법으로 경에 주목했다는 것은 그녀의
성리학 공부가 더욱 종교적이고 도학적이라는 것을 드러낸다. 그리하여 그
녀는 당시의 이기理氣 논의에 별로 관심을 보이지 않고, 거기에 대한 언급

도 거의 하지 않았으며, "성명性命의 미세함과 일관하는 묘법을 한갓 한바
탕 공리공담으로 할 것이 아니다"라고 말했다.[51] 다음은 그녀의 이야기 중
이와 기에 대한 언급이 나오는 부분인데, 아주 단순명료하며 그것을 통하
여 다시 한번 그녀 공부의 '심성함양적心性涵養的' 주안점이 잘 드러난다.

> 무릇 사욕이라는 것은 내 마음이 좋아하지만 천리에 부합하지 않는 것을
> 말하며, 禮라는 것은 天理의 절문(節文)입니다. 반드시 먼저 어떤 것이 禮
> 이며 어떤 것이 禮가 아닌지를 밝힌 연후에 자기의 사욕을 끊고 한결같이
> 천리를 따르게 되면 도에 이를 수가 있을 것입니다.[52]

> 눈병이 여러 날 낫지 않으니 매우 걱정됩니다. 눈을 감고 단정히 앉아 호
> 흡을 고르며, 잡념을 막아 마음을 평화롭게 하고 氣를 가라앉히며 마음을
> 보존하여 기르십시오. 이는 단지 병을 조절하는 방도일 뿐 아니라 덕을 기
> 르는 공부에도 도움이 되는 것 같습니다. 보내오신 편지에 "착한 일을 행
> 하는 것이 최고의 즐거움이다" 하시니, 그 말씀이 진실로 매우 큽니다. 다
> 만 여러 가지 일에 있어서 먼저 그 착한 일을 하는 이치를 추구하여 마땅히
> 그러해야 할 것을 분명히 아신 연후에, 힘에 한결같이 하여 실천하면 가장
> 즐거운 효험을 보게 될 것입니다.[53]

정일당은 성정性情을 다스리는 일에 대해서 많이 말했다. 남편 윤광연이
감정 특히 노기의 노출에 있어서 중도를 지키지 못하고 과한 데로 흐른다
고 자주 염려했는데, 남을 꾸짖을 때 온화한 기운이 없고 지나친 것은 수신
하는 방도에 크게 해로운 것이라고 하면서 여러 차례 경계하기를 권했

다.[54] 정일당은 학문의 탐구가 이러한 성정의 수양 공부와 더불어 가지 못하면 올바른 공부가 아님을 어느 누구보다도 확실히 알았다. 그래서 남편에게 정감을 형상화하고 그것을 시문으로 짓는 것도 중요하므로 육경을 연구하는 틈틈이 시문에도 힘쓸 것을 부탁한다.[55]

이것은 정일당의 공부가 심성정心性情 모든 부분을 포괄하며, 그것이 인의예지의 행위와 실천으로 드러나야 함을 강조하는 것과 잘 연결된다. 남편에게 보내는 정일당의 편지들에는 남편이 평소 했던 말과 원칙과 다르게 다른 사람들을 대한다거나 부나 이익에 관해서 조금이라도 의에 어긋난다고 생각되는 일이 있으면 여지없이 지적하고 고칠 것을 요청하는 글들이 많이 있다. 다음 것들도 그런 것들이다.

> 아무개 아이 집은 나흘이나 불을 때지 못하였고, 우리 집은 사흘을 밥을 짓지 못했으니, 이 아이가 가져온 음식은 받을 수 없습니다. … 義는 다스림의 근원이고, 利는 혼란의 핵심입니다. 듣자니 어떤 사람이 날마다 사랑채에 와서 利에 대해서 많이 말하고 있다는데, 문하에서 배우는 학생들이 자주 들어서 점점 거기에 빠질까 싶습니다. 당신은 왜 진작 그를 멀리하지 않으십니까?[56]

> 아무개는 부자인데도 술을 석 잔이나 권하셨다 하시니 지나치지 않습니까? 영원鈴原 윤행직尹行直 선생은 늙었는데도 탕이나 국을 제대로 대접하지 못했으니, 결례가 된 것 같습니다. 이것은 비록 작은 일이지만 헤아려 처치하지 않을 수 없습니다.[57]

윤광연 부부는 무척 곤궁하여 끼니를 잇기도 힘들었지만 정일당의 각고
의 노력과 가계 관리로 말년에는 서울 남대문 밖의 탄현(藥峴, 지금의 중림동)
에 탄원坦園이라고 명명한 정원이 딸린 집에 살게 되었다. 정일당이 바로
남편의 호이기도 한 탄원에 대해 지은 시와 기문 「탄원기坦園記」에 보면, 이
들 부부가 비록 후미진 골짜기이긴 하지만 그곳에서 어떻게 자부심을 가
지고 물질과 명예를 넘어서서 정신의 탄탄함을 추구하며 도의 실현을 지
향하며 살았는가가 잘 나타난다.[58]

> 탄원은 그윽하고 고요하니
> 그 단아함이 지인(至人)이 살기에 적합하네
> 홀로 천고의 서적을 탐구하며
> 작은 오두막에서 고고히 살아가네[59]

정일당이 남편을 대신하여 지은 「탄원삼장坦園三章」의 시에도 다음과 같
은 것이 있다.

> 산골에 살면서 개울에서 물 마시고
> 책을 끼고 즐겁게 살아가니
> 옛 선현들 가졌던 마음의
> 오묘한 경지를 알 것만 같다네
> 온갖 의문에 꽉 막히니
> 무엇을 좇아서 나아가리
> 중용과 정도를 실천하면

앞길이 평탄하게 되리[60]

정일당은 정신 수양에 전일하여 행동할 때나 쉴 때나 한결같았다고 한다. 늘 연의緣衣를 입었고, 남편을 따라 새벽에 가묘家廟에 배알하였으며, 한가하여 일이 없을 때는 문을 닫고 단정히 정좌하여 마음이 발동하기 전의 경계를 체득하였다고 한다.[61] 이렇게 성경誠敬의 심성 훈련 공부에 평생의 노력을 기울여 삶과 죽음을 초월하고, 부와 가난의 경계를 넘어서 확연의 경지에 도달하도록 쌓아 나갔다. 아홉 명의 자녀가 모두 일찍 죽고 3주야를 굶어도 원망하거나 근심하는 마음이 없이 오히려 그러한 불행을 만날 때마다 남편을 더욱 위로하고 격려하였다고 한다.[62] 그것은 극단적인 환경과 혈육이 전멸하는 비극 속에서도 스스로의 도리를 다할 뿐 결코 명을 탓하지 않고 현실에 맞서서 자기 성실을 다하는 심원한 종교적 수행자의 삶이었다. 다음과 같은 시는 어떻게 그녀가 학문과 수양을 통해서 우주와 하나가 되는 유교의 깊은 도학적 영성을 가지게 되었는지를 잘 보여준다.

온갖 수목들 가을 기운을 맞는데
석양에 매미 소리 요란하네
깊이 사물의 이치에 감동되어
숲 속에서 홀로 거니네[63]

밤이 깊으니 동물들은 움직임을 그치고
빈뜰에는 달빛이 밝게 비추네
마음이 씻은 듯이 맑으니

性情의 진면목을 환하게 바라보네[64]

이러한 부인이 죽자 남편 윤광연은 다음과 같은 제문으로 그 죽음을 애통해 했다.

> 나에게 한 가지라도 착한 것을 보게 되면 기뻐할 뿐만 아니라 더욱 격려하였고, 나에게 한 가지라도 허물이 있음을 보게 되면 걱정할 뿐만 아니라 질책하기도 하여 반드시 나를 중용되고 정대한 경지에 서도록 하고, 친지 사이에서 한 점의 허물도 없는 사람이 되게 하였다. 비록 내가 미련하고 못나서 더 실천하지 못하였지만, 아름다운 말과 지극한 논리에 종신토록 승복하였다. 이 때문에 부부지간이 마치 스승처럼 엄격하였고, 단정하고 조심하여 조금도 소홀함이 없었다. 매번 그대와 마주할 때는 신명을 대하는 것과 같았고, 그대와 이야기할 때는 눈이 아찔해지는 것을 느꼈다. 지금 이후로는 이와 같은 사람을 다시 볼 수 없으리.[65]

3. 일상의 성화聖化와 유교 종교성

1) 예학과 성화

당시 정일당은 기호학파 계열의 학문적 배경에 속해 있었지만 경敬을 특히 중시하였고 깊은 종교적 태도로 예에 대한 관심을 보여주었다. 유고집에서는 정일당이 예학의 중요성을 깊이 인식하고 그 공부에 많은 노력을 들인 것을 볼 수 있다. 예는 천리의 절도와 표현이다. 그러므로 그 천리에 대해서 깊은 숭경을 가지고 있던 그녀는 일상적인 삶에서도 어떻게 사는 것이 천리를 잘 따르는 것인가를 알아야 했으므로 예법에 대해 깊이 탐구했으며, 거기에 대한 논의들이 다수 실려 있다. 먼저 다음과 같은 말을 하였다.

> 사람에게 인의가 있는 것은 사계절에 봄과 가을이 있는 것과 같습니다. 仁을 말하게 되면 禮는 그 가운데 있게 되고, 義를 말하게 되면 智가 그 가운데 있음은 아마도 의심할 수 없을 것 같습니다.[66]

남편의 스승과 대부자작으로서 여러 차례 주고받은 편지의 내용도 거의가 이 예법에 대한 것이다. 거기에는 상례의 복제服制, 초반(抄飯, 빈소 영전에 밥상을 올리고 밥을 떠서 물에 말아 두는 일)의 횟수에 관한 것, 상식(上食, 영전에 밥상을 올리는 것)으로 죽을 올리게 될 경우 수저를 꽂는 것의 타당성 등에 관한 것이 있다.[67] 또한 심의深衣라는 옷은 길사와 흉사에 모두 통용되는 옷인데, 조문하러 갈 때도 입는 것이 마땅한지에 대한 질문이 들어 있다.[68] 단의緣衣는 선비 아내의 옷으로 그 색이 순검정이니 기제사 때는 온당치 않다는 이야기,[69] 중국인들의 화관華冠과 관련하여 부인들이 관을 쓰는 것의 온당함에 대한 질문, 복건幅巾에 관한 것, 또한 낳아 준 부모와 입후入後한 부모의 상례나 장례, 제례가 서로 겹칠 경우의 예에 관한 것 등이 유고집에서 볼 수 있는 논의들이다. 이러한 논의들은 당시 가례에 대한 일반적인 이해 수준을 넘어서 연구가 상당히 축적된 것이라고 평가받는데,[70] 정일당은 이러한 예에 관한 관심과 더불어서 다음과 같이 말하였다.

군자는 예법이 아닌 것을 말하지 않습니다. 괴이한 현상이나 현란한 귀신에 대하여는 공자님께서 말씀하시지 않았습니다. 근래에 듣건대, 문하에서 글 배우는 젊은이들이 이해득실이나 괴담을 이야기하면서 부질없이 나날을 보내고 있습니다. 왜 엄하게 꾸짖어 바르게 공부하도록 하지 않으십니까?[71]

정일당의 예학에 대한 관심과 관련하여 본 연구자에게 깊은 인상을 준 글은 「조상들의 기호품(思嗜錄)」에 관한 것이다. 여기서 정일당은 11대조의 취미나 기호음식에 대한 이야기부터 시작해서 과거 조상들이 어떻게 술과 음식을 좋아했고, 또한 그들이 어떻게 스스로 조상들을 섬겼으며 이웃을 도왔고 제사를 지내왔는지를 세세하게 밝히고 있다. 그렇게 먼 조상에게까지 세세하게 관심이 닿아 있던 정일당은 "옛 사람들은 돌아가신 분 섬기기를 산 사람과 같이 하였기 때문에, 제사를 앞두고 재계하는 때에 그분의 거처와 말과 웃음, 뜻과 즐기시던 것과 좋아하던 것들을 생각하며 명상에 잠긴다"라고 적고 있다.[72] 이것은 그녀가 보본반시報本反始의 정신으로 근원에 대한 깊은 종교적 심성을 가지고 있었고, 또한 그 경외심에서 우러나온 조상과 부모를 섬기는 예에서 한치도 흐트러짐이 없도록 노력한 것을 잘 보여주고 있다. 당시 가정의 부인으로서 남편을 대신해서 여러 편지와 행장, 묘지명들을 썼는데, 「여종인광주서與宗人光周書」라는 종중에 보내는 편지는 종파의 족보를 간행하는 일에 대한 것이었고,[73] 「여종인부산지겸與宗人釜山之謙」은 일가인 윤지겸이 상복제도의 문제에 대해서 질문하자 거기에 답하는 내용이었다.[74] 정일당의 쪽지편지에는 남편이 아내의 제사를 지낼 때 아들이 축문을 읽는 것이 옳은지 대학자 홍직필洪直弼 선생께 질문해 달라고 부탁하는 글이 있다.[75] 또한 남편을 대신해서 쓴 제발이나 묘지명, 행장들은 예와 글쓰기의 규범을 잘 알지 않고서는 쓸 수 없는 예문禮文들이다. 이러한 정일당에 대해 한 만장은 다음과 같이 쓰고 있다.

> 한양성 남쪽에 여성 선비 있으니
> 집은 고요하고 자리에 먼지 하나 없네
> 3천 가지 예법에 모범이 되었고
> 40년을 안빈낙도 하였네[76]

2) 반상평등班常平等의 교육

『중용』 18장과 19장에 보면 '하늘의 뜻'(天命)을 받아서 세대를 넘어 계승하는 일에 관한 이야기가 나온다. 18장에 보면 공자는 "근심이 없으신 분은 문왕文王이실 뿐이다. 왕계王季를 아버지로 삼으시고 무왕武王을 아들로 삼으셨으니, 아버지가 시작하시거늘 아들이 '계술繼述'하였다"라는 구절이 나온다. 그리고 또한 다음 장에는 무왕과 주공을 "달효達孝"라고 칭하며 "모름지기 효란 사람(부모)의 뜻을 잘 계승하며(善繼) 사람(부모)의 일을 잘 전술(善述)하는 것이다"라고 하였다. 이것은 유교적 인식에서 부모의 뜻이란 거슬러 올라가면 궁극적으로 '하늘의 뜻'이 되므로 세대를 넘어서 전달하는 일에 관심하는 사람이야말로 효자인 동시에 참된 종교인이 됨을 지시하는 것이라 할 수 있다. 문왕은 그 부모 세대가 하늘의 뜻을 받고 전하는 일을 시작하였고, 문왕 자신을 거쳐서 다음 세대의 무왕도 같은 뜻을 가지고 행했으므로, 자신뿐 아니라 그 윗세대와 아랫세대 모두 한 가지로 "뜻을 받고"(受天命), "계승하고"(善繼), "잘 기록하여 알려주고"(善述) 하였으므로 근심이 없는 사람으로 파악된 것이다. 유교의 종교성은 이렇게 효와 밀접하게 연관되어 있고, 다음 세대로 이어주는 '교육'과 연결되어 있다는 의미에서 자신의 아이와 친척 아이뿐 아니라 모든 다음 세대의 교육에 관심한 정일당은 진정한 종교인이었다고 할 수 있다.

하늘에 대한 깊은 공경에서 삶의 어느 한 부분도 하늘의 절도와 표현 밖에 두기를 원치 않았던 정일당의 일상의 종교성은 그리하여 그 관심을 후대의 시간으로 확산한다. 즉 후대에 대한 진지한 교육적 관심을 말한다. 남편 윤광연은 열심히 닦은 학문과 덕성으로 명망 있는 교육자가 되었고, 그들의 집은 그래서 양가 친척과 이웃들의 배움의 터가 되었다. 정일당의 많은 글들이 바로 이들에 대한 배려에서 나온 것이고, 가르치는 스승으로서의 남편의 학문과 덕성 함양을 위한 것이었다. 정일당은 남편을 대신하여 친정동생 일회日會에게 쓴 편지에서 집안에 여러 차례 상사喪事가 있었지만 그 가운데서도 "사람 가르치는 큰 일(爲人大節)"이 어긋나지 않도록 잘 배려할 것을 여러 가지로 조언한다. 그만큼 그녀에게 있어서 후손의 교육은 중요했던 것이다.[77] 그녀는 다음과 같은 시문을 지어 사람의 교육과 공부가 어떠해야 하는지를 밝힌다.

사람의 성품은 모두 선하니

각기 최선을 다하면 聖人이 되네

仁을 갈구하면 仁이 이루어지리니

진리를 밝혀서 몸을 성실히 하리.[78]

너희들은 모름지기 부지런히 독서하여
젊은 날을 헛되이 보내지 말라
어찌 책을 읽고 외우기만 하랴
마땅히 聖人이 되도록 기약해야지.[79]

정일당은 여러 편지들에서 친정 자제들 하나하나의 장점을 거론하며 남편에게 그들이 공부할 수 있도록 도와달라고 간절하게 요청한다.[80] 또한 남편에게 스승으로서 제자들의 한두 가지 드러나는 선악을 보지 말고 근원을 보라고 요구하며, 항상 긍정적으로 선한 면에 주목하도록 촉구한다.[81] 정일당은 성심으로 노력하는 자들은 가려서 더욱 사랑하고 독실히 가르쳐서 크게 성취하는 일이야말로 참으로 보람 있는 일이라고 상기시킨다.[82] 어리석은 제자를 가르치기가 어렵다고 불만스럽게 여기는 남편에 대해서 만약 성인이라면 그랬겠느냐고 하면서 작은 단서라도 찾아서 노력하면서 오히려 스승으로서 자신의 능력이 부족한 것을 염려하라고 충언한다. 그녀는 다음과 같이 시대를 뛰어넘는 반민평등班民平等의 교육관을 가지고 가르침에 있어서의 열림과 평등을 주장한 것이다.

주신 편지에, "물은 모든 것을 적시지만, 점토석은 젖지 않는다"고 하셨습니다. 이는 아마도 우매한 자들을 가르치기 어렵다는 뜻으로 말씀하신 것 같습니다. 그러나 聖人이 맡게 된다면 단서 하나에 의지해서 교화시킬 수도 있을지 어찌 알겠습니까? 바라옵건대, 그 젖어들지 않음을 걱정하지 말고 적실 수 없음을 걱정하시기 바랍니다.[83]

무릇 백성 가운데 빼어난 자들은 삼대(고대중국의 하·은·주)에도 버리지 않았습니다. 지금 서당 아이들 중에서 노귀虜龜는 자상하고 명민하며, 이암李巖은 돈독하고 후덕하며, 유철劉喆은 효성스럽고 신중하니 모두가 가르칠 만합니다. 미천하고 어리다고 하여 소홀히 하지 마시기 바랍니다."[84]

이것은 정일당이 매우 강력하게 당시의 신분제도를 뛰어넘어서 성인지도의 길에서 남녀의 구분을 극복했듯이 신분의 구분도 넘어서는 것을 나타낸다. 그녀는 가사 일에서도 매사를 손수하였고, 손과 발이 트고 동상을 입을 정도로 고생하자, 주변 사람들이 너무 고생한다고 하면 "무슨 말씀인가요? 제가 하지 않으면 누가 하겠습니까?"라고 답하곤 했다.[85] 사람들이 남편의 형제에게 박하게 대하는 것을 보면 아주 잘못으로 여기고, "자기 남편만 사랑할 줄 알고 그 형제를 박하게 하면 이것은 시부모가 자식들을 똑같이 사랑하는 뜻을 알지 못하는 것"이라고 지적하곤 했다.[86] 그리하여 친정 동생과 시동생들을 한결같이 잘 보살피고 가르쳐서 단정한 선비들로 키워냈다고 한다.

3) 정일당의 삶과 성경誠敬

여기서 우리는 정일당의 만물 일체의 깊은 영성과 더불어 삶의 모든 시간과 공간을 성聖의 영역으로 화하게 하려는 깊은 통찰과 사랑의 실천을 볼 수 있다. 정일당은 바로 자신의 삶 자체를 그러한 진리의 실현장으로 보았거니와 죽기 사흘 전에 다음과 같은 시를 지었다.

여생이 사흘밖에 남지 않았는데

성현이 되기로 한 기약을 저버려 부끄럽네

늘 증자를 사모하였으니

이제는 자리를 바꾸고 죽을 때가 되었네[87]

정일당이 가장 가까운 남편으로부터 신명神明의 차원으로까지 평가받은 공부란 바로 일상 속에서, 자신의 모든 관계 윤리 속에서 이룬 것이다. 그녀는 아침 일찍 일어나고 밤늦게 잠들면서 효도와 공경을 다하였고, 한 가지 음식이라도 생기면 반드시 잘 간수하여 부모님을 섬기고 제사 받드는 재료로 삼았다. 시어머니가 지극히 사랑하였지만 결코 이를 믿고 소홀히 하지 않았고, 돌아가시기까지 16년을 한결같이 봉양하였으며, 돌아가시자 상을 치름에서도 성의와 예법을 다했고, 당시 흉년을 당했고 겨울이 몹시 추웠는데도 최선을 다해서 상례를 치렀다고 전한다.[88] 정일당이 하는 음식은 극도로 정결하였고, 바느질도 극도로 정밀했다. 일상생활이나 가정 관리의 모든 면에서 정밀하고 철저하여 그녀가 시집온 후에는 부모님이 편안하였고, 동서들이 옳게 여기고, 친척들이 칭찬하고, 노비들이 의지하였다고 한다.[89] 집이 극도로 가난하였지만 제사를 받드는 데 부족한 것이 없었고, 자루에는 돈 한 푼 없었지만 빈객을 접대하는 데 즐거움을 다하였다. 받고 거절하는 데 밝아서 의로운 것이 아니면 단 한 개라도 가지지 않았고, 남의 어려움을 구제하는 데 급하였고, 자신을 다스리는 데는 엄격하였지만 남을 책망하는 데 너그러웠다고 칭송 받았다.[90]

정일당이 이렇게 철저히 일상 속에서 자신을 닦는 일이 얼마나 깊게 체화되었는가를 잘 알 수 있는 일화가 다음과 같이 행장에 소개되어 있다.

그녀는 일찍이 주자가 "同安에 있을 때, 종소리 한번을 듣는 사이에 이 마음을 끊지 못하여, 잡념이 저절로 뛰기 시작하였다"는 글을 읽고, 매번 아침저녁으로 종소리를 들으면 묵묵히 그것을 체험하였다. 서당 아이들이 두레박을 치면서 놀이를 하였는데, 치는 수에 절도가 없었다. 정일당은 그 치는 소리를 고르게 시켜서, 마음의 잡히고 놓이는 순간을 체험하였다. 또 바늘을 가지고 바느질을 하면서 여기서부터 저기에 이를 때까지 이 마음을 바꾸지 않도록 기약하기도 하였다.[91]

　이상에서처럼 정일당은 아침저녁으로 밖의 종소리를 듣는 일순간에도, 아이들이 떠들며 노는 소리를 들으면서도, 바느질과 같이 지극히 일상적인 일을 하면서도 자신의 덕성을 닦는 일을 놓지 않았다. 이것이야말로 진정으로 도학적 공부의 봉우리에 있는 모습이라고 하겠다. 일상생활에서는 빠른 말이나 황급한 행동이 없었고, 꾸짖는 소리가 노비들에게 미치지 않았다고 한다. 음식을 먹는데 돌아가신 이를 먼저 하고 살아 있는 이를 뒤로 했으며, 잘된 일은 남에게 공을 돌리고, 잘못된 일은 자신에게 허물을 돌렸다고 전한다.[92] 남의 장점을 선양할 때는 뒤질까 걱정하였고 자신의 재능을 깊이 숨겨서 혹시라도 남들이 알까 걱정하였다. 미워하는 사람이라도 그의 착한 일을 칭찬하였고, 아끼는 사람이라도 잘못을 묵과하지 않았다. 그리고 일찍이 남의 허물을 말한 적이 없었다고 한다.

　이렇듯 독실히 공부한 것이 성인의 학문이었고, 그래서 그녀는 "처음에는 마음이 들뜨고 흔들림을 근심하였으나, 점차 깊이 익숙하여, 말년에 이르러서는 마음의 겉과 속이 태연하게 되었다"라고 스스로 고백하였다.[93] 이러한 정일당의 삶에 대해서 "독실히 공부한 것은 오직 성학이요 문장은 그녀에게 나머지 일에 지나지 않았다." 부부가 스승을 겸하였으며 "부엌 사이에 책상이 있었고", "경전은 음식물에 섞여 있었다"고 칭송했다.[94] 그 래서 그녀에 대한 긴 행장은 다음과 같은 탄사로 마무리된다.

오직 재덕을 겸비하고 지식과 행실을 함께 닦은 사람을 나는 정일당에게 서 보았다. 그러니 정일당과 같은 이가 어찌 여인들 중의 군자에만 그치겠 는가? 실로 女史 중에도 일찍이 없었던 바이다. 내가 어찌 혹여라도 친척 이라고 하여 지나치게 미화하겠는가?[95]

III
유교 종교성의 현대 여성주의적 조명

　이상에서 조선 후기 한국 유교문화 속에서 꽃핀 두 여성의 생애와 학문을 살펴보았다. 그리고 그것을 유교 종교성의 핵인 성인지도의 추구가 여성의 몸과 정신을 통해서 구현된 모습으로 해석하였다. 이러한 해석을 바탕으로 본 장에서는 그와 같은 전통 여성의 재해석이 오늘날의 세속화와 여성주의(페미니즘) 시대에 어떤 의미를 가질 수 있는지를 살펴보고자 한다.

　본 연구자는 오늘날 여성주의가 아무리 인류 문명사의 보편적인 운동이 되었다 하더라도 거기서의 민족적 문화적 차이에서 야기되는 다양성을 무시할 수 없다고 본다. 오늘날 여성주의 논의에서 한편에서는, 탈민족주의를 선언하고 민족주의를 비판하지만, 우리들의 삶은 여전히 '민족'이라는 범주에 의해서 규정되고 있다. 특히 한국과 같이 아직도 여전히 그 국민적 삶이 다양한 방식으로–군사적으로 또는 경제문화적으로–세계의 힘 있는 나라들에 의해서 좌지우지되고 있는 상황이라면 이 민족 담론을 놓아서는 안 된다고 생각한다. 그래서 여성주의 논의 안에서도 자연스럽게 민족적이고 문화적인 특수성에 대한 인식이 함께 자리하게 되는데, 그것으로써 '한국적 여성주의(Korea Feminism)' 구축을 위한 노력을 보이고자 한다.[1]

페미니즘의 궁극적인 목표도 우리 공동체의 삶을 더욱 더 바람직한 인간적인 삶으로 이끄는 것이다. 그런데 그 바람직한 삶의 구성이란 우리 삶을 이루는 제구성원들과 제요소들을 좀 더 잘 어우르지 않고는 이루어질 수 없는 일인데, 유교 전통과 대화하는 여성주의, 여성주의와 대화하면서 재해석된 유교 전통의 가르침 속에 그 가능적 실마리를 본다. 지금까지 현대 여성주의가 주로 기존의 가부장주의 시대와 상황에서 이룩된 가치체계들을 해체시키는 작업에 진력해 왔다면 지금은 다시 재건과 아우름과 새로운 방향 제시가 필요한 때이다. 그리하여 이때까지 외면해 왔던 '전통'과 '아시아적 사고'와 인간 '종교성'의 측면과 대화하는 일이 필요한데,[2] 한국 유교 전통과의 대화는 그 좋은 계기가 된다. 왜냐하면 유교 전통은 오늘의 한국 여성들의 삶을 구성하는데 가장 지속적이고 직접적인 영향을 끼쳐 온 전통 중 하나이고, 그 안에 담지된 종교성이 특히 오늘 세속화 시대에 다시 그 세속화를 넘어서 대안적으로 종교적일 수 있는 가능성을 지니고 있기 때문이다. 즉 성인지도의 종교성을 말한다.

1. 유교적 성인지도의 종교성: 여성 주체성의 새로운 형상화를 위한 종교적 토대

1) 여성 주체성의 새로운 형상화를 위한 종교적 토대

프랑스 여성 철학자 이리가라이(Luce Irigaray)는 이미 80년대에 여성의 진정한 주체성 회복을 위해서는 종교의 영역이 반드시 필요하다고 강조하였다.[3] 그에 따르면 가부장주의가 여성에게서 빼앗아간 것은 바로 여성의 신성함이다. 그리하여 가부장주의 시대의 모든 신은 남성적 신이었다. 하지만 여성과 여성의 몸과 여성 주체성의 신성한 차원을 다시 회복하지 않고서는 그 외 모든 세속적인 노력들은 부차적인 것이 될 수밖에 없는데, 종교야말로 가장 보편적인 차원에서 세계의 관계 질서를 규정짓고, 오늘날에도 여전히 보편적으로 우리의 무의식을 지배하며 근원적인 영향력을 미치기 때문이다. 일찍이 시몬느 드 보봐르(Simone de Beauvoir, 1908~1986)도 지적하기를 성차별적 억압을 인식한 여성들이 자신들의 인간성 발견에 돌파구를 찾는데 전념한 나머지 우주에 대한 그들의 해석을 형성하는 데는 거의 남겨진 에너지가 없게 되었다고 말했다.[4]

이들이 지적한 대로 모든 우주적·종교적 이야기의 형성은 여전히 남성에게 맡겨 놓고 단지 일종의 실증과학적 차원에서만 논의되는 여성주의 이야기는 결코 한 공동체를 지속적으로 끌고 가는 행위 원리가 되지 못한다. 실증과학적 증거와 근거는 현상과 현실을 파악하고 분석해 줄 수는 있지만 그 현실이 나아가야 할 방향은 가르쳐 주지 않기 때문이다. 오늘날 여성주의가 당면한 이러한 상황은 그리하여 그 비전이 더욱 우주적이 되고, 종교적일 것을 요청한다. 그것은 여성들이 이제 자신이 되어가는 일은 세속화를 넘어서는 일임을 인정하는 것이고,[5] 여성주의 논의가 보다 큰 관계의 원리로 작동할 수 있기 위해서 반드시 필요한 일이다. 즉 '세속화'를 넘어서는 일이고, 일종의 "영적 혁명"[6]이어야 한다는 것이다. 그래야만 전통의 성차별적 사회가 우상숭배로서 만들어 놓은 성차별주의를 깰 수 있고, 그 우상숭배로써 여성의 신성을 빼앗음으로써 여성 안의 창조성과 잠재성을 파괴해 온 과정을 더욱 단호하고도 심층적으로 해체할 수 있기 때문이다.

이리가라이는 이 일을 위해 자신의 "성차의 윤리(Etique de la diffrence sexu-elle)"에서 몸과 섹슈얼리티의 문제가 신성함에 근거한 새로운 윤리가 되도록 마리아라든가, 천사 등의 여성적 신적 상징들을 끌어들이기를 원한다. 여성 정체성의 신적 뿌리를 제시하기 위해 지금까지 가부장주의 시대에 통용되던 남성적 신 상징 대신에 여신적 상징을 내세워서 초월과 종교의 영역에서 성차를 드러내고자 하는 것이다. 그러나 본 연구자는 여성 정체성의 신적 차원을 드러내기 위해서 꼭 그렇게 신화적인 성차의 단어를 써야 한다고 보지 않는다. 그것은 자칫 우리를 다시 신화적 실체론에 빠지게하기 때문이다. 즉 여성주의 담론이 진부한 세속화로 축소되는 것을 원치않는다 하더라도 이리가라이와 같은 성차의 여신 상징은 오늘날 세속화시대에 너무 과하다고 생각하는 입장이다. 그것은 자칫 잘못하면 우리를다시 성속聖俗과 남녀의 실체론적 이원론에 사로잡히게 한다. 그래서 본 연구자는 이러한 딜레마를 풀기 위하여 그 한가지 답을 아시아의 유교 전통에서 찾고자 했다. 왜냐하면 유교 전통에서의 초월의 뛰어난 내면화와 인간화는 다시 신화적인 성차의 상징을 쓰지 않고서도 인간적인 성차의 구별을 넘어서서 보다 포괄적이고 보편적인 방식으로 초월의 존재론적 상징(性 또는 理)을 제시하며, 인간 누구나의 초월성을 지시해 주기 때문이다. 곧유교 성인지도聖人之道의 이상을 말한다.

유교 종교성의 핵심인 성인지도의 이상은 인간은 누구나 그 안에 초월적 뿌리를 담지한 자(性卽理 또는 心卽理)로서 그것의 신장과 계발을 통해서 참된 인간이 될 수 있다는 것이다. 앞에서 윤지당과 정일당의 예에서 보았듯이, 이 두 여성 도학자들은 여성도 남성과 마찬가지로 본성적으로 초월적가능성을 담지하고 있고, 그래서 여성의 인간 규정도 그러한 초월적 본성의 실현에 있다고 본 것이다. 그리하여 자신들 삶의 전 과정을 성화聖化의 과정으로 살기 원했고, 몸과 몸의 구별에 따른 삶의 과제가 속된 것이 아니라 성聖이 실현되는 거룩한 장소로 보았다. 그들은 삶의 어느 한 부분과 순간도 하늘의 도와 연결되지 않은 것이 없다고 여겼으므로 확고하고 역동적인 주체의식과 목적의식을 갖고 창조적으로 자신들의 삶을 엮어 나갔다.

여기서 본 연구자는 오늘날 여성주의가 다시 여성 정체성의 우주적·종교적 뿌리를 회복함으로써 찾고자 하는 "새로운 여성 주체성"의 실마리를 본다.[7] 단순한 세속적, 정치사회적 수준에서의 주체성 회복이 아니라 보다 근본적인 존재론적이고 우주론적인 차원에서의 주체성 회복이야말로 여성들의 참된 인간화를 위해서 근원적인 기여를 할 수 있다고 보기 때문이다. 미국의 여성종교학자 폴린 리(Pauline C. Lee)는 17세기 중국 명나라의 양명학자 이지(李贄, 1527-1602)의 여권론과 19세기 영국의 여성해방론자 J. S. 밀 (J.S. Mill, 1806-1873) 여성해방론을 비교 연구하였다. 그의 분석에 따르면, 아시아의 이지는 여성들에게 다른 무엇보다도 남성들이 가지는 것과 같은 '자기수행'(Self-Cultivation)의 기회를 줌으로써 해방과 평등을 이룰 수 있다고 보았고, 밀은 그보다는 법적 평등과 공공 영역에서의 취업 등과 같은 사회 정치적 기회 균등이야말로 중요한 과제라고 생각했다. 진정한 여성 주체성의 확립을 위해서는 이 두 측면 중 어느 하나도 소홀히 될 수 없지만, 폴린 리의 분석에 의하면, 오늘날 대부분의 서구적 여성주의 담론은 신유교의 이지가 간파한 보다 근본적인 존재론적인 측면을 간과하고 있다. 그래서 여기서는 공적 영역과 사적 영역 차원의 삶이 통합된 사회를 꿈꾸기 어렵다고 지적한다.[8] 이러한 지적을 볼 때도 성인지도의 유교 종교성에 근거한 여성 주체성의 회복 노력은 의미가 크다고 하겠다.

일반적으로 유교 전통이 여성들의 몸에 대해서 매우 억압적이었고, 속된 영역으로 비하했다고 지적되지만, 유교적 도는 원래 몸(身)에서 시작하는 공부이고 수행론이다. 역사적 실행에서 그 몸 공부가 매우 여女/성性 비하적으로 진행된 것을 부인할 수 없지만,[9] 윤지당과 정일당의 삶에서 보았듯이, 그들이 지극히 실천한 유교적 수행이란 몸과 감정과 기질의 단련 등을 모두 통합한 것이었다. 그들은 가장 속된 영역이라고 여겨지던 하학下學의 영역까지도 하늘의 도가 실현되는 장소로 보고 그 일을 인간적으로 예화하고 성화聖化하려고 노력하였다. 그로써 오늘날 몸의 초월적 상징성이 쉽게 부인되고, 물화되어서 비인간화 되는 데서 오는 왜곡을 바로잡을 수 있다. 그들이 성인지도의 길에서 행한 몸수행은 거동할 때나 쉴 때나, 깨어 있을 때나 잠잘 때나 쉼이 없었다. 그래서 더위나 추위는 말할 것도 없고 병듦과 죽음과 더불어서도 분명한 의식을 가지고 살았음이 전해진다. 본 연구자는 이렇게 성인지도의 길을 가는 유교 여성들의 의식을 통해서 오늘날 단순히 물질적 차원으로 전락해 버릴 위험 앞에 놓여 있는 여성의 몸이 어떻게 다시 거기서 생물학적인 것과 상징적인 것이 서로 교차하고 통합되는 장소가 될 수 있는지를 드러내 줄 수 있다고 본다.

오늘날 세속화 사회에서 우리 모두가 혹독하게 경험하고 있듯이 몸의 초월성과 상징성이 탈각된 몸담론은 어떠한 경우라도 그 몸이 동물적 쾌락의 도구로 전락되거나 기계화되어 비인간화의 길을 가는 것을 막을 수 없다. 오늘 우리의 몸담론이 노출되어 있는 이러한 위기의 상황을 보면서, 조선 유교 여성들의 몸수행의 의미를 다시 생각해 본다. 20세기 여성 정치철학자 한나 아렌트(H. Arendt, 1906~1975)는 『인간의 조건 The Human Condition』에서 근대 산업사회 이후 모든 것이 도구성과 유용성의 척도로 평가되는 공리주의 사회에서 그 공리주의가 인간과 인간의 신체를 어떻게 평가절하할수 있는지를 잘 예견하였다. 그리하여 그녀는 인간 이성의 정언적 명령을강조했던 근대 계몽주의 아들 칸트조차도 넘어서서 다시 플라톤을 이야기하기를 원한다. 왜냐하면 플라톤이 이미 더 근본적으로 당시 공리주의의대표자였던 프로타고라스의 격언을 뒤집어서 "단순한 사용물조차도 그것의 척도는 신이다"라고 선언했기 때문이다.[10] 아렌트에 따르면 플라톤은만약 인간이—오늘날의 맥락에서 이야기하면 인간의 쾌락과 선호의 감정이—만물의 척도가 된다면 세상의 모든 것이 도구화 되고 수단으로 전락되는 고리를 끊을 수 없다.[11] 이것은 결국 아무리 하찮은 존재에서라도 그 존재가 내재적 가치로 가지고 있는 초월적 차원에 대한 인정이 없이는 모든것은 무한히 평가절하되고, 단지 교환의 가치로만 받아들여질 뿐이며, 모든 목적이 수단으로 전환되는 무의미성의 증가 고리에서 빠져나올 수 없기 때문이다. 따라서 오늘날 인간의 노동력은 물론이고 예술 작품까지도이 고리에서 제외되지 않는 것을 보면서 어떻게 우리 정체성이 이러한 교환과 유용성의 차원을 넘어서 본질적으로 다른 가치를 획득할 수 있는가를 고민하는 것이야말로 우리 모두의 긴요한 일이 되겠다.[12]

　유교 여성들이 자신의 존재를 성인지도의 길을 가는 존재로 파악한 것이 바로 그 하나의 모습이다. 그런 의미에서 유교에서의 '열烈'과 '절節'도역사상에서 사물화 되고 도구화 된 추한 모습에서 벗겨 보면 그것은 다름아니라 자신들의 몸이 초월적 차원에 근거한 것이므로 쉽게 도구화 되고교환될 수 없다는 인간으로서의 고양된 의식의 표현으로 볼 수 있다. 물론조선시대에 열과 절이 가문의 명예와 물질적 혜택의 수단으로 전락한 것은 여성을 단지 육체와 물질적 존재로까지 환원한 대표적 경우이다. 하지만 남성들에게서 충忠이나 인간 행위의 고유한 일에 해당되는 신信과 마찬가지로 여성들에게서 열과 절은 그 유사한 의미를 지니는 일이 아니었나 지적하고 싶다. 인간 행위의 고유성과 위대성이 바로 자기 생명에 대해서도 스스로가 금욕적 태도를 취하고 'No' 할 수 있는 능력이라면,[13] 열과 절이 단순히 맹목적인 것만이 아니라 "자기 내면의 요구에 따른 자발적인 선택"이기도 했고, 궁극적으로 "인간의 존엄을 제기"하고, "고유한 인간적 가치를 실현"하는 방법이기도 했다는 것이다.[14] 조선시대 역사상의 많은 여성들의 삶이 예를 들어 남성이었던 사육신死六臣의 경우와 마찬가지로 이러한 진실을 실제로 증거해 주므로 열과 절은 한편으로 인간의 법인 '자기통제력(self-discipline)'의 표현일 뿐 아니라 유교 종교성의 깊은 도학적 표현으로 이해할 수 있겠다. 여성의 몸을 둘러싼 담론은 그리하여 결코 한 가지 시각으로만 결론지어질 수 없고, 삶의 다양한 측면과 지향점, 마침내는 죽음 후의 문제에 관한 물음까지도 포괄해서 이해되어야 함을 보여준다. 즉 우리의 세계관, 실재관, 종교관 등과의 연결을 말하는데, 우리가 궁극적인 실재를 무엇으로 보는지, 정신과 몸에서 선후를 나눌 수 있는지, 왜 지금까지 인류의 모든 전통과 가치들은 그렇게 '몸닦기'를 중요하게 여겨왔는지, 죽음 후의 우리의 몸과 마음은 어떻게 되는 것인지 등 세계관적 물음들과 총체적으로 연결되는 것을 말한다.[15]

2) 21세기 새로운 인간(posthuman)과 여성 성인聖人

그러나 한편 이러한 유교적 성인지도의 그림에 대해 그것은 너무 버거운 것이고, 왜 여성들을 다시 그러한 큰 이념에 묶어 두려 하느냐는 비판적 물음이 제기될 수 있다. 이러한 질문에 대해서 그렇다면 우리 시대에 윤리적 주체로서의 여성 성인이 우리의 지향해야 할 목표가 아니라면 '사이보그(cyborg: 생물과 기계의 결합체, 기계인간)' 가 우리의 새로운 목표가 되어야 하겠는가라고 되묻고 싶다. 물론 오늘날은 인간과 기계, 인간과 자연과의 관계도 매우 급진적으로 변해서 더 이상 인간 삶과 몸에 대한 자연과학적 구상이나 기계를 외면하며 살 수는 없게 되었다. 인간은 이제 자신을 동물과 비교해서 구분하던 시대를 지나서 기계와 비교하며 구분 짓는 상황을 맞이하게 된 것이다. 이렇게 도래한 유비쿼터스 혁명의 시대를 잘 예견하여 사이보그 여성학자 다나 해러웨이(Danna J. Haraway)는 이미 80년대에 그녀의 「사이보그 선언문(A Manifesto for Cyborgs)」에서 "나는 여신이 되기보다는 차라리 사이보그가 되겠다"고 선언하였다.[16] 그렇지만 오늘날 여러 유전과학들에 의해서 여성의 몸이 조작적으로 이용되는 것을 보면서 그렇게 인간 몸에 대한 기계적 조작으로 자연적인 성이 더 이상 의미가 없게 된 사이보그의 출현을 여성들이 단지 환영하기만 할 일이냐 하면 그렇지 않다는 것이다. 특히 난자 채취나 대리모 등의 일에서처럼 여성의 몸에 대한 조작은 매우 위험한 수위까지 도달하여 그러한 사이보그화가 여성의 인간화를 위해서 꼭 좋은 일이기만 하는가 하는 데 강한 의문을 일으킨다.

그렇다면 앞으로 이러한 기계와의 공존 속에서 인간적인 것의 고유성을 어디에서 찾을 수 있으며, 무엇이 인간으로 하여금 계속해서 인간되게 하느냐의 물음을 묻지 않을 수 없다. 본 연구자는 그 답을 이러한 사이보그를 통한 '탈육체화' 와 '탈인간화' 의 방법으로는 얻을 수 없다고 본다. 오히려 일면 피할 수 없는 사이보그화와 더불어 지금까지 인류가 고유하게 전개시켜 온 인간화의 길을 더욱 정치하게 진행시켜야 한다고 보는데, 즉 더 높은 수준의 인간화의 길인 성인지도의 길을 귀중한 자산으로 살려서 더욱더 인간적인 인간, 지금까지의 인간성을 폐기하는 것이 아니라 더욱 더 전개시키는 '새로운 인간(posthuman)'을 지향하는 일이다.

그것은 '이 탈인간적 사회에서 무엇이 인간적인 것으로 간주되는가' 하는 질문 앞에서 우리의 신체성을 무시하지 않으면서도 우리의 몸의 실행을 통해서 세계와의 관계에서 극진한 인간적 마음을 살려 내는 일이다. 두 여성 선비에서 보았듯이, 한국 유교의 영성, 특히 한국의 유교 여성들에 의해서 실행된 유교 종교성이 이러한 과제를 위해서 좋은 가르침이 된다고 하겠다. 그것은 바로 우리 인간성과 내면성 속에서 가장 강력한 '관계의 근거'(윤리의 토대)를 파악하는 일이고, 그것을 확장시켜서 참된 인간성의 원리로 성숙시키는 일이다. 자신의 몸과의 관계뿐 아니라 가정에서의 효孝와 제悌, 그리고 부부간의 관계에서도 비록 시대적 한계를 가졌지만 독자적 삶의 영역을 확보하였고, 이것을 확장해서 전 사회와 국가로 나갈 수 있는 토대를 제시해 준 것이다. 즉 여기서는 초월이 내재에서 경험되며, 그래서 그 관계의 영역으로 들어오지 않는 곳이 없어서(聖化와 禮化) 삶의 모든 영역을 이러한 지향점으로 이끌려는 노력이었다는 것이다.

2. 봉제사 접빈객의 종교성: 공적 영역과 사적 영역의 통합의 힘

1) 공적 영역과 사적 영역

초월을 내재에서 경험하고, 자신의 내면 안에서 삶이 앞으로 나아갈 지향점의 근거를 발견한 유교 여성들에게 삶은 더 이상 공적 영역과 사적 영역으로 나누어지지 않는다. 그런 의미에서 오늘날 현대 여성주의가 일반적으로 사적 영역의 일이었을 뿐이라고 평가하는 유교 여성들의 가정생활이란 사실 공적 영역의 성격을 훌륭히 가지고 있었다. 예를 들어 그들이 행한 봉제사와 접빈객의 일들을 통해서 그들은 오늘날의 여성들과는 다르게 공적 영역에 몸담고 있었던 것이다.

　그런데 사실 무엇을 기준으로 해서 삶을 '공적公的 영역(public sphere)' 과 '사적私的 영역(private sphere)' 으로 구분하느냐 하는 것부터 동서의 지역과 시대에 따라 다를 수 있다. 그럼에도 불구하고 오늘날 보편적으로 받아들여지는 구분은 사적 영역의 일이란 가정 안의 일을 말하고, 공적 영역이란 그 가정 밖에서의 사회적·국가적 공동체 일을 말한다. 서구에서 자본주의와 사회주의가 모두 따르고 있고, 현대 여성주의도 거의 그대로 수용하는 이 구분에 따라서 전통의 여성들은 사적 영역에만 갇혀 있었고, 특히 조선시대 여성들은 처나 어머니의 역할로 사적 영역에 갇혀 있었다고 평가받는다. 그러나 과연 이러한 평가로 모든 것을 말할 수 있는가에 대해서는 의문이 드는데, 그러므로 여기서 조선시대 여성들의 삶에 대해서 다른 해석을 해 보고자 한다.

　이미 서구의 급진적 여성주의 정치학자 맥키논(Catharine A. Mackinnonn)은 전통적인 공사公私 구분에 도전하면서 "가정을 '사적인(private)' 것으로 취급하는 것은 여성의 억압을 단지 사적인 일로만 보는 것이고, 여성의 위치를 단지 하녀로 보게 하는 일" 이라고 비판하였다.[17] 이 비판은 본 연구의 주제가 되는 유교 전통이 가정을 단지 사적 영역이 아니라 공적 의義를 실천할 수 있는 자질을 학습하는 장으로서, 가장 기초적인 공적 영역으로 이해한 것과 상통한다. 즉 유교 전통은 가정을 가장 기본적인 공적 영역의 단위로 설정함으로써 그것을 하나의 공적 영역으로 보았다(修身 · 齊家 · 治國 · 平天下)는 것이다.[18] 앞에서 윤지당과 정일당의 삶에서 보았듯이, 그들에게 가정은 봉제사를 통해서 단지 자신의 세대만이 아니라 그 윗세대로 한없이 올라가서 나중에는 하늘까지 닿는 공적인 통로였다. 또한 가문의 다른 가정들과 연결되는 공적 장소였으며, 자신들이 살고 있는 울타리에 한정되는 좁은 공간이 아니었다. 최선을 다하는 접빈객을 통해서 더 넓은 공동체와 다른 지역으로 향했고, 성인지도의 뜻을 같이 하는 도반들과 더불어 국가와 우주의 이상으로 향하는 통로였다. 정일당이 남편에게 보낸 쪽지 편지들 중 많은 것은 그녀의 집을 방문한 많은 친지들, 제자들, 이웃들과의 관계에서 남편에게 조언하거나 도를 추구하는 각오를 새로이 다지는 내용들로 채워져 있다. 여기서 그녀는 어떻게 자신의 가정이 학교가 되고, 친지들과의 즐거운 대화방과 숙소가 되며, 학문과 정치를 논하고 인간의 바른 길을 탐구하는 공론의 장이 되는가를 잘 보여준다;

> 진사 김로金鏴의 여러 종형제들이 때때로 와서 문안을 드리고, 또 초헌을 탄 손님들이 멀리서부터 찾아오는 일 역시 많으니, 참으로 감사한 일입니다. 그러나 나는 다만 주인 된 도리를 다하여 경대부를 만나면 경대부를 대하는 예로써 대접하고, 선비를 만나면 선비를 대하는 예로써 대접해야지 지위나 권세의 있고 없음으로 경중을 두게 되지 않는다면, 이 마음이 항상 바르게 되어 모욕을 초래하는 일이 없을 것입니다. 손님들이 와서 보는 것은 당신에게 위기爲己의 도가 있기 때문입니다. 찬성贊成을 지낸 성담性潭 송환기宋煥箕 님은 말하기를, "독서하여 이치를 탐구하는 것은 스스

로 그 도를 밝히는 것일 뿐이다"하였고, 해석海石 정승께서는 말씀하시기를, "충효를 실천하고 도덕을 구하는 것은 모두 자기의 본분에 속하는 일이다"고 하셨으니, 이는 지당한 주장입니다. 원컨대, 이러한 말로써 부지런히 노력하여 반드시 오촌鰲村 선생의 誠敬의 가르침을 체득하여 마침내 至善으로 돌아간다면 어찌 아름답지 않겠습니까! 억지로 하려고 하지 않으면서 하는 사람은 천리를 따르는 군자이고 억지로 하려고 하여서 하는 사람은 인욕을 따르는 소인입니다. 진실로 능히 스스로에게 돌이켜 구하여 이에 밝아 이로 말미암을 수 있다면 한 평짓길과 같이 그대로 수레를 몰아도 막힘이 없을 것입니다.[19]

20세기 정치철학사에서 공적 영역과 사적 영역의 관계에 관한 뛰어난 논의를 전개시킨 앞의 아렌트는 공론 영역과 사적 영역을 가르는 시금석을 단순히 공간과 장소의 문제로 한정하지 않았다. 오히려 그것을 넘어서 인간이 말과 행위를 통해서 자신의 자유를 드러내고, 사고와 의식과 판단을 통해서 인간적인 위대성을 드러내며 사적 관심을 넘어서 공통으로 관심하는 것을 위해서 희생(참여)하는 행위 여부로 평가하였다.[20] 그리하여 공론 영역에 참여한다는 것은 지금 당장의 사적 이익, 몸의 안녕과 생존과 관련된 것에만 관심하는 것을 넘어서 보다 영속적인 것, 보다 공통적인 것, 자신의 자유의 행사를 통한 위대성이 드러나는 일에 관심하는 것을 말한다. 아렌트에 따르면, 근대에 들어와서 공론 영역에 대한 관심이 점점 소멸되었다는 것은 바로 '불멸성(immortality)'과 '영원성(eternity)'에 대한 진정한 염려가 점점 사라진 것과 다르지 않다.[21] 이렇게 모든 공통적인 것과 영속적인 것에 대한 관심을 잃어버리고, 자신과 찰나에 함몰해 버리는 삶의 태도를 공공 영역을 잃어버리는 것으로 보았다면,[22] 지금까지 보아온 조선 유교 여성들의 삶이란 오히려 공적 영역의 삶을 충실히 살아간 삶으로 볼 수 있다. 왜냐하면 지금까지의 관찰에서 본 대로, 예를 들어, 그들이 가정사에서 가장 중요하게 섬긴 봉제사는 바로 자신들의 세대를 넘어서 영속적인 것과 관계하고 윗세대들에 대한 뛰어난 헌신을 행하는 것이었으며, 또한 그들이 어려운 환경 가운데서도 손님들을 극진히 대접하고 그들과 더불어 공공선에 대한 관심을 지속해 나간 것은 바로 공론 영역에 대한 뛰어난 참여였다고 볼 수 있기 때문이다.

아렌트는 아리스토텔레스가 『니코마코스 윤리학』의 마지막 부분에서 한 유명한 말, 즉 우리가 인간사를 고찰할 때 단지 인간인 까닭에 인간적인 면만을 주장해서도 안 되고, 우리가 사멸할 존재인 까닭에 사멸성만을 주장해서도 안 되며, 오히려 할 수 있는데 까지 최선을 다해서 사멸적 존재인 인간이 어느 정도로 불멸성의 가능성을 가지고 있는지를 생각하면서 살아야 한다고 한 충고를 상기시킨다.[23] 그러면서 "죽을 운명의 인간에게 불멸성을 보장하는 공간"이 되어 왔던 공론 영역이 오늘날은 한편으로는 독재체제적 정치에 의해서 다른 한편으로는 대중사회 또는 대중적 히스테리의 조건 속에서 모두가 한결같이 한 사람처럼 되고 각자가 주관성의 세계에 들어가 버리는 경우에 사라지고 파괴되는 것임을 지적하였다.[24] 오늘날 우리 사회가 당면해 있는 모습이기도 한데, 여기에 반해서 과거 유교 사회의 여성들은 결코 자신들만의 주관성의 세계에 숨어 있지 않았다. 그들 봉제사의 기본 정신이 되는 효孝는 바로 하늘까지 닿는 불멸성에 대한 배려였고(事親如天 事天如父), 그들 접빈객의 기본 원리였던 제悌는 친형제자매를 넘어서 친척과 이웃, 세상의 만물에게로 향하는 이웃사랑이었다. 이것은 자

신을 희생하고 가정과 사회와 국가와 세계라고 하는 공통의 장을 세우고
자 하는 인간적 행위였던 바, 그들은 공통세계가 사라지고 인간들 사이에
서 공동관심사가 소멸되면 마침내는 개인과 사적 영역과 인간 세계 자체
가 위험에 빠진다는 것을 알고 있었다.[25]

윤지당은 다음과 같이 말한다;

> 제사란 사람이 최선을 다해야 하는 것인데, 제수를 다 갖추기가 참으로 어
> 렵다 하여 혹시라도 싫증을 낸다면, 성의誠意가 담기지 않은 것이니, 신께
> 서 그 제사를 흠향하겠는가?[26]

또한 정일당은 앞에서도 인용했지만 다음과 같이 감동스럽게 자신의 접
빈객의 실제를 보여주고 있다;

> 오늘 아침에 손님(상사 이원중)이 가셨는데, 왜 만류하지 않으셨는지요?
> 보통 사람에게도 그렇게 대접할 수 없는데, 하물며 어진 분에게 그렇게 할
> 수 있습니까? 제가 병중에 있기 때문에 힘들까 염려하여서일 것입니다. 그
> 러나 항아리 속에 아직도 몇 되의 쌀이 남아있고, 병세도 어제보다 조금 나
> 아졌는데 어찌 한낱 부인의 수고를 걱정하여 당신의 가규家規를 손상할
> 수 있습니까? 빈객을 접대하는 예법은 조상 제사 다음으로 중요한 것이니,
> 집안의 큰일입니다. 절대로 소홀히 할 수 없습니다.[27]

위 인용문에는 당시 조선 가부장주의 유교 사회의 한계가 뚜렷하게 보
이기도 하지만, 그러나 동시에 그것을 넘어서서 당시 조선 유교 여성들이

봉제사와 접빈객의 주체로서 가졌던 분명한 윤리의식과 명분의식도 잘 보여준다. 이처럼 처와 부인으로서의 그들의 역할이 단지 종속적이기만 했냐 하면 그렇지 않다는 것이다. 성인지도를 향한 뛰어난 주체성을 가지고 가정의 모든 살림을 주관했던 이들은 남편과의 관계에서도 때로는 스승으로서, 때로는 최고의 관리자로서 행위한 것을 알 수 있다.

2) 유교 여성의 주체성과 포스트모던적 다중 주체성

이러한 유교 여성들의 역할을 본 연구자는 오늘날 일련의 포스트모던 여성주의자들이 '존재론적 성차(difference of sex)'의 해석학에 근거하여 성차의 육체성을 부정하지 않으면서도 다중심적인 정체성을 가진 새로운 여성 주체성을 찾으려는 시도와 접목시키고자 한다. 예를 들어, 오늘날 포스트모던 여성학자 브라이도티(Rosi Braidotti)가 들뢰즈 류의 유목적 인식론에 근거해서 "유목적 주체성"을 구성하려는 시도도 그 한가지이다. 브라이도티는 차이의 긍정성을 적극적으로 보는 생성 개념과 연결시켜 보다 역동적이고 다중적인 여성정체성을 수립하고자 한다.[28] 그녀는 성차를 우리의 육체에 각인되어 온 존재론적 차이로 인정하는데, 그러나 그렇다고 해서 그것을 결정론적인 의미에서 운명적인 것으로 보거나 역사적으로 변화 불가능한 것이라고 보지 않는다. 오히려 뿌리줄기인 '리좀(rhizom)'처럼 접속을 찾아 끊임없이 이행함으로써 다른 것이 되고, 다른 것이 됨으로써 자신이 되는 "구성하는" 주체의 기반으로 본다.[29] 이러한 모습의 여성 주체성은 결코 수동적이거나 고정된 역할에 갇혀 있지 않고 자신을 온전히 내어줄 줄 알면서도, 또한 자신을 다른 모습으로 구성할 수 있다.

윤지당과 정일당의 모습에서 보듯이 조선 여성들은 여성으로서 자신들의 성차를 인정하여 남편이나 시집과의 관계에서 전통적인 여성으로 살았다. 그러나 동시에 그 시대가 한정하는 역할을 뛰어넘어서 친정과의 관계에서도 그렇고 시집과의 관계에서도 뛰어난 스승이나 '멘토'로서 역할하기도 했으며, 더 나아가서 큰 공동체와 역사 전체에 대한 책임의식을 가지고 살았다. 조선 여성들은 이러한 다중적 주체성의 예를 혜경궁 홍씨의 『한중록閑中錄』을 『The Memoirs of Lady Hyegyong』으로 영역한 김하브시 교수(Kim-Haboush)가 17 · 8세기에 조선과 서구에서 쓰여진 두 여성 자서전을 비교하면서 어떻게 조선 유교 여성들의 삶에서는 공적 자아와 사적 자아가 분열되지 않고 아주 긴밀하게 통합되어 있는가를 지적한 데서도 볼 수 있다.[30] 그에 따르면 자서전 『한중록』을 쓴 혜경궁 홍씨의 집필관은 당시의 유교적 이상과 결코 다르지 않았는데, 즉 인간성의 완성에 대한 믿음과 사회적 특권은 도덕적 능력에 기초한다는 것이었고, 그녀의 모든 자서전적 이야기들은 이러한 공적 이상으로부터 한치의 유리도 없었다고 평가한다.[31] 이렇게 유교 여성들의 자아관은 결코 좁은 의미의 사적 자아에 갇힌 것이 아니었고, 공적 가치의 실현과 자신의 삶의 목적을 별개의 것으로 이해하지 않았다. 또한 자신들의 몸과 관련하여도 단지 수동적으로 산 것이 아니라 뛰어난 주체성으로 몸수행의 주체로서 살았다.

본 연구자는 특히 오늘날처럼 '문화의 성애화(sexualization of culture)'가 말해지고 여성의 몸이 다시 재식민지화 될 위험 앞에 놓여 있는 성적 욕망의 만연의 시대에는 그 성적 욕망을 표출하는 일을 통해서만 자율성과 주체성을 찾을 것이 아니라 오히려 그것을 스스로 조절하고 제어하는 능력 안에서 찾는 것이 긴요하다고 본다.[32] 오늘날 대부분의 인간관계가 성적 욕망의 육체 관계로 환원되는 경향을 보이고 있다. 이것이야말로 오히려 인간 관계를 매우 좁은 범위로 환원시키고 인간 존재를 물화시키는 비인간적인 모습이다. 앞에서도 고찰했지만 윤지당이나 정일당과 같은 유교 여성들의 사고는 자신의 본성에 대한 초월적이고도 주체적인 자각에 근거한 것이다. 거기서 그들은 육체적이고 성별화된 여성성을 부정하지 않았지만 그렇다고 해서 거기에 얽매이지 않았다. 종부宗婦와 안방이라는 또 하나의 구별된 권력의 장을 형성하여 매우 역동적으로 책임의식을 가지고 다양한 역할을 하면서 주체적으로 살았다. 이러한 모습은 오늘날 좀 더 뿌리줄기적(rhizo-mic)이고, 유목민적이며, 그래서 훨씬 더 능동적이고 생산적인 새로운 여성 주체성의 모습과 상통할 수 있다.[33] 그런 의미에서 이러한 유교 여성들의 다중적 삶 속에서 비록 당시 그들 스스로는 의식하지 못했다 하더라도 들뢰즈적 사고의 한국적 여성 원형이 표현된 것이 아닐까 생각한다.[34]

3) 유교 여성 주체성의 정치적 속성

오늘날 이 새로운 들뢰즈적 다중주체가 매우 탁월하게 정치적 주체로도 역할하듯이, 부인으로서 조선 유교 여성들의 역할도 오늘 생각하듯이 그렇게 좁은 영역에만 한정된 것이 아니었다. 윤지당이 남긴 많은 인물론에서 보듯이 그녀는 뚜렷한 역사의식과 의리론義理論을 가지고 시대와 정치를 평가했으며, 거기에 따라서 자신과 집안의 정치적 입지를 결정하였다. 정일당이 남편과 사귀는 사람들의 의를 중히 여기고 어떠한 인간관계를 맺어야 하는지를 끊임없이 지적하면서 시대의 바른 것을 추구한 것은 부인으로서의 역할이 매우 정치적이었음을 드러내 준다. 이처럼 조선시대 유교 여성들의 부인의 역할은 오늘날과는 달리 비록 많은 직접적인 제약을 가지고 있었지만 결코 탈정치적이지 않았고 사적 영역에만 머무는 것이 아니었다. 오히려 또 다른 구별된 힘의 기관인 안방의 주인으로서 오늘날 많은 경우 자신의 사적 관심에만 몰두해 있는 현대 여성들보다 더 정치적이었다고 할 수 있고, 공공의 의에 대한 뚜렷한 감각을 가지고 집안의 대소사에 임했다. 조선 유교 여성사에서 이러한 여성들에 대한 많은 일화는 그것을 잘 보여주는데, 이 여성들의 정치의식은 여성적인 예민한 감각과 섬세한 가치의식을 가지고 위기상황 때마다 표출되었다.[35]

본 연구자는 여기서 더 나아가서 한 인간, 한 여성의 주체성과 자발성이 하늘의 초월과 씨름하는 일에서보다 더 잘 드러날 수는 없다고 본다. 유교 여성들은 남편이나 자신들의 가정이 위기상황에 빠질 때마다 하늘의 의를 따지면서 그 위기를 하늘의 도움으로 극복하고자 노력하였다. 율곡은 자신의 외할머니 용인 이씨李氏가 어떻게 하느님과 씨름하여서 죽어가는 남편을 다시 살려냈는가를 「이씨감천기李氏感天記」로 기록하고 있다. 효행과 남편에 대한 정성이 지극했던 부인은 42세 되던 해에 친정어머니 상을 당해 서울에서 강릉으로 오던 남편이 도중에서 병을 얻어 죽게 되자, 마지막으로 목욕재계하고 자신의 외할아버지 무덤 앞에 나아가서 7일 7야를 하늘과 씨름하며 답을 구했다. 그 기도의 내용은 다음과 같다.

하느님 하느님! 착한 이에게 복을 주고 악한 자에게 화를 내리심은 하늘의 이치옵니다. 그리고 선행을 쌓고 악행을 거듭하는 것은 사람의 일이옵니다. 이제 제 남편은 지조를 지켜왔고 사흌한 행동이 없었사오며 모든 행실에 흉악한 점은 하나도 없었사옵니다. … 하늘이 만일 앎이 계시다면 응당 모든 선악을 살피실 터이온데 이제 어찌하여 이같이 지극한 화를 내리십니까? … 원하옵건대 하늘과 사람이 한 이치 속이라 조금도 틈이 없사온즉 하느님 하느님이시여! 이 사정을 굽어 살피소서. … (외증조부님!) 살아서 어진 신하였으매 죽어서 맑은 영혼이 되었사오리라. 하느님께 아뢰시어 저의 정곡을 통달하게 굽어주소서.[36]

이 예문에서 잘 드러나듯이 유교 여성들은 이 세상을 창조하고 질서지우는 가치 원리와 씨름하면서 자신의 육체적 수행과 더불어서 자신들의 의도와 소망을 적극적으로 표현하였다. 이 외에도 역사상에서 보여지는 다양한 범례들은 조선 유교 여성들의 주체성이 얼마나 다중적이었고, 능동적이었으며, 강렬하고 변화무쌍한 것이었나를 잘 보여 준다.[37] 그러므로 우리가 보통 정형화하는 조선 유교 여성으로서 처의 역할을 단지 부정적으로만 볼 것이 아니라 그 안에 많은 다양성과 가능성을 품고 있는 한국 여성성의 또 다른 자산으로 보아야 한다.[38] 이상과 같은 조선 유교 여성들의 여성성을 한갓 "가족 이기주의"로 못박는다든가, 여성 억압의 기제로만 보아서는 안 될 것이다.[39] 오늘날 자녀들의 조기유학을 위해 남편과 떨어져서 외국에서 생활하고 있는 한국 여성들의 삶에 대한 평가도 부정적으로만 볼 것이 아니라, 오늘의 세계화 시대를 살아가기 위해서 부부가 각자 역할을 분담하여서 남편보다 더 용이하게 학생으로 변신할 수 있거나 또는 외국생활에 보다 더 능동적으로 대처할 수 있는 입장에서 그러한 일을 떠맡고 있는 경우로 볼 수 있다. 이것은 세계화라는 변화된 상황에서 보다 능동적으로, 그리고 적극적이고 다중적으로 변할 수 있는 한국 여성들의 힘이 표출된 것이고, 바로 위에서 보았듯이 조선 유교 전통 여성성의 역동성

과 생산성에서 영양분을 받은 것으로 볼 수 있다.[40]

이렇게 해서 여기서 현대 여성주의가 초기에 공적 영역과 사적 영역의
두 영역을 구분하며 공적 영역을 강조하면서 희생시킨 사적 영역을 다시
살릴 수 있는 가능성을 보고, 다른 한편으로는 오늘날 여성주의가 과도하
게 사적 영역에 몰두함으로써 잃어버리고 있는 공적 영역의 일을 다시 포
괄할 수 있는 새로운 가능성을 발견한다. 윤지당의 행적에 보면, "집안에
과일나무가 많았으나 사당에 올리기 전에는 입에 가까이 하시지 않았다.
모친이 재계齋戒하며 채식을 하시는 날에는 비록 먼 조상이라고 하더라도
육식을 하지 않으셨다"고 쓰여 있다. 또한 전주 이씨 가의 한 여성은 "시집
가는 딸의 혼수 마련 시 아무리 비싼 것을 많이 준비했다 하더라도 잘 된
제복祭服이 없으면 제대로 된 혼수라 할 수 없고, 혼인에 입을 예복보다 우
선 제복을 정성껏 마련하는 것이 보이지 않는 분께 최선을 다하는 것이라
는 가르침을 들었다"고 구술한다.[41] 우리나라 전통 종가의 종부 연구에서
한 종부의 접빈객의 예를 보면 안채에 작은 문구멍이 있어서 사랑채에 머
무는 손님의 체구를 미리 가늠하여 며칠 묵다가 돌아가는 손님의 발 크기
를 미리 알아두었다가 떠날 때에는 그의 발에 맞는 버선을 내놓았다는 이
야기가 있다.[42] 정일당의 다음과 같은 모습도 그녀가 어떻게 뛰어난 공적
인간이었나 하는 것을 잘 드러내준다;

어버이를 섬길 때 처자를 염려하게 되면 효성이 독실하지 못하고, 임금을
섬길 때 처자를 염려하게 되면 충성을 다할 수 없고, 스승을 섬길 때 처자
를 염려하게 되면 학문이 성실할 수 없습니다. 모든 일을 미루어볼 때 사
리가 그러하니, 제가 비록 못나기는 하지만 당신이 걱정하시기를 원치 않

습니다. 가령 당신이 염려하여 덕업에 손상이 된다면, 제가 비록 부귀하고 편안하더라도 궁핍하여 굶어죽는 것보다 못할 것입니다. 당신은 분발하시기 바랍니다.[43]

이것은 공적 영역의 일을 위해서 철저히 자신을 희생하는 뛰어난 공적 인간의 모습을 보여주는 것이다. 자신을 내주어서 객체와 세계를 위해 봉사하는 일이다. 종교의 궁극적 지향점이 이렇게 자아를 극복하고 세계와 하나가 되고 궁극 안에서 자기를 포기하는 일이라면 여기에 유교 여성들의 봉제사 접빈객의 영성이야말로 그것과 다르지 않다. 제삿날을 위해서 목욕재계하고, 없는 가운데서도 최선을 다해 가장 최선의 것으로 제수를 장만하고 채식을 하며 큰소리 내지 않고 정성을 다해서 보이지 않는 조상 신을 위해 제사를 준비하는 모습, 사랑채에 머무는 손님의 체구를 미리 가늠해서 떠날 때 그에 맞는 버선까지 내놓는 접빈객, 이들의 공경심과 진실성이야말로 종교성의 지극한 표현이다. 이것은 공공의 영역을 위해서 자신을 희생할 줄 아는 인간의 위대한 '행위'이지 결코 단순한 굴종과 맹종의 표현이 아니다.[44] 이렇게 극진히 봉제사와 접빈객을 실천하면서 닦아온 유교 여성들의 공경심과 성실성은 삶의 전 영역으로 파급되었고, 이것은 곧 삶의 전 과정을 성화聖化하려는 노력이 되어서 어느 남성 선비의 그것보다도 더 진실되게 유교 종교성을 진실하게 실현시킨 모습으로 보아야 한다.

3. 지속성(誠)과 공경심(敬)의 종교성: 만물을 살리는 생명의 힘

1) 모성 이데올로기와 여성주의

현대 여성주의도 포함하여 모두가 애쓰고 있는 최종의 지식과 능력은 생명에 관한 것이고, 삶의 지혜와 능력에 관한 것이다. 앞서 윤지당과 정일당의 생애와 학문에서 살펴보았듯이 이들은 공적 영역과 사적 영역의 일을 나누어보지 않았고 삶 안에서 극진하게 통합시킨 여성들로서 이들의 궁극적인 관심은 바로 생명을 살리는 일이었다. 그것은 삶의 가장 기본적인 토대인 의식주 생활에서부터 조상과 자연에 대한 배려까지 온 세상의 만물을 배려하고 보살피는 살림꾼의 일이었다. 그래서 그들은 삶의 기초적인 일에서부터 시작하여 간단없이 가족과 친척들, 이웃, 그리고 나라 전체와 자연 전체에 대한 관심을 가지고 몸과 마음과 정성을 다해서 생명을 살리려고 노력하였다. 이러한 모습은 오늘날 현대 여성주의가 인간성 상실과 생태적 위기, 과도한 경쟁 원리의 적용과 주관주의에 함몰되는 위험 앞에서 다시 '보살핌'의 윤리를 찾고, '어머니 되어 주기'의 의미를 찾는다면, 바로 한국 유교 전통의 여성들이야말로 참된 생명의 배려자와 살림꾼으로 좋은 대안이 될 수 있음을 보여준다.[45]

현대 여성주의자들에게 처의 이미지만큼이나 거부감을 주고 고통을 주는 또 다른 이미지가 바로 '어머니 이미지'이다. 거기서 더 나아가서 어머니 이야기는 오늘날 모두에게 미혹인지 또는 매혹인지 알 수 없을 정도로 매우 복합적인 상징성을 가지고 있다. 그래서 이미 시몬느 드 보봐르는

"여자가 생리적인 운명을 완전히 성취하는 것은 모성에 의해서이다"라고 말하면서도, "아이의 인생은 부모의 죽음이다"라고 한 헤겔의 말을 다시 인용하면서 임신이란 바로 여성 자신이 "종種의 먹이"가 되는 일이며, "종과 개체 사이에 일어나는 투쟁의 예리한 성격"을 드러낸다고 지적하였다.[46] 동시에 그녀는 다시 '종적種的 생명(species-life)'과 '종적 존재(species-being)'로서의 여성 육체성의 특이성을 밝히면서 임신과 출산, 어머니 되기의 존재론적 의미를 더욱 확장시켰다.[47]

임산과 출산, 어머니 되기의 억압적 측면을 체험적으로 매우 잘 지적한 시몬느 드 보봐르의 뒤를 이어서 지금까지 현대 여성주의의 일반적인 경향은 어머니 이야기의 이데올로기성을 비판적으로 지적하는 일이었다. '모성 신화'나 '모성 이데올로기' 등을 말하면서, 여기서 남성 가부장주의의 핵심적 억압을 보았다. 그러나 오늘날은 상황이 또 다시 변하여 모성에 대해서도 다른 방식으로 보려고 한다. 그 한 가지 방식은 이제 더 이상 '실체'로서의 모성이 아니라 '체험'으로서의 모성을 말하는 것인데, 즉 육체적인 모성이 아닌 '정신적인 모성', '몸의 자궁'이 아닌 '마음의 자궁'을 이야기하며 모성을 남녀 양성 모두의 인간적인 보살핌의 실천으로 확장해서 이해하는 방식이다. 다른 한편으로는 그렇게 모성을 탈육체화하는 것에 대해서 회의적이다. 그래서 여기서는 모성이 전통적으로 가지고 있는 신체성과 성별을 모두 탈각해 버렸을 때 과연 그 모성이 얼마나 생산적이고 지속적으로 그 역할을 수행할 수 있겠는가 하는 물음을 제기한다. 그러면서 오히려 모성성을 다시 전략적으로 여성의 포기할 수 없는 종적 특성으로 더욱 드러내어서 보다 근원적인 생명과 창조의 원리로 제시하고자 하는 방식이다.[48]

세계 어느 곳에서보다도 모성의 실천이 지극했던 한국에서는 그리하여 현대 여성주의와의 조우에 있어서는 그 반대급부로 모성 신화에 대한 비판이 매우 드높다.[49] 따라서 최근 세계 포스트모던 여성주의 논의에서는 모성성에 대한 새로운 정의가 활발히 이루어지고 있지만 한국 여성주의는 여전히 모성과 어머니에 대해서 말하는 것을 꺼리고 있다. 이런 우리의 상황과는 다르게 서구에서는 예를 들어 예수와 마리아와의 관계에 있어서도 지금까지 예수의 어머니 마리아에 대해서 매우 적대적이었거나 무관심했던 개신교 여성신학자들까지도 마리아의 의미를 다시 되새기려 한다. 그래서 그의 위상을 복원하고, 더 진정한 의미에서 몸과 정신을 삶에서 뛰어나게 통합한 이상적 여성 모델로서 발견하고자 한다.[50] 현대의 의식 있는 여성은 자신들을 누구누구의 어머니로 부르는 것을 달가워하지 않는다. 지금까지 역사에서 자신의 독자성보다는 항상 누구의 어머니로 먼저 그려져 왔기 때문에 이 비판과 주저함은 한편 매우 타당하다. 또한 세대의 자연적인 순서에 따라서 보더라도 어머니가 먼저이지 자식들이 결코 먼저일 수 없는 것이다. 그러나 그럼에도 불구하고 이 비판과 더불어 '어머니 되기'라는 인간성 고유의 역할과 일까지 거부될 때에는 삶 자체가 불가능해지므로, 이 '어머니 되기'와의 새로운 관계맺음이 요청된다.

2) 새로운 모성 역할의 두 가지 방식

앞에서 지적했듯이 여기서 두 가지 방식을 생각해 볼 수 있다. 먼저 '체험'으로서의 모성을 말하며 모성의 역할을 이제 양성 모두에게 생물학적 조건과 상관없이 열려진 인간적 가능성으로 받아들이는 방식이 있다. 다른 한편으로는 모성의 신체적 뿌리를 좀 더 강조하지만 그것을 본질화하지 않고 다양한 여성 주체성과 일들 가운데 하나의 가능성으로 보아서 다중적 여성 주체의 한 가지 선택으로 보는 방식이다. 이렇게 될 때만이 어머니 되기는 전통적 모성 신화에서 해방되고 왜곡된 사유화에서 벗어나서 새로이 공적 의미를 얻음과 동시에 공적 지원을 받을 수 있고, 또한 받아야 하는 것이다. 여성들의 전통적인 어머니 역할로부터 "모성적 사고(maternal thinking)"의 특성을 찾아내어서 그것을 "군국주의적 사고(militarist thinking)"와 대치시키며 "모성적 정치학"으로 거듭날 것을 주창하는 사라 러딕은 "어머니 역할(mothering)"에 대해서 다음과 같이 쓰고 있다;

어머니 역할의 활동이 특별히 여성만의 것이어야 하는 이유는 없다. 아이들의 요구에 응답하고자 결단하고, 그것을 자신의 삶에 있어 중요한 부분으로 생각하는 사람은 남녀를 불문하고 누구나 어머니인 것이다. 지금까지 어머니 역할의 대부분은 여성의 것이었으며 여전히 여성이 그 일을 떠맡고 있지만, 어머니인 남성들도 늘 있어 왔다. 더욱이 오늘날에는 어머니 역할에 참여하는 남성들이 점차 증가하는 추세이다. 따라서 여자만큼이나 쉽게 성공적으로 어머니 역할을 수행하는 남자를 상상해 보는 일은 어려운 일이 아니다. 또한 남자만큼이나 어머니가 되는 것을 거부하는 여성도 쉽게 볼 수 있다. 어머니 역할이 젠더와는 무관한 활동으로 해석된다면, 출산과 어머니 역할은 각각 독특하면서도 서로 다른 두 개의 활동으로 보인다. 출산자는 그녀가 낳은 아기를 보살피는 모성적 책임을 다른 사람에게 이양할 수도 있다. 그러나 어머니는 자신들이 돌 볼 아이들을 출산하지 않았을지라도 여러 해에 걸쳐 계속되는 모성적 활동을 할 수 있는 자격

이 있는 존재이다.[51]

이러한 논의는 전통적으로 생물학적인 출산자들만을 어머니로 간주하는 인류의 관습을 한없이 뛰어넘는 시각이다. 물론 러딕 자신도 여기에서처럼 출산 행위와 어머니 역할을 나누는 것이 문제가 없지 않다고 지적하지만, 이러한 분리 없이는 지금까지 여성들에게 한없이 억압적으로 적용되던 모성 이데올로기가 치유되기 어렵다. 본 연구가 유교 여성들의 어머니 역할로부터 오늘을 위한 의미 있는 가르침을 가져오고자 한다면 그것은 이러한 포스트모던적 사고의 전환을 기초로 해서라는 것을 분명히 밝힌다.

오늘날 우리 사회의 어머니 역할 거부로 인해서 공동체의 존립 자체가 위기에 빠져 있다. 출산율의 급격한 저하는 말할 것도 없고 가족 해체, 노인문제의 급증 등이 그 반증들인데, 그 중에서도 특히 자라나는 세대들이 이제 어디에 가서, 어떠한 관계를 통해서 인간 공동생활의 기초적인 바탕이 되는 '인간성(仁, 측은지심, 사랑)'을 체험하고 배울 수 있겠는가 하는 아주 심각한 문제가 제기된 것이다. '인간성(仁)', '인간(人)' 자체인 '관계 맺을 수 있는 능력'이란 공동체적 삶을 통하지 않고서는 배울 수 없다. 그것도 아주 긴밀하고 친밀한 반경에서 오랫동안의 지속적인 '더불어 삶'을 통해서 배울 수 있는 능력이다. 따라서 그 능력의 배양을 위해서는 공동체의 지속은 필수적이고, 공동체적 삶, 즉 '가족'은 여전히 절실히 요청된다. 특히 그 가족의 삶 중에도 위에서 아래로 자연스럽게 흐르는 내리 사랑보다도 배우고 습관화하지 않고서는 잘 습득되지 않는 '위로 향하는 사랑', 즉 효와 공경의 체득이야말로 긴요한데, 그것은 자신을 제어하고, 자아의 즉각적인 욕구를 조절하며, 타자의 객관성 앞에서 스스로를 제한할 줄 아는 기초 능력이 되므로 공동체의 삶을 위해서는 필수적이기 때문이다. 『논어』
「학이學而」편에는 다음과 같은 이야기가 있다.

> 유자가 말하기를, '그 사람됨이 孝弟하면서 윗사람을 범하기를 좋아하는
> 자가 드물고, 윗사람을 범하기를 좋아하지 않으면서 난 일으키는 것을 좋
> 아하는 자는 없다'.[52]

> 군자는 근본에 힘쓸 것이니, 근본이 서면 道가 생길 것이다. 孝弟는 仁을
> 행하는 근본인 것이다.[53]

공자는 인간의 인간성(仁)이 가장 기초적으로 길러지는 곳을 가정이라고
보았고, 그 중에서도 특히 부모와 자식 간의 관계, 형제자매 간의 관계에서
이루어지는 것으로 보았다. 이와 같은 사고는 유교의 일관된 사상으로서,
맹자에게서뿐 아니라 『중용』 20장에는 "인간성(仁)이란 인간(人)이니 그 인
간성의 가장 위대한 실행은 친족간의 사랑(親親)에 있다(仁者人也, 親親爲大)"
고 밝혔다.[54] 물론 이러한 유교의 가족 중시 사상은 시간 속에서 많이 타락
하였고, 남성 중심적이고 여성 억압적인 이데올로기로 변질되었다. 그럼
에도 불구하고 인간의 기본적인 성품과 인간적인 특징이 바로 이러한 친
밀한 가족관계에서 이루어지는 것이라면, 이 관계의 구성 방식과 형태는
시간의 변화와 함께 달라질 수 있다는 것을 인정한다고 해도 기본정신을
보유하는 일은 긴요하다. 즉 더 이상 혈연에 의한 가족만을 집착하지 말고,
동성에 의한 가족도 인정하고, 다수의 어른과 아이들이 모이거나, 한 어른
과 아이들만의 가족일 수도 있으며, 세대도 다양할 수 있다는 것을 인정하

는 일 등이다.[55] 오늘날과 같은 개인주의와 자아중심주의나 주체성 강조의 시대에, 그래서 타자가 쉽게 무시되고, 권위가 서지 못하며, 작은 의미에서라도 자아의 욕망과 요구가 제한되는 것을 참지 못하는 때일수록 효제孝悌의 덕목은 더욱 절실히 요청된다고 하겠다. 이 효제의 덕목이 몸소 실천되고 잘 가르쳐진 가족적인 삶을 산 사람일수록 공동체와 다른 사람과의 화목과 공공의 선을 위해서 더 잘 일할 수 있다. 따라서 이러한 따뜻한 인간애와 깊은 연민을 가진 자식을 키워낸 일을 자랑스러워하지 않을 이유가 없는 것이다. 오히려 이 세상의 온갖 창조적인 일 가운데서 고귀한 인간적 마음을 길러 내는 일만큼 귀한 일이 없다는 것을 인정해야 한다. 그리하여 프랑스 여성철학자 엘렌 시수(1937~)는 어머니의 역할을 비록 중심에 서지 않는 "중심외적 주체"이지만, 그렇게 자신을 내어주면서도 고갈되지 않은 특이성을 가지고 있는 덕목으로 다음과 같이 그려 주고 있다.

> 여성은 필연적으로 자기 자신을 상실하지 않고서도 자신의 일부분을 상실할 수 있는 그런 '사람'으로 형성되었다. 그러나 은밀하게, 소리 없이 그녀의 깊은 내면에서 여성은 스스로를 확장하고, 스스로를 복수화複數化 한다.… 여성은 익명성 속에서 남성처럼 벌벌 떨지 않고서도 위험을 무릅쓰고 모험한다. 여성은 자신은 사라지지 않으면서 익명성에 녹아들 줄 안다. 왜냐하면 여성은 주는 자이기 때문이다.…여성에게 고유한 점이 있다면, 그것은 역설적으로 계산 없이 자신의 것을 탈 소유화할 수 있는 능력이다.[56]

3) 조선 유교 여성들의 만물의 어머니 되어 주기

이렇게 사라지지 않으면서 자신을 익명성 속에 놓을 줄 아는 어머니의
역할을 조선 유교의 여성들은 생애에서 다양하게 담당했다. 순전히 물리
적인 힘만을 생각해 보더라도 그것은 무척 고된 일이었을 것이다. 더군다
나 그들은 그 어머니의 역할을 단순히 생물학적인 혈연적 결정론의 일로
보지 않았고, 거기에 인간적인 관계맺음의 정수를 의지적으로 쏟아 부어
서 탁월한 부모-자녀의 관계로 이루어 내기도 했다. 앞에서 사라 러딕이
오늘의 포스트 모던 사회에서 출산 행위와 어머니 역할을 나누는 일에 대
해서 말했다면 유교적 입후제도야말로 그 좋은 예가 되겠다.

일반적으로 유교 전통의 입후제도入後制度를 가부장주의 전통의 나쁜 악
습으로 규정한다. 사실 최근까지 남성 혈통 중심의 가계를 유지하기 위한
남아 선호 사고는 많은 부작용을 낳았다. 그러나 오늘날 한국에서 호주제
도도 폐지되고, 여아에 대한 차별이 거의 옛 이야기가 되어 버린 상황에서
과거 입후제도의 시행을 다시 생각해 보면 계속해서 부정적으로 이야기할
것만은 아니다. 입후제도는 가계 혈통의 계승을 위해서 친족의 자녀 중 한
남아를 입양하는 제도였다. 이 입양을 통해서 유교 여성들은 반드시 자기
가 낳지는 않았지만, 부모 자식 간의 깊은 인간관계를 의지적으로 형성했
다. 오늘날 우리 사회에서 입양을 여전히 어려운 일로 생각하고, 외국으로
해외 입양을 보내고, 미혼모나 가정을 잃은 많은 아이들이 방치되어있는
상황을 생각해 본다면, 과거 유교 여성들이 입후제도를 통해서 얻은 자식
이지만 그들과 어떻게 깊은 모자관계를 형성했나를 보면서 오늘 우리 시
대에도 그 정신적 모습을 귀감으로 삼을 수 있겠다. 윤지당도 그렇게 해서

아들을 얻어 극진한 관계를 이루었고, 정일당은 어려운 형제와 친족들을 위해서 입후를 해준 것이 7-8인이었다고 전해진다. 이들의 정신은 이미 훌륭하게 생물학적인 출산과 어머니의 역할을 분리해서 수용했던 것이다.

앞에서 밝혔듯이 오늘날 어머니 되기와 모성은 과거 입후제도에서처럼 더 이상 남아에게만 향하는 일도 아니고, 또한 모성이 탈본질화된 상황에서는 남녀 양성 모두의 일이거나 다중적 여성 주체의 한 가지 선택일 수 있게 되었다. 유교 여성들은 비록 우리 시대와는 달리 스스로 그 일을 선택할 수는 없었지만 모성을 인간 삶에서 참으로 높은 차원과 수준으로 고양시켰다. 윤지당이 비록 자신이 낳은 자식은 아니지만 양아들을 들여서 그와 맺은 관계가 어떠했는지는 그 아들이 먼저 죽고 나서 쓴 유사에 잘 나타나 있다.[57] 또한 정일당도 불행히도 9명의 친자식을 모두 잃었지만 집안의 모든 아이들을 자신의 친자식처럼 보살피고 교육했으며, 큰 어머니의 마음으로 주변의 사람들을 정성을 다해 챙겨 주었다. 이러한 어머니 되기의 역량이 오늘 이동의 자유를 누리며 가는 곳마다 우리 시대에 가장 절실히 필요한 '보살핌'과 '연민'의 능력으로서 고향과 같은 작은 중심들을 만드는 원동력이라면,[58] 이 유교 여성들의 어머니 모델을 파기할 이유가 없다. 오히려 우리 여성들은 이미 우리의 고유한 자산인 이 여성성과 모성을 잘 다듬어서 인간적 주체성을 더욱 풍부히하고 그것을 만물로 향하는 큰 윤리성으로 확장할 수 있다.[59] 오늘날 들뢰즈의 '유목적 주체'가 논의되고, 푸코의 '국외자적 주체', '소수자 되기'가 새로운 포스트모던적 탈본질적 주체로 의미지어진다면,[60] 지금까지 살펴본 탈본질화된 모성적 주체야말로 그것들과 매우 의미 있는 접점을 가질 수 있고, 한국 유교 전통의 여성들이 보여준 어머니 되기의 진정성은 이 일에서 많은 것을 가르쳐 줄 수 있다.

그들의 어머니 역할은 성인지도의 추구 가운데서 행해진 것이었다. 그래서 수행의 성실성과 진실성이 매우 뛰어나다. 어머니 되어 주기의 역할은 무엇보다도 '지속성(誠)'의 덕목을 요청한다. 어머니 되기는 아침부터 밤까지, 태어나는 순간부터 그 생이 다하는 순간까지, 삶의 모든 측면에서 계속적인 보살핌을 요구한다. 여기에서 진정으로 진실성과 성실성의 덕목이 실험된다.

『중용』은 자신을 이룰 뿐(成己) 아니라 타인과 만물(成物)을 이루는 '성실함'(誠)에 대해서 끝없이 이야기한다. 자신을 이루는데 그치지 않고 그 성실함의 배려와 생명 살리기의 일이 온 만물에 지속적으로 끼쳐지기를 추구해야 함을 말하는 것이다. 그런 지속함(不息則久)을 통해서 변화가 나타나고(久則微), "유구함은 물을 이루는 까닭"(悠久所以成物也)이기 때문이다. 오늘날 생명윤리학이나 에코페미니즘에서 많이 이야기하는 살림과 생명의 원리가 이 중용적 '성물成物'과 '생물生物'의 원리와 다르지 않고, 유교 여성들의 삶이야말로 바로 지극하게 그것들을 선행적으로 실천하고 산 삶이었다고 하겠다. 『중용』은 성이 없으면 어떤 창조와 생명도 가능하지 않고(不誠無物), 성이야말로 만물을 화육하게 하는 참된 생명의 원리임을 밝혔다. 어머니 되기를 극진히 행했던 조선 유교 여성들의 삶은 바로 그러한 성의 덕목을 체현한 모습이었고, 이 모습은 오늘날 우리 모두가 탈본질적으로 지향해야 하는 모범이 될 수 있다.

IV
세속화 시대에서의 유교 종교성과 삶의 새로운 예화禮化

1. 유교 종교성의 탈현대적 의의

지금까지 한국 유교의 종교적 성찰이라는 주제 아래 특별히 영·정조 시대의 두 여성 성리학자 임윤지당과 강정일당의 삶과 사상을 살펴보았다. 그들의 생애와 사상 속에서 어떻게 조선 유교 성리학의 도학적 영성과 종교성이 꽃피어났는지를 찾아본 것이다. 이 두 여성은 모두 당시 기호학파 낙론 계열의 전통에서 나왔지만 좁은 의미의 전통을 답습한 것이 아니라 자신들의 고유한 방식으로 창조적으로 그들 삶과 학문을 꽃피웠다. 그런 의미에서 조선 도학의 뛰어난 적용이라고 할 수 있다.

본 연구가 출발점으로 삼았던 문제의식은 한국의 유교 전통이 그 오랜 기간의 실행과 역할에도 불구하고 일방적으로 부정적으로 평가되어 왔다는 것이다. 특히 오늘날의 페미니즘 시대에 유교는 남성 가부장주의의 대표로서 온갖 부정적인 현실의 제공자로 낙인 찍혀 왔다. 물론 이러한 부정적 평가가 많은 경우 타당하고, 또한 유교 국가였던 조선이 결국 외세에 의해 나라까지 빼앗겼던 것을 생각해 보면 크게 변명의 여지도 없어 보인다.

하지만 그 후 한 세기가 지나면서 서구적 가치가 우리 삶의 많은 면들을 결정지은 후 되돌아보면 과거 유교 전통에 대해서 근본적으로 다시 생각해 볼 여지를 많이 발견한다.

오늘날 여성주의 시대에 여/성(女/性) 억압적 유교 가부장주의는 더 이상 견지될 수 없다. 따라서 지금까지처럼 실체론적으로 굳어진 억음부양적抑陰扶陽的 인간 이해를 가지고 여성들을 억압해 왔던 유교의 많은 관습들은 시정되고 폐지되어야 한다. 하지만 이러한 시정과 폐지가 곧 인간 공통 삶의 모든 분分과 예禮를 폐지해야 함을 의미하지는 않는다. 왜냐하면 앞에서도 여러 가지로 지적했지만 인간이란 공동 삶을 통해서만 드디어 인간이될 수 있고, 그 공동 삶은 그러나 반드시 역할의 분담을 요청하기 때문이다. 또한 분화된 역할들이 조화롭게 조절되고 화합될 수 있으려면 각 분에 따른 예가 반드시 필요하다. 한나 아렌트도 유사하게 강조했듯이 다양성 (plurality)의 인정 없이는 공론 영역을 유지할 수 없고 공론 영역을 이루는 일이야말로 인간 존재의 가장 기본적인 특성이기 때문이며, 유교 전통의 순자도 비슷하게 밝혀주었다.

본 연구는 유교에 대한 왜곡이 가중되었고, 특별히 여성주의 시대에 거부가 심한 이유는 유교 예가 가지는 존재론적 측면과 또한 거기서의 분의 의가 궁극적으로 근거해 있는 종교적이고도 초월적인 차원이 충분히 인지되지 않아서라고 생각했다. 여기에 대한 대답으로서 유교 가르침 안에 담겨진 보다 깊은 종교성을 찾아내서 그것이 또 하나의 종교 전통으로서 초월성과 내재성, 고명함과 일상성, 정신과 몸의 차원들을 잘 어우르는 또 하나의 영성으로 제의하고자 했다. 지금까지 유교화 과정에서 여성들의 삶은 주로 부정적인 전개를 보인 것으로 파악되어 왔지만, 본 연구는 유교 여성들 삶도 결코 그런 면만이 있는 것이 아니고, 단순한 세속적 차원에서만의 유교화가 아니라 보다 깊은 차원의 종교적 성화 과정 안에 포괄되는 것으로 이해하고자 했다. 그런 의미에서 유교가 여성들을 단순히 억압해 온 것만이 아니라 분명히 그 나름의 사각지대를 가졌음에도 불구하고 여성들을 포함한 모두의 삶을 보다 인간적인 삶으로 고양시키고자 했고, 인간다운 삶의 공동체를 이루기 위해서 특별히 '자기수행(self-cultivation)' 의 길로 들어서도록 가르친 의미로 보았다. 즉 성인지도로서의 도학의 길을 말한다.

이것은 유교를 매우 자기 교육적이고 자기수행적인 차원에서 이해하는 것이다. 본 연구는 그것을 '성인지도聖人之道' 의 종교성으로 파악했고, 특별히 조선사회에서 16세기 이후로 추구되어 온 도학적 추구와 다르지 않다고 보았다. 도학이란 유교적 도를 공공적 의와 특히 자기수행의 차원에서 섬세히 실현시키려는 차원으로서 본 연구자는 그 도학적 추구가 조선 후기 여성 선비들의 삶에서도 지극히 표현되었다고 본 것이다. 아니 그보다 더 나아가서 조선 후기 유교 여성 선비들의 생애와 학문에서 더욱 더 진실되게 실천되었다고 보는데, 왜냐하면 그들의 삶이란 단순히 학문만 한 것이 아니라 살림하고, 자녀를 낳아서 기르고, 아내로서 딸로서 며느리로서, 집안의 어른으로서 온갖 일상과 살림의 일을 하면서 지금 여기의 현실과 일상에서 그들의 도 공부를 이루어 나갔기 때문이다.

윤지당은 조선 후기 낙론파 계열의 대표적인 학자인 녹문 임성주의 누이로서 한국 여성사에서 지금까지 발굴된 자료를 근거로 한다면 최초의 본격적인 여성 성리학자였다. 당시 조선 후기 도학에서 논의되던 모든 주요 논쟁들을 나름대로 잘 섭렵하여 자신의 이론으로 독자적으로 발표하였고, 여성 특유의 전일적 사고와 삶에서의 실천으로서 여성도 남성과 다름

없이 성인이 될 수 있다는 신념을 분명히 증거하였다. 이러한 윤지당의 도학적 신념이 50년 후 다시 한 여성 성리학자에게 전수되어 더욱 더 지극한 모습으로 실천된 경우가 강정일당의 학행일치의 유교 종교성이다. 정일당은 윤지당의 여성 성리학자로서의 주체성 자각을 자신의 것으로 삼으면서 남편과 더불어 삶에서 오직 도의 실현을 궁극 목표로 삼아 학행이 일치된 모습으로 조선 유교 도학의 진수를 보여주었다.

　오늘 우리 사회는 철저한 세속화의 시대이고, 물질주의적 가치관이 팽배하여 비인간화와 생명 파괴가 가속되고 있다. 본 연구는 이러한 시대에 다시 이 세계의 초월적 기초를 찾아내고, 거기에 근거하여 참된 인간화의 성취를 위해서 유교 종교성이 큰 시사가 된다고 보았다. 왜냐하면 여기서는 초월이 바깥의 강압적인 권위로 강요되는 것이 아니라 인간 심성 속에 지극히 인간적인 뿌리로 내재해 있는 것으로 봄으로써 오늘의 세속화 시대에 다시 이 세계와 존재의 초월성을 회복시켜 줄 수 있다고 보았기 때문이다.[1] 이러한 유교 종교성은 그대로 여성주의 정체성 형성에도 의미 있게 작용할 수 있고, 여성 인격의 존재론적인 근거를 다시 회복시켜 주면서 그러나 현실에서의 몸과 감정과 섹슈얼리티의 차원을 무시하지 않으므로 보다 온전하게 여성적 인격을 통합할 수 있는 근거가 된다고 보았다. 특히 봉제사 접빈객의 예를 통해서 실현되는 유교 종교성은 오늘 우리 시대의 자아 중심주의와 현세 중심주의를 극복할 수 있는 계기를 마련해 주고, 그것을 통해서 다시 공공성의 세계를 회복할 수 있는 근거로 보았다. 유교 종교성의 진정성과 성실성은 이 세계의 만물을 염려하고 생명을 살리는 살림과 큰어머니의 영성으로서 작용할 수 있음을 밝힌 것이다.

2. 동서 종교 전통들과의 대화를 통한 삶의 새로운 예화禮化

그러나 이렇게 살펴본 유교가 오늘날 세속화 사회에서 갖는 유의미성에도 불구하고 19세기 말 조선 현실에서의 유교 여성들의 삶은 힘든 것이었다. 유교의 음양론이 점점 강하게 실체론적으로 우열 개념으로 경직되면서 여성적인 것과 몸적인 것, 이 세상적인 것이 비하되었기 때문이다.

이러한 억압적 상황이 더 이상 견딜 수 없게 되자 한국 여성들은 또 한 번의 반전을 경험한다. 19세기 말 유교 전통사회의 폐해에 대항하여 일어났던 동학과 그에 이은 천도교의 등장과 불교 갱신운동들, 그리고 가장 포괄적으로는 서구 근대화 물결과 더불어 유입된 기독교의 등장을 통해서이다. 이 중에서도 특히 동학은 당시 거대한 파도가 되어 밀려오기 시작한 '서도西道'에 대해서 경주 사람 최제우(崔濟愚, 1824~1864)를 위시하여 그를 계승한 최시형(崔時亨, 1827~1898), 손병희(孫秉熙, 1862~1922) 등에 의해 '시천주侍天主'와 '향아설위向我設位', '인내천人乃天' 등의 사상으로 전개되어 여성의 존재를 급진적으로 다르게 볼 수 있게 했다. 실제로 수운 자신은 두 여종을 해방시켜 한 명은 양딸로, 또 한 명은 며느리로 맞아들였다. 2대 교주 최시형은 「내칙內則」과 「내수도문內修道文」을 지어서 여성들의 수도修道를 도왔는데, 그는 "부인 수도는 우리 도의 근본이다"라고 선언하며 여성들에 대한 혁명적인 사고를 제시하였다.[2] 이러한 동학사상에 대해서 김상일은 인류문명사를 '성性의 충돌사'로 본다면 유불도 삼도를 종합한 수운의 동학이야말로 가장 새롭게 여성과 동양의 가치를 재발견할 수 있도록 한다고 지적하였다.[3]

그러나 그럼에도 불구하고 유교 이후 새롭게 등장한 동학, 원불교, 증산교 등보다도 현실에서 한국 여성들의 삶을 실제적으로 더욱 급진적으로 변혁시킨 것은 서구에서 유입된 기독교라고 할 수 있다. 기독교는 아시아 전통의 종교들과는 달리 인격신적인 유일신 사상을 일찍이 발달시킨 토양에서 자라났다. 인격적인 유일신 종교는 다신교적인 종교 전통들과는 달리 성적性的인 것을 신적神的인 것과 연결시키지 않는다. 거기에는 어떤 여성다움을 대변할 여신이 없고, 우주 속의 여성적인 원리 같은 것도 없다.[4] 이러한 특징은 본 연구의 앞에서 유교적 초월인 이理나 태극을 의미지우는 데서도 지적한 바 있다. 이나 태극의 보편적 궁극성은 기독교 하느님의 유일신적인 궁극성과 마찬가지로 성적 영역을 넘어서는 초월 개념으로서 양성이 모두 포괄될 수 있는 가능성을 훌륭하게 가지고 있다. 그러나 현실에서의 상황은 기독교가 더 유리했던 것 같은데, 예를 들어 예수라는 한 구체적인 역사적 인물을 구세주(그리스도)로 인식하며 신화神化(성육신)와 성화聖化의 확실한 보증으로 삼아서 여성들을 포함한 일반 민중들이 훨씬 더 용이하게 궁극자에게 다가갈 수 있도록 했기 때문이다. 이렇게 최고의 존재를 아주 다가가기 쉬운 인격신의 모습으로 만나게 된 한국 여성들은 거기에 근거해서 자신들이 겪어왔던 성차별을 무력화시킬 수 있었다.[5]

이러한 기독교의 유입과 더불어 20세기 후반기에 서구에서 유입된 현대 페미니즘은 한국 여성들의 삶을 다시 한 번 더 급진적으로 변화시켰다. 페미니즘(여성주의)은 서구 기독교 문명권의 근대 계몽주의의 딸로서 세계와 성을 급진적으로 탈신화화했고, 인간 성의 젠더적 측면(社會的 性)을 밝혀냈다.[6] 또한 단지 출산을 통한 재생산(reproduction)에만 관계하는 성이 아닌 쾌락으로서의 성을 밝혀냈다. 그러나 이러한 서구화가 가져온 상황의 변화와 더불어 급속도로 확산되는 성의 물화物化 폐해도 비례해서 심각해지고 있다. 성이 철저히 세속화를 겪고 있는 오늘날 특히 젊은 사람들에게 성은 더 이상 가치나 의미와 연결되는 어떤 것이 아니다. 오직 선호의 문제일 뿐이며, 더군다나 이제는 일부일처제의 결혼제도 등과 연결되어서 실행되는 차원은 이미 거의 지나갔다.

이러한 상황이 오늘날 서구 기독교 전통과 더불어 20세기 여성주의를 받아들인 한국 사회와 여성들이 마주하고 있는 두 가지 갈등적 상황이다. 신성을 어떠한 성적인 요소와도 직접적으로 연결시키는 것을 거부한 기독교의 가르침으로 한국 여성들은 보다 효과적으로 전통적인 우주론적 성차별 체계를 극복할 수 있었고, 서구세속화의 기수인 여성주의를 통해서 성에 대한 온갖 가부장주의적 신화를 걷어낼 수 있었다. 그러나 한편으로는 다시 몸과 성에 대한 물화의 위협 앞에 노출되어 있다. 그래서 또 다른 전환을 기대하며 다시 전통과의 대화를 시도하는 것이다.

20세기 여성주의의 성 해방이 약속한 것은 그것과 함께 하는 인간 해방이었고, 성이 오랫동안의 부정과 무시를 벗어나서 진정으로 삶을 격려하고, 인간 사이의 관계를 심화시켜 주며, 하나됨의 기쁨을 크게 해 주는 삶의 기제로 자리 잡을 수 있도록 하는 것이었다. 그러나 오늘날 결과는 그렇게 바람직하지 못하다. 인류 삶에서 여성주의가 그토록 비판하는 결혼제도나 가족제도의 해체는 아직 거기에 대신할 만한 효과 있는 대안체를 가져다주지 못하고 있으며, 그래서 지구상 어느 종보다도 성장에 있어서 긴 기간의 섬세한 배려를 필요로 하는 인간 종의 어린이들이 많이 방치되고 있다. 또한 성적 매력과 더 이상 관련이 없다고 여겨지는 노인의 삶과 나이 듦의 과정이 존중받지 못하고 비하되면서 점점 "후레자식의 나라"가 되어

가고 있다. 이러한 상황에 맞서서 서구 기독교 안에서도 일련의 여성신학 자들이 다시 종교가 개인적 삶의 과정에 새롭게 성례전적으로 간섭할 수 있는 길을 찾고자 한다. 그것은 새로운 수준에서 삶을 다시 "의례화 (hallowing covenant relations)"하고 예화하는 것인데,[7] 우리의 몸과 성이 단순히 물질인 것이 아니라 그것을 넘어서 내재적 가치를 지닌다는 것을 지시하는 일이다. 즉 존재론적으로 초월적 뿌리를 찾고자 하는 것이다.

그런데 여기서 한국 여성들은 이러한 서구적 가르침과 더불어 자신들의 오래된 전통으로부터도 많은 것을 배울 수 있다. 특히 앞에서 지적했듯이 유교의 종교성을 새롭게 해석해 본다면 거기서부터 오늘날 이러한 딜레마적 상황을 타개 할 수 있는 훌륭한 가르침들을 얻을 수 있다. 왜냐하면 유교는 일상의 모든 영역을 예화시키고 성화시키는 일을 그 종교성의 핵심으로 가지고 있기 때문이다. 이理와 성性의 하나됨을 주장하는 유교는 섹슈얼리티와 성적 생활도 그 예화의 과정 바깥에 두기를 원치 않았으며, 그래서 우리 몸을 일종의 수행을 실행하는 '예기禮器'로 보았다. 물론 앞에서도 지적했듯이 음양의 성차별적인 적용이 여전히 문제의 소지를 담고 있기는 하지만, 이것을 오늘날 좀 더 관계지향적인 언어로 해석한다거나,[8] 또는 남녀유별男女有別이 아닌 각인유별各人有別의 의미 속에서 모두가 자신 안에 가지고 있는 두 가지의 성적 요소로 해석한다면 상황은 결코 나쁘지 않다.[9] 18세기 말부터 형성된 일수 이원구(一叟 李元龜, 1758~1828)의 역학이론 등을 살펴보면 건곤음양론乾坤陰陽論이 더 이상 억음부양적抑陰扶陽的으로 해석되지 않고 오히려 곤坤중시적으로, 그리고 기器를 통한 도의 실현과 하학下學이 더욱 강조되는 방향으로 해석될 수 있으므로 이러한 새로운 해석과 더불어 얼마든지 유교 전통의 예를 새롭게 의미지을 수 있다는 것이다.[10]

이제 인류가 처한 상황은 여성의 몸이 서서히 재생산의 메커니즘에서 해방되고 있고, 그런 면에서 성은 더욱 더 각자의 자율의 영역으로 들어가고 있다. 자율의 영역으로 들어간다는 것은 각자가 그것을 궁극적으로 성스러운 영역으로 화하게 하는 책임 앞에 섰다는 것을 의미한다.[11] 이러한 상황에서 삶의 전 영역과 몸을 예기로 다듬기 원하는 유교의 종교성은 좋은 가르침을 줄 수 있다. 인류에게 있어 이제 종의 양적 팽창이 주된 과제였던 시기는 지나갔다. 그러므로 여성의 생식력이 가부장주의 논리에 의해서 억압적으로 조정되어서도 안 되고, 그와 반대로 여신적인 상징으로 찬양되는 시기도 지나갔다. 따라서 오늘날 한국 여성들이 나가야 할 길은 유교적 예화와 성화에 대한 자각을 서구적 주체성의 의식과 여성주의로 다듬어서 삶의 전 영역을 포괄할 수 있는 성찰의 힘으로 넓혀 나가는 길이다. 오늘날 서구 기독교와 현대 여성주의가 빠져 있는 지나친 세속화와 물화의 위험을 아시아적 전통의 종교성으로 보완하고 새롭게 해 나가는 일인 것이다. 바로 한국 여성들 삶 속에서 동서 종교 전통이 만나는 것이며, 여기서의 창조적인 대화를 통해서 새로운 대안적인 종교성과 여성주의 윤리를 전망할 수 있다고 보는 것이다.[12]

한국 종교문화사의 큰 특징은 그 안에 세계 주요 종교 전통들을 두루 가지고 있다는 것이다. 그 전통이 오늘날까지도 매우 활발하게 살아 있는 전통으로 작용하고 있으며, 한국 여성들은 지금까지 이러한 종교 전통에서 실질적으로 중요한 역할을 담당해 왔다. 오늘날 한국 여성들은 이 모든 전통으로부터 배울 수 있다. 그 중에서도 특히 유교는 오늘날의 세속화 시대에 좋은 길잡이가 될 수 있는데, 세속적인 것만을 말하지 않고 하늘(天)과 하느님(上帝)을 말하며, 천명天命의 성性을 일컫고, 성인聖人과 대인大人을 말하기 때문이다. 유교는 홀로 있을 때 삼가며(愼獨), 보지 못하고 듣지 못하는 것을 삼가고 두려워한다(戒愼恐懼). 본래의 마음을 보존하고 성품을 키우며(存養), 마음의 움직임을 정밀히 살핀다(省察). 몸을 죽여서라도 인을 이루며(殺身成仁), 생명을 버려서라도 의를 취한다(捨生取義). 죽음을 맞이하는 것을 가장 심중히 여기며, 사후에도 계속해서 추모한다(愼終追遠).[13]

이러한 유교의 통합성과 일상성, 그리고 내재신 지향적인 도와 종교성을 임 윤지당과 강 정일당과 같은 여성들은 생이 다하도록 지속적으로 실천했다. 그들은 만물의 관계를 전일적으로 파악했고, 자신들도 그 우주적 도의 한 구성원이라는 뚜렷한 주체의식을 가지고 그러한 자신들의 자아를 철저히 도의 실현을 위한 그릇(器)으로 내어 주면서 타자를 살려냈다. 그 살려내고 보살피는 일을 그들은 쉬지 않고 지속적으로 함으로써 모두의 귀감이 되었다. 그래서 오늘날 세상의 모든 존재가 단지 교환가치로 전환되고 찰나적인 것으로 화해 버려서 인간의 삶이 더욱 더 예측할 수 없고 믿을 수 없는 것이 되어 버린 때에 그들의 성실성(誠)과 공경(敬)의 영성은 우리에게 다시 믿음(信)과 희망의 좋은 근거를 제시해 준다.

| 주 |

Ⅰ. 임윤지당의 성리사상과 유교 종교성

1 『국역윤지당유고(允摯堂遺稿)』, 원주시 2001, 238쪽.; 이 논문의 원전 번역문은 이영 춘이 해제와 국역을 맡은 『국역윤지당유고』를 주로 많이 참고하였다.

2 『允摯堂遺稿附錄』「遺事」: 母氏行素之日, 雖遠代亦不食肉. 長者念其幼, 或責之 曰: 汝小兒, 不須爾也. 對曰 : 母氏所不食, 女何以下咽?; 같은 책, 239쪽.

3 「遺事」: 一日, 姊問: 今日所讀如何? 對曰: 日熱, 不堪攻苦矣. 曰: 然則使扇乎? 曰: 然. 姊曰: 潛心讀書, 膈間自然生凉, 安用扇爲? 汝輩未免虛讀書矣. 卽此一言, 而其所存 養, 可知也.; 같은 책, 241쪽.

4 같은 책, 244쪽 참조.

5 이영춘, 「국역윤지당유고(允摯堂遺稿) 해제(解題)」, in: 같은 책, 5쪽.

6 『允摯堂遺稿』「引」: 余自幼知有性理之學. 旣稍長, 愛好之愈如芻豢之悅口, 欲已不 能. 乃敢不拘方內, 潛心默究於方策所載聖賢遺訓.; 같은 책, 202-203쪽.

7 『允摯堂遺稿』「宋氏(能相)婦」: 韓非特有識行而已, 亦有文才. 其父親以世俗區區之 語爲信而不教書, 然往往涉書史, 略通大義焉. 不幸短命死, 其不惜哉!; 같은 책, 31쪽.

8 「송씨댁 부인」, 같은 책 29쪽ff.; 이혜순, 「여성담론으로서의 임윤지당의 理氣心性 論」, 『古典學硏究』제26집, 336쪽 참조.

9 『국역 윤지당유고』, 33쪽.

10 『允摯堂遺稿』「論顏子所樂」: 然樂由學而後得, 非學不可以得其樂也.; 같은 책, 44쪽.

11 같은 책, 45쪽.

12 「論顏子所樂」: 夫聖之爲言, 不過大而化之之名而已.; 같은 책, 46쪽.

13 「論顏子所樂」: 聖人與我同類者也. 衆人與聖, 同得此太極之理, 以爲性耳. 特爲氣稟 所拘, 物欲所蔽, 有知愚賢不肖之等, 然其所受之本性則同矣. 是以 覺者 知吾性之與 堯舜同而求必得之, 如行者之尋家, 食者之求飽, 以期必至於聖.; 같은 책, 46쪽.

14 이혜순, 앞의 글, 334-339쪽.

15 『국역 윤지당유고』, 158쪽.

16 같은 책, 157쪽.

17 『允摯堂遺稿』「克己復禮爲仁說」: 故曰 : 莫大乎立志篤行.; 같은 책, 157쪽.

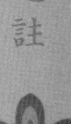

18 「克己復禮爲仁說」: 噫! 我雖婦人, 而所受之性, 則初無男女之殊. 縱不能學顏淵之所學, 而其慕聖之志則切, 故略叙所見而述此, 以寓意焉.; 같은 책, 158쪽; 김미란, 「조선후기 여성사와 임윤지당」, 원주시/원주문화원, 『임윤지당의 생애와 사상』, 21쪽.

19 「遺事」: 然則婦人而不以任姒自期者, 皆自棄也.; 같은책, 244쪽.

20 「克己復禮爲仁說」: 嗟! 夫若此者, 蔽痼已甚, 不可以語仁, 眞夫子所謂末如之何者也.; 같은 책, 158쪽.

21 『允摯堂遺稿』「匕劍銘」: 寒霜其光, 烈日其鍔. 無體之劍, 其利截鐵. 鋒穎所指, 百邪屛息. 爾威之壯, 爾功之神. 勖哉匕劍! 無我婦人. 愈勵爾銳, 若硎新發. 蕩我蜂起, 殳我榛塞. 四凶旣除, 舜日中天. 太平萬世, 天君泰然.; 같은 책, 177-178쪽.

22 「遺事」: 嗚呼! 若孺人者, 眞可謂閨中之道學, 女中之君子, 而仲綏所言安且成, 非阿好語也.; 같은 책, 240쪽.

23 손흥철, 「18세기 조선성리학과 임윤지당의 철학」, in: 원주시/원주문화원, 앞의 책, 2002, 178쪽, 213쪽 참조.

24 『允摯堂遺稿』「理氣心性說」: 人多誤認朱子有是理而後有是氣之訓, 乃以太極爲超形氣一圓圈之物, 甚不然也. 無其氣, 則理何從掛搭而成造化乎? 太極不過陰陽之理, 非陰陽之外別有箇理耳. 只是陰陽之自然如此之謂理也; 其理之至極無加之謂太極也. 非理, 氣固無所自, 而非氣, 理又何從而有乎? 只卽氣而認取其意思而已, 可也. 無離合無分段無罅縫, 夫焉有先後彼此之可論哉?; 『국역 윤지당유고』, 120쪽.

25 『允摯堂遺稿』「人心道心四端七情說」: 然而人莫不有是形, 故又不能無人心. 人心者, 生於形氣之私者也; 道心者, 原於性命之正者也. 雖聖人, 旣有此血肉之體, 則不能無人心; 雖惡人, 同得此太極之理, 則不能無道心.; 같은 책, 146쪽.

26 「人心道心四端七情說」: 非謂七情之外別有四端, 不以辭害義可也.; 같은 책, 147쪽.

27 「人心道心四端七情說」: 夫性也者, 心之所具之理; 心也者, 性之所寓之器, 二而一者也. 故其虛靈神明變化不測者心也, 而所以能虛靈神明變化不測者理也. 理無爲而心有爲, 理無迹而心有迹. 非理, 無所發; 非心, 不能發. 安有以理氣之混融者而有性獨發心獨發之理乎哉? 此雖有先賢之論, 吾斯之未敢信也. 聊識以待知者.; 같은책, 148쪽.

28 「理氣心性說」: 物之不齊, 乃天命之本然也. 隨其氣質而自爲一性, 則此是各具太極也, 卽此是性卽理之性也. 豈可外此討性, 而或謂之原無命性, 或疑其理爲氣局耶?

尾註

蓋凡生物之無血氣而無所知覺如草木之類者, 又得其形氣之偏塞之偏塞者. 故理之在是物者, 亦隨其形氣而自爲一物之理, 雖若不可復論天命之性. 然其榮悴開落, 皆能循其序, 而各有自然之道, 亦何可謂無此性乎? 今夫太陽中天, 人窓洞開, 則其光輝之照人者大矣, 隙窓而照入, 則其光輝亦小矣, 然莫非太陽之光也. 人物之性, 何以異乎玆哉?; 같은 책, 124쪽.

29 「理氣心性說」: 得其通且正者爲人, 故五性具而萬善足; 得其塞且偏者爲物, 故不能全具乎五常而通貫乎本體. 然而同得此一源之理, 故亦逞逞有天彝之可見. 若虎狼之父子, 烏鳥之反哺, 蜂蟻之君臣, 豺獺之報本, 雎鳩之有別, 是也. 此所謂天地之性, 而天下無性外之物者也.; 같은 책, 123쪽.

30 「理氣心性說」: 則其酸・其辛・其甘・其苦・其熱・其寒, 非渠本然之性而何?; 같은 책, 126쪽.

31 손흥철, 앞의 글, 212쪽 참조.

32 「理氣心性說」: 仁義禮智, 卽人物所同之性也, 而物之不見有仁義之性者, 爲氣所局, 而用不達而已, 非本然之體也云爾, 則大不然. 此於理一分殊四字上著眼, 却自分明. 理一之理, 固理也, 而分殊之理, 獨非理乎? 分殊字亦當屬理字, 今人多屬氣字, 看以爲一者理也, 分者氣也, 至有體全用不達之語, 誤矣.; 같은 책, 126-127쪽.

33 「理氣心性說」: 故曰: 氣質之性, 君子不性焉., 같은 책, 131쪽.

34 「理氣心性說」: 純善而無惡者, 性也, 本乎一理, 人所同也. 昏明强弱之品不齊者, 才也, 由於氣質, 人所異也. 蓋理無精粗, 而由氣有淸濁, 所以有聖愚之分.; 같은 책, 127쪽.

35 「理氣心性說」: 惡者形而後有者也, 謂之氣質之性則可, 謂是天命固有之性, 則大不是. 性中只有箇仁義禮智四者而已, 曷嘗有惡者來? 然天下無性外之物, 本雖皆善, 旣爲氣所掩而流於惡, 則謂之非性之本則可, 若曰非性, 則此惡從何而生哉? 故曰: 善惡皆性云爾, 非謂性中元有此兩物, 相對而生也.; 같은 책, 132쪽.

36 이혜순, 앞의 글, 350쪽.

37 김현, 「임윤지당의 경학사상-『中庸經義』를 중심으로」, 원주문화관, 앞의 책, 239-241쪽.

38 劉英姬, 「任允摯堂의 性理 철학과 수행론」, 『韓國思想과 文化』제29집, 256쪽 참조.

39 「理氣心性說」然而淸濁雜糅, 亦氣之末流然爾, 非氣之本然也. 故曰: 聖人與我同類. 苟能人一己千, 德勝其氣, 則湛一之本復全於我, 而無不齊矣.; 『국역윤지당유고』,

128쪽.

40 같은 책, 128쪽.

41 「理氣心性說」: 蓋程子, 以告子不識人之有粹然至善之性, 而認其蠢然者爲性, 故發明名性之義如此, 而性如氣本不相離. 故又曰 : 性卽氣, 氣卽性.; 같은 책, 137쪽.

42 「遺事」: 常言 : 乾健坤順, 各有其則. 聖姒聖文所行, 異宜者, 分之殊也; 盡性則同者, 理之一也. 易地則皆然. 然則婦人而不以任姒自期者, 皆自棄也.; 같은 책, 244쪽.

43 김현, 「성리학적 가치관의 확산과 여성」, 483쪽; —, 「조선후기 未發心論의 心學的 전개–종교성의 강화에 의한 조선성리학의 이론변화」, 『민족문화연구』제37호, 347-371쪽.

44 김현, 「성리학적 가치관의 확산과 여성」, 483쪽.

45 같은 글, 483쪽.

46 『允摯堂遺稿』「禮樂說」: 傳曰: 非天子, 不議禮. 又曰 : 雖有其位, 苟無其德, 不敢作禮樂焉. 大哉! 禮樂之爲義也!;『국역윤지당유고』, 149쪽.

47 「禮樂說」: 夫禮者, 天理之節文, 人事之儀則, 所以立人道者也. 樂者, 和其節, 舒其嚴, 而使人日遷善, 而不知所以成人道者也.; 같은 책, 149쪽.

48 「禮樂說」盖禮主敬, 而樂主和; 禮主嚴, 而樂主舒. 和敬得中, 道之所由行也. 故禮樂不可偏用. 禮勝, 則過於嚴而易至於離; 樂勝, 則流於和而易至於肆.; 같은 책, 149쪽.

49 「禮樂說」: 盖禮則收人心志, 束人筋骨, 人情之所苦者也; 樂則悅人耳目, 和人志氣, 人情之所喜者也. 故自敬至和易, 由和入敬難, 此所以禮以和爲貴也. 然而禮又樂之本也; 같은 책, 150쪽.

50 『允摯堂遺稿』「論司馬溫公」: 天生萬物, 惟人最貴者, 以其有三綱五倫也.; 같은 책, 78쪽.

51 「禮樂說」: 子曰 : 人而不仁, 如禮何? 人而不仁, 如樂何? 程子曰 : 不仁則無序而不和. 序與和禮樂之謂, 而仁又德之謂也.; 같은 책, 151-152쪽.

52 「禮樂說」: 故興禮樂, 莫大乎尊德性.; 같은 책, 152쪽.

53 『允摯堂遺稿』「論溫嶠絶裾」以功業之己私, 而害天倫之大恩.; 같은 책, 68쪽.

54 「論溫嶠絶裾」孝者百行之源, 旣失於本源, 則雖盡天下之賢能, 餘不足道也. 雖能盡瘁王室, 功烈卓卓如也, 未有不孝於親而能眞忠於君者也. 又何取焉!; 같은 책,

71쪽.

55 「論溫嶠絶裾」天下猶然, 況區區功利之私, 而遺親割恩, 看作尋常, 孝子果如是乎?; 같은 책, 70-71쪽.

56 『允摯堂遺稿』「論王安石」噫! 安石之平日所自期者, 豈在稷契之下? 而迹其所行, 反出於五覇之所不爲, 外本內末, 惟貨利是崇, 富强是謀,; 같은 책, 98쪽.

57 『允摯堂遺稿』「論岳飛奉詔班師」: 于斯時也, 雖以高宗之喪其良心者, 秉彝之天, 銷鑠不得, 上喜父皇母后之生還, 下幸祖宗疆土之回復, 自不覺手舞足蹈,; 같은 책, 107쪽.

58 「論岳飛奉詔班師」: 權者應變處事之宜, 雖不可輕用, 而亦有時乎不得不用者. 若舜之不告而娶, 與孟子所謂嫂溺援手之類, 是也.…惜乎! 岳公之智不及於達權, 而自知其反陷於謀國不忠之科也.; 같은 책, 107쪽.

59 김현, 「임윤지당의 경학사상-『中庸經義』를 중심으로」, 232-233쪽.

60 『允摯堂遺稿』「中庸經義」: 中庸一書, 皆明道不可離之意,…而愼獨一節, 又爲中間萬事之樞紐. 一篇之起結(愼獨爲聖學徹始徹終之事;『국역윤지당유고』, 230.쪽.

61 「中庸經義」: 中庸之道, 不過曰眞實無妄. 故此篇大旨, 自首至終, 專以誠爲本, 而馴致乎篤恭而天下平之盛.; 같은 책, 230쪽.

62 『中庸章句』11장.

63 「中庸經義」: 蓋此章之旨, 終覺至難見, 亦至難言. 聊此兩存, 以備後考, 且以待知道者云.; 같은 책, 219쪽.

64 「中庸經義」: 蓋鬼神者, 二氣之神明, 而與理合一者也. 其點地稍濁, 故有專屬氣分者, 如伯有癘之類是也; 有與理合一者, 卽此章之鬼神是也.; 같은 책, 217-218쪽.

65 「中庸經義」: 朱子於章下, 又直以費隱二字斷之, 則此章之已與理合一者爲言可知也.; 같은 책, 220쪽.

66 「中庸經義」: 欲人知道器之非二物也, 非直以鳶魚爲理也. 此言鬼神亦然. 鬼神固氣也, 而只言鬼神之體物, 不遺不見不聞, 而所以體物(費也), 所以不見聞(隱也)之理, 自在其中云爾. 非直以鬼神爲理也.; 같은 책, 220쪽.

67 『中庸』20장: 故君子不可以不脩身, 思脩身, 不可以不事親, 思事親, 不可以不知人, 思知人, 不可以不知天.

68 「中庸經義」: 身之本卽又在天, 天只是理而已. 知此理而存諸身謂修身, 故又曰 : 思修身, 不可以不知天.; 같은 책, 220쪽.

69 「中庸經義」: 身之本卽又在天, 天只是理而已. 知此理而存諸身謂修身, 故又曰：思修身, 不可以不知天.; 김현, 「임윤지당의 경학사상-『中庸經義』를 중심으로」, 236쪽. 참조.

70 『允摯堂遺稿』「尺衡銘」: 維皇上帝, 降衷下民. 其衷伊何? 不倚不偏. 蘊之爲體, 中和德性; 發之爲用, 庸言庸行. 惟聖則安, 而衆勉焉. 勉之曷遵? 爾度爾權. 輕重長短, 一循爾則. 惟精惟一, 萬變是酢. 禹顔易然, 日中之得. 差毫繆千, 非楊則墨.; 같은 책, 179쪽.

71 「中庸經義」: 修身爲天下之本,…然若非生知之聖, 必由學而後知, 是以莫大乎好學. 誠能好學, 而知吾性之與堯舜同, 而利行勉行, 眞積力久, 則可以至於聖人矣. 故又曰：及其成功, 則一也.; 같은 책, 220쪽.

72 「中庸經義」: 學問思辨, 所以窮此理, 而致其知也. 篤行, 所以存此理而誠其身也, 而五倫者天下所共由之路.; 같은 책, 220쪽.

73 「中庸經義」: 故曰: 達道也. 所以能行此達道者, 惟知仁勇三達德, 知所以知此也, 仁所以守此也, 勇所以强此也. 故曰：所以行之者一也.; 같은 책, 221쪽.

74 「中庸經義」: 不誠無物, 德何自而立乎? 故又曰: 所以行之者一也. 一者誠而已.; 같은 책, 220-221쪽.

75 같은 책, 222쪽.

76 「中庸經義」: 學知利行, 由教而擇善復性之謂, 自明誠之謂教也.; 같은 책, 222쪽.

77 「中庸經義」: 聖人, 所性而無妄, 如天之無爲而成焉, 故云天道. 賢人, 由教而致乎誠, 卽人之所當自道也, 故云人道.; 같은 책, 222쪽.

78 김현, 「임윤지당의 경학사상-『中庸經義』를 중심으로」, 237쪽.

79 「中庸經義」: 夫誠者, 眞實無妄之謂, 在天曰實理, 在人曰實心. 以理言, 則萬物之終始, 皆此理之所爲; 以心言, 則萬事之終始, 皆此心之所爲, 此所謂誠者物之終始也.;『국역윤지당유고』, 225쪽.

80 「中庸經義」: 成己之時, 則以修身爲本; 成物之時, 則以推己爲本.; 같은 책, 226쪽.

81 「中庸經義」: 盛稱聖人之道, 又言其有人, 則至道不凝之義(凝字最有味), 而下文始詳言入德之方.; 같은 책, 226쪽.

82 「中庸經義」: 存心與致知是已. 其曰: 尊德性而道問學. 尊德性者, 涵養本源, 閑邪存誠, 所以存心而極乎道體之大也. 道問學者, 讀書窮理, 密察明辨, 所以致知而盡乎道體之細也. 此二者, 修德凝道之大端也.; 같은 책, 227쪽.

尾註

83 「中庸經義」: 盡精微, 道中庸, 知新崇禮, 皆致知之屬, 而應上三百三千也.; 같은 책, 227쪽.

84 「中庸經義」: 又恐學者馳心於高深玄遠, 而無以爲進德之基, 故復示之以爲己誠身 之要, 使學者知所以用力之方.; 같은 책, 228-229쪽.

85 「中庸經義」: 此乃聖人至誠之德, 自然之應, 而聖神功化之極致也.; 같은 책, 230쪽.

86 『允摯堂遺稿附錄』「言行錄(十九條)」: 初於廟見, 屛退姆相, 親奉籩豆, 禮容嫺熟, 進退中度.; 같은 책, 235쪽.

87 「遺事」: 原於公, 幾半千地, 而歲必春秋專使, 間又百歧討便, 無數月阻信之時. 飮食 藥餌, 或有得者, 傾儲以送, 不念己之老且病也.; 같은 책, 240쪽.

88 같은 책, 261쪽.

89 「言行錄」: 待人接物, 一於和易, 施與無所慳要, 亦無過於情.; 같은 책, 235쪽.

90 「言行錄」: 光祐之在北也, 音信往來, 動費時月. 孺人以諺書報信, 細大無遺, 連紙累 幅, 細書成文, 而行間整方, 字畫楷正, 無一字旁書, 無一點塗擦. 此由精力過人, 而 抑亦學力不可誣.; 같은 책, 236쪽.

II. 강정일당의 학행學行과 유교 종교성

1 『靜一堂遺稿附錄』「行狀」: 母夫人有娠, 夢兩聖姒降其室, 指侍者一人曰: "此有至德, 今以付汝." 旣而孺人生, 母夫人心異之, 遂因夢而名焉.; 이영춘 역, 『국역:정일당 유고』, 가람문학 2002, 143쪽.

2 「行狀」: 親有疾, 雖祈寒聲暑, 不解衣, 不交睫, 藥餌食飮, 必躬親之. 戊申, 遭外艱, 哀 毁踰制, 幾至傷孝.; 같은 책, 143쪽.

3 『靜一堂遺稿』「外姑孺人安東權氏行狀」: 孺人謂曰: "若不體行, 便是虛讀"; 같은 책, 116쪽.

4 「行狀」 貧者常也, 一任命數, 愼勿戚戚.; 같은 책, 144쪽.

5 「行狀」: 夙興夜寐, 極其孝敬, 定省必拜. 得一味, 則必藏儲, 以爲供親奉先之需. 尊姑 愛之甚, 然不敢恃此而少有怠忽, 終尊姑之身, 十六年如一日.; 같은 책, 144쪽.

6 「行狀」: 喜作字書, 常於燈下運毫, 遒逸楷正.; 같은 책, 150쪽.

7 이영춘, 「강정일당의 생애와 학문」, 『국역정일당유고』, 19쪽.

8 「行狀」: 明直赤手, 擧三世緬襄, 爲親族繼絶者近十人. 且營辦昏喪, 咸賴孺人之力.;

같은 책, 158쪽.

9 「行狀」: 隣里老少聞孺人之歿, 皆失聲哭, 學徒之在門, 而或自幼被養, 或升堂拜見者 數十人, 亦皆帶素號哭.; 같은 책, 152쪽.

10 「行狀」: 遍讀十三經, 沈潛闡繹窮, 晝夜罔倦. 博通典籍, 古今治亂人物臧否, 燦然若 指掌.; 같은 책, 159쪽, 172쪽.

11 『靜一堂遺稿附錄』「孺人靜一堂姜氏誄文」: 嘗愛有周公・爾雅・左氏春秋・近思 錄・擊蒙訣諸書, 而閭巷諺稗, 一不經眼.; 같은 책, 173쪽.

12 이영춘, 앞의 글, 23쪽.

13 『靜一堂遺稿拾遺』「附 尺牘」: 允摯堂曰: "我雖婦人, 而所受之性, 初無男女之殊." 又曰: "婦人而不以任姒自期者, 皆自棄也." 然則雖婦人而能有爲, 則亦可至於聖 人. 未審夫子以爲如何?; 『국역정일당유고』, 90쪽.

14 『靜一堂遺稿附錄』「靜一堂詩跋雖」: 其懇懇孜孜於省己誠心之工也, 不覺斂膝更 坐.; 같은 책, 188쪽.

15 「靜一堂詩跋雖」: 而我東有師任・允摯兩夫人, 俱有德行, 而師任傳吟詠, 允摯播 著述, 最有稱焉. 今孺人, 非特此詩, 好讀四書, 多有箚記, 兼兩夫人之所能; 같은 글, 188쪽.

16 『靜一堂遺稿』「詩: 始課」: (戊午, 1798) 三十始課讀, 於學迷西東. 及今須努力, 庶期 古人同.; 같은 글, 50쪽.

17 『靜一堂遺稿』「附 尺牘」: 不炊, 今三朝矣. 書童適捲南瓜蔓以歸, 搜得其實, 如拳 者數枚, 切而爲羹. 謀一盃酒, 不得, 只以羹獻, 不任惶歎. 德固不可一日而不修, 學亦不可一日而不講, 講學又莫先於讀書. 竊聞, 夫子方讀易, 而李銀河子(晩英)來 留過冬, 此自少經學之儒也, 相與講磨甚好. 願以日日討論者, 錄于片紙, 下示則 幸甚幸甚.; 같은 글, 86쪽.

18 「附 尺牘」; 新凉入郊, 此正燈火可親之時也. 望須接客應事, 不得已之外, 專意讀書 焉. 妾亦針線饋食之暇, 中夜下帷之際, 看字理會爲計矣. 向讀四書, 而孟子下三 篇, 尙未訖, 然不久當訖, 擬自今冬, 從夫子講易, 而客若久留, 則不可爲矣. 從近 裁書于金洗馬金憲, 許詩書大全借示. 伏望, 洪洗馬贈夫子詩云: "丹經未成頭髮 白, 百年虛作丈夫身." 令人警惕, 請夫子益懋新德, 進進不已.; 같은 책, 86쪽.

19 「行狀」: 人以不學, 無以爲人. 與其棄義而營生, 不若聞道而安貧.; 같은 책, 145쪽.

20 「附 尺牘」: 君子之爲道, 修己治人而已, 日夜孜孜, 猶恐不及. 夫奚暇於閑思慮, 閑

言語, 閒酬應, 閒出入, 以自損乎任重致遠之志哉! 請夫子戒之勉之. 人之壽夭窮
達, 有命焉. 爲父母者, 信世俗之語, 以敎女子讀書爲大忌, 故婦女往往全不識義
理, 甚可笑也.; 같은 책, 90쪽.

21 「附 尺牘」: 妾是一箇婦人, 身鎖閨達, 無聞無識, 猶於針線灑掃之隙, 覽古經籍, 窮
其理而效其行, 思欲與前修同歸, 矧夫子以大丈夫, 立心求道, 從師取友, 孜孜進
益, 則何所學而不能, 何所講而不明, 何所行而不達? 由仁義, 立中正, 成聖成賢,
誰能禦之? 聖賢丈夫也, 吾亦丈夫也, 何畏而不爲哉! 萬信夫子, 日新其德, 必以聖
賢爲期, 같은 책.; 92쪽.

22 「附 尺牘」: 我有實德, 人雖不知, 何損焉? 我無實德, 雖有虛譽, 何益焉? 有玉於此,
人謂之石, 而無損於玉; 有石於此, 人謂之玉, 而無益於石. 願夫子務實德, 上不愧
于天, 下不怍于地, 無恤乎人之知不知也.; 같은 책, 76쪽.

23 「附 尺牘」: 日會衝寒早來, 故悶其勞瘁, 而有此作飯之敎耶? 禮山叔(光學)之來此,
今旣近旬, 而粥飮或闕. 今日遽爲日弟作飯, 非但力不贍, 以夫子而言之, 則妻兄
弟親於己族; 以妾而言之, 則私兄弟重於夫黨. 此雖小事, 於義未安, 不敢聞命, 無
任悚惶.; 같은 책, 74쪽.

24 「附 尺牘」: 今朝, 客(李上舍 遠重)去, 何不挽留耶? 衆人猶不可然, 況賢者乎? 想必以
賤恙中, 恐致勞動而然也. 然瓶中尙餘升許之米, 且病症較昨稍愈, 豈可憚一婦人
之勞而敗夫子之家規乎? 接賓之禮, 次於奉先, 人家之大事也, 切不可少忽耳.; 같
은 책, 74쪽.

25 김영민, 「형용모순을 넘어서―두명의 조선시대 여성 성리학자」, 『철학』제83집,
2005, 13쪽ff.

26 이영춘, 앞의 글, 36쪽.

27 『靜一堂遺稿附錄』「孺人晉州姜氏墓誌銘」: 以故簪珥中, 雖有英資朗識, 未嘗以道
學目晁.; 『국역정일당유고』, 161쪽.

28 『靜一堂遺稿附錄』「挽章」: 古來多女士, 往往播芬芳. 學造精微域, 今聞靜一堂.
探賾天人際, 硏窮性命源. 却將吾道重, 一筆狀閨門. 誰驗吾心體, 能於未發時. 偉
哉刀尺上, 存養以爲期.; 같은 책, 183쪽.

29 「行狀」: "天地萬物, 與我一體也. 苟未格一物之理, 則欠吾一知." 自天地・鬼神・
卦象・井田, 以至昆蟲・草木, 與夫經史難義・日用所疑, 一一條列, 以質于坦齋.
坦齋隨知隨答, 所不知者, 問于師友而答之.; 같은 책, 152쪽.

30 「行狀」: 學莫先於格致, 今人多不能脩齊, 由其不能格致上用功也.; 같은 책, 151쪽.

31 「行狀」: 人有一言一行之善, 則聞輒入錄, 以爲模楷.; 같은 책, 152쪽.

32 「附 尺牘」: 君子處世, 消長之理, 事物之變, 所當推究者也. 山天齋(金監役相岳號)之易學, 八年堂(沈處士壁號)之數論, 其義精, 其說詳, 苟能善學, 則斯可知要矣. 鶴山公(尹承旨 濟弘號)詩韻淸穩; 靑翰子(李監役 觀夏號)文辭贍博. 夫陶情抒感, 達意導志, 是亦儒者之所不可無也. 請於究會六經之暇, 時時從事焉.; 같은 책, 76쪽.

33 「孺人晉州姜氏墓誌銘」: 好學如渴.; 같은 책, 76쪽.

34 「附 尺牘」: 李綱庵(晉淵)存心不放循理無違八字, 與洪洗馬(直弼)以實心行實事之語, 相爲表裏, 而李養窩(義勝)戒子書: "善莫大於改過; 惡莫大於欺心; 養福莫如寬; 速禍莫如忿"四句. 不但戒子而已, 實君子所當警省者. 願夫子益自勉戒. 兪參議(漢雋, 號著庵) · 李都正(廷仁 號四事堂), 俱以八耋長老, 遠地屢顧, 此豈爲尋常顔分而然哉! 愛夫子之學行而有所期待也. 願修吾之實而副人之望.; 같은 책, 73쪽.

35 김남이, 「姜靜一堂의 '代夫子作'에 대한 고찰-조선후기 사족여성의 글쓰기와 학문적 토양에 관한 보고서」, 『한국고전여성문학연구』11, 54쪽.

36 같은 글, 56쪽.

37 박무영, 「여성한시 창작의 실제 상황」, 이혜순 외, 『한국고전여성작가연구』, 태학사 1999, 205쪽, in: 김남이, 앞의 글, 54쪽.

38 김남이, 앞의 글, 72쪽.

39 『국역 정일당유고』, 81쪽.

40 「靜一堂遺稿拾遺」「尺牘」: 海石金相公, 嘗謂夫子曰: "某在山亭, 終日, 只對坦園. 見屋上烟生, 則想饘粥之炊否, 見學徒出入, 則知敎授之多少." 此固出於相愛之意, 然又安知非戒? 夫子以固窮樂道篤學誨人耶? 每思其言, 深覺感荷.; 같은 책, 138쪽.

41 같은 책, 134쪽.

42 「尺牘」: 沈恩津(文永), 虛顧可歎. 任(牧使魯) · 李(郡守馨秀)兩賢, 及沈上舍(弘模), 連次見枉, 所講何書, 所質何義, 必多所聞, 幸望錄示.; 같은 책, 135쪽.

43 같은 책, 74쪽.

44 같은 책, 84쪽.

45 「靜一堂遺稿拾遺」「尺牘」: 孔顔吾願學, 姙姒子攸期. 志業且相勉, 況玆衰暮時!; 같은 책, 136쪽.

46 「附 尺牘」: 貧者士之分也; 儉者物之本也. 安分守本而從吾所好, 樂莫大焉. 雖三公之貴, 萬鍾之富, 苟非其道, 願勿掛念. 不有孔夫子之言乎? "不義而富且貴, 於我如浮雲.; 같은 책, 85쪽.

47 『靜一堂遺稿附錄』「祭文」: 硏窮性命之源, 探賾精一之要, 常於應事接物之際, 凡然端坐, 體認未發. 自言: "每行疾恙, 輒收斂端坐, 覷?得誠明之界, 自然神氣和平, 不知疾之去體也.; 같은 책, 167쪽.

48 「附 尺牘」(幷上夫子): 戒懼是未發時工夫而愼之於已發, 人不知己獨知之際, 最爲緊要處. 近日衰症轉甚, 精神益耗, 未及於他工夫, 而惟用力於此, 不無微效. 亦願夫子 實心體認.; 같은 책, 80쪽.

49 「詩: 主敬」: (以下年條未考) 萬理原天地, 一心統性情. 若非敬爲主, 安能駕遠程? 같은 책, 61쪽.

50 「行狀」: 論小學則曰: "身爲萬事之本, 敬爲一身之主, 故敬身一篇, 乃是摠會.; 같은 책, 151쪽.

51 「行狀」: 又曰: "性命之微, 一貫之妙, 無徒作一場空說話, 須先從人事上篤實求之.; 같은 책, 151쪽.

52 『靜一堂遺稿』「夫子書」: 夫己者吾心所好不合天理之謂, 禮者, 天理之節文, 必先明其何者禮何者非禮, 然後勇斷己私, 一從 天理, 則可至於道矣.; 같은 책, 70쪽.

53 「附 尺牘」: 眼患, 屢日未瘳 伏切悶慮. 願瞑目端坐息却閑思慮, 平心下氣, 存養方寸, 則非但調病之方而已, 亦於尊德性之工, 似有益矣. 下示, "爲善最樂." 其言固甚大. 但於事事物物上, 必先推究其所以爲善之理, 明知其當然, 然後一於善而實踐之, 則可見最樂之效也.; 같은 책, 87쪽.

54 「附 尺牘」: 俄聞, 夫子責人, 聲氣過厲, 此非中道也. 如是而設或正其人, 己先不正, 其可乎? 願加審思.; 같은 책, 72쪽, 73쪽, 85쪽.

55 「附 尺牘」: 夫陶情抒感, 達意導志, 是亦儒者之所不可無也. 請於究會六經之暇, 時時從事焉.; 같은 책, 77쪽.

56 「附 尺牘」: 某兒家, 聞四不擧火; 吾家, 則三不炊. 此兒所饋, 不可受. 況非其親之意而渠私自持來, 雖是升米分銅之小, 義則未安. 若向來金童之饋, 則雖是石米之多, 與受旣合情誼, 又以親命爲之, 不宜辭也. 義者, 治之源也; 利者, 亂之樞也. 聞, 或人日來外舍, 多言利說, 恐門生小子習聞其言, 浸浸然入於其中. 夫子何不早遠此人?; 같은 책, 83쪽.

57 「附 尺牘」: 某富人而勸酒三盃, 無乃過歟? 鈴原(尹參判行直)老矣, 湯羹間, 未及接待, 似爲欠事. 此雖小節, 不可不量處也.; 같은 책, 78쪽.

58 같은 책, 98쪽ff.

59 「詩: 坦園」: 坦園(甲申)坦園幽且靜, 端合至人居. 獨探千古籍, 高臥數椽廬.; 같은 책, 54쪽.

60 「坦園三章」林居谷飮, 抱書自好. 前修有心, 庶幾窺奧! 群疑菲塞, 孰從往印? 履玆中正, 坦平其道.; 같은 책, 56쪽.

61 「行狀」: 閑居無事, 闔戶端坐, 體認未發.; 같은 책, 149쪽.

62 같은 책, 146쪽ff.

63 「詩: 聽秋蟬」: 萬木迎秋氣, 蟬聲亂夕陽. 沈吟感物性, 林下獨彷徨.; 같은 책, 61쪽.

64 「詩: 夜坐」: (癸未) 夜久群動息, 庭空皓月明. 方寸淸如洗, 豁然見性情.; 같은 책, 53-54쪽.

65 「祭亡室孺人姜氏文」: 吾有一善, 則非徒喜之, 又加勉焉; 見吾有愆尤, 非徒憂之, 又從以責焉, 必使吾立於中正之域, 爲天地間無過之人. 雖吾闇劣, 未能悉從, 然嘉言格論, 終身服膺, 所以夫婦之間, 嚴若尊師, 肅肅祇祇, 罔或有忽. 每與君坐, 如對神明; 每與君語, 如眼瞑眩. 自今以後, 斯人也, 不可得而復見.; 같은 책, 167쪽.

66 「附 尺牘」人之有仁義, 猶四時之有春秋. 言仁, 禮在其中; 言義, 智在其中, 恐不必疑.;『국역강정일당유고』, 84쪽.

67 같은 책, 94쪽.

68 『靜一堂遺稿』「附 別紙」: 師門往復別紙 深衣, 通吉凶之服, 則弔哭亦當服深衣耶? (剛齋答曰: "深衣弔哭, 恐似不穩, 未見明據, 何敢質言?' 性潭答曰: "深衣之著, 凡於吉凶, 何所不可?' 右癸亥); 같은 책, 93-95쪽.

69 같은 책, 80쪽.

70 이영춘,「강정일당의 생애와 학문」, 35쪽.

71 「尺牘」: 君子非禮不言, 怪力亂神, 子所不語. 近聞門下少輩, 說利談怪, 漫浪度日, 何不嚴責, 使之正容讀書?;『국역강정일당유고』, 137쪽.

72 『靜一堂遺稿』「雜著」: 思嗜錄, 古之人事死如事生, 故齋之日, 思其居處 · 笑語 · 志意 · 所樂及其所嗜.;같은 책, 130쪽.

73 같은 책, 65쪽.

74 같은 책, 66쪽.

75 같은 책, 135쪽.

76 『靜一堂遺稿附錄』「挽章」: 城南有女士, 堂靜座無塵, 模範三千禮, 簞瓢四十春.;
   같은 책, 176쪽.

77 같은 책, 64-65쪽.

78 「詩: 性善」: 人性本皆善, 盡之爲聖人. 欲仁仁在此, 明理以誠身.; 같은 책, 51쪽.

79 「詩: 勉諸童」: 汝須勤讀書, 毋失少壯時. 豈徒記誦已? 宜與聖賢期.; 같은 책, 58쪽.

80 같은 책, 82-83쪽.

81 같은 책, 82쪽.

82 같은 책, 79쪽.

83 「尺牘」: 下教, 水能潤物而粘石不潤, 此似爲下愚而發. 然如使聖人當之, 則安知或
   因其一端而化之也? 竊願, 不患其不潤, 而患不能潤.; 같은 책, 133쪽.

84 「尺牘」: 凡民俊秀, 三古之所不棄也. 今書童中, 盧龜詳明, 李巖敦厚, 劉喆孝謹, 皆
   可教也. 請勿以卑幼而忽之.; 같은 책, 134쪽.

85 「行狀」: 每事必親, 手足皴瘃, 人或言其太勞, 孺人曰: "是何言也! 吾不爲, 而誰爲之
   乎?"; 같은 책, 144쪽.

86 「行狀」: 見人薄於夫之兄弟, 則甚非之曰: "知愛其夫子, 而薄其兄弟, 是不體舅姑均
   視之意也.; 같은 책, 145쪽.

87 「詩」: (夢中詩) 餘生只三日, 慼負聖賢期. 想慕曾夫子, 正終易簀時.; 같은 책, 61쪽.

88 「行狀」: 己巳, 尊姑之喪, 哀毀甚切, 晨夕之哭, 上食之節, 盡其誠禮. 時值荒年, 冬且
   寒, 嚴家罄銖粒, 而竭力營葬.; 같은 책, 144쪽.

89 「祭亡室孺人姜氏文(三篇)」: 君之于歸, 父母安之, 娣姒宜之, 宗黨稱之, 婢僕依之.; 같
   은 책, 164쪽.

90 「祭亡室孺人姜氏文(三篇)」: 室無升斗之儲, 而奉祭祀, 罔或有缺; 囊罄錙銖之資, 而
   接賓客, 必盡其歡. 信於踐言, 及期, 則一刻不宿. 明於辭受, 非義, 則一介不取. 急
   於周濟, 簡於自奉, 嚴於律己, 寬於責人.; 같은 책, 164쪽ff.

91 「行狀」: 又嘗見朱夫子 "在同安, 聞鐘一聲, 未絶此心, 已自走作"之語, 每當昏曉鐘
   時, 默默體驗. 書童擊水杓爲戲, 疏數無節, 孺人令勻其聲, 以驗此心操捨之頃. 又
   或持針紉線, 期以從此至彼, 不易此心.; 같은 책, 149쪽.

92 「行狀」: 平居, 無疾言·遽色. 呵叱, 不及於僕隷. 音樂優戲, 喧闖外庭, 而未嘗窺戶;
   夜不秉燭, 則未嘗下堂. 用財, 則先人而後己; 分飪, 則先死而後生. 善則歸美於人,

尾註

過則歸咎於己.; 같은 책, 148쪽.

93 「行狀」: 自言始患浮撓, 漸至瀜習, 泊晚年, 表裏泰然矣.; 같은 책, 149-150쪽.

94 「挽章」: 篤工惟聖學, 餘事是文章. 夫婦兼師友, 豆邊間几床!;「挽章」: 君子修身
士, 平生師其婦. 几案間甁俎, 典謨雜醯韭.; 같은 책, 181-182쪽.

95 「行狀」惟才德兼備知行交須者, 余於孺人見之. 然則如孺人者, 奚止爲女中之君子!
實女史中所未有也. 余豈或阿其親而溢美乎哉?; 같은 책, 155쪽.

III. 유교 종교성의 현대 여성주의적 조명

1 졸고, 「페미니즘 시대에 신사임당 새로 보기–신사임당의 '聖人之道'의 길」, 『東洋
哲學研究』 제43집, 2005.8, 222쪽.

2 지난 2007년 11월에 한국의 여성학자들을 위시해서 아시아의 여성들은 '아시아여
성학회'를 창립하였다. 본 연구자는 이러한 진전이 바로 아시아의 여성학이 지금
까지 간과했던 자신의 전통과 종교와 문화 등과 다시 관계맺으려는 시도라고 본
다. 올해 2008년 여름의 '세계여성철학자대회'(The 13th Symposium of the
International association of women Philosophers)도 그 주제를 "다문화주의와 페미니
즘"(Multiculturalism and Feminism)이라고 하면서 본인도 여기서 강조한 새로운 차
원의 윤리 구축을 위해서 노력했다. 이번 대회의 서양 측 기조연설자로 나온 로지
브라이도티(Rosi Braidotti)는 "시대를 거슬러: 페미니즘에서의 탈세속화로의 전회"
(In Spite of the Times: The Postsecular Turn in Feminism)라는 연설문을 통해서 어떻
게 페미니스트 주체가 다시 "영성"(spirituality)의 차원을 끌어들여서 더 진전된 세
속화적 비판 주체로 구성될 수 있을지에 대해서 탐색했다. 이러한 일련의 시도들
을 본 연구자는 매우 고무적으로 보는데, 단지 해체와 부정적 비판만이 아닌 재건
설과 창조("becoming")의 주체로서의 페미니즘을 구축하는데 동서의 페미니즘이
같이 연계된다고 보기 때문이다.
졸고, 「포스트모더니즘과 페미니즘 그리고 교육」, 『포스트모던 시대의 한국 여성
신학』, 분도출판사, 1997, 144쪽이하; Rosi Braidotti, "In Spite of the Times; the
Postsecular Turnig in Feminism", Proceedings of the IAPH 2008 Plenary Sessions 기
조연설, Korean Association of Feminist Philosophy 27-29July 2008, pp.44-76.

3 Luce Irigary, *Etique de la difference sexuelle*, Paris: Minuit 1984;

4 시몬느 드 보부아르, 趙洪植 옮김, 『第2의 性』上下, 을유문화사, 1992; 메리 데일리, 황혜숙 옮김, 『하나님 아버지를 넘어서』, 이화여대출판부, 1997, 56쪽 참조.

5 같은 책, 90쪽.

6 같은 책, 55쪽; 앞에서도 언급했지만 올해 '세계여성철학자대회'(IAPH 2008)에서 기조연설자 브라이도티 교수가 여성주의에서의 새로운 전환으로 제시한 "Postsecular subjectivity"도 하나의 좋은 탐색이라고 생각한다.

7 태혜숙, 「몸의 정치, 성차의 윤리—뤼스 이리가라이」, 『여/성이론』 통권 제2호, 2000, 228-245쪽, 참조.

8 Pauline C. Lee, "Li Zhi and John Stuart Mill", in: Chen-yang Li(ed.), *The Sage and the Second Sex*, p. 120ff.

9 지금까지 일반적으로 과거 유교 전통사회에서 여성들에게 부과되었던 '烈'과 '節'의 덕목은 여성 억압과 비하의 상징처럼 여겨져 왔다. 그것은 보통 마지막으로 '죽음'과 연결되고, 인간 존재의 신체적인 기반인 몸과 性的 욕구(sexuality)를 부정하는 형태로 실행되어 왔기 때문이다. 그러나 근래에 들어서 전통여성의 烈에 대한 탐구가 다각화되면서 그 안에도 다양한 형태가 있고, 시대에 따라 뚜렷한 변화의 양상을 보여왔으며, 그래서 보다 세밀하고 다양한 읽기가 요청된다는 사실이 드러나고 있다. 인도 출신 여성학자 스피박(S. Spivak)도 힌두교 전통의 '사티' 제도—죽은 남편을 화장시키는 장작에 올라가 미망인이 자기 몸을 태워 죽는 관습—에 대한 새로운 해석에서 서구 계몽주의 입장에서 여성들을 그 악습에서 해방시켜 준다고 하는 영국 제국주의 남성들의 획일적 가치화가 얼마나 다시 하위주체 여성들의 주체성과 거기서의 목소리들을 지우고 마는지 분석하였다. Gayatri Spivak, "Can the Subaltern Speak?", in: Cary Nelson·Larence Grossburg(eds.), *Maxism and the Interpretation of Culture*, Macmillan 1988; 태혜숙, 「성적 주체와 제3세계 여성의 문제」, 『여/성이론』 창간호, 여성문화이론연구소, 211-217쪽 참조; 졸고, 「유교적 몸의 수행과 페미니즘」, 『儒敎思想硏究』 제14집, 2000, 15-58쪽 참조.

10 한나 아렌트, 이진우·태정호 옮김, 『인간의 조건』, 한길사 2002, 217쪽.

11 같은 책, 211-217쪽.

12 같은 책, 234쪽.

13 Max Scheler, *Die Stellung des Menschen im Kosmos*, Bouvier 1988, p. 55; 최재희역, 『인간의 지위』, 박영사 1992.

14 졸고,「유교적 몸의 수행과 페미니즘」참조.

15 강진옥·나정순,「전우 이씨「절명사」에 나타난 죽음과 烈의 문제」; 장효원,「『三韓拾遺』에 나타난 열녀의 형상」; 김대숙,「열과 애정의 주체로서의 여성–문헌소재 열녀담의 또 하나의 이해」; 진재교,「漢詩에 나타난 '烈'의 의미와 그 시대상–이조 후기의 작품을 중심으로」,『한국고전여성문학회 제3차 학술발표대회 자료집』, 2000.10.28 참조.

16 다나 해러웨이, 민경욱 옮김,『유인원 사이보그 그리고 여자』, 동문선, 2004.

17 Catharine A. Mackinnon, *Toward a Feminist Theory of The State*, Havard Univ. Press 1989, 35쪽; 허라금,「맥키논의 급진적 여성주의 정치학」,『여/성이론』, 여이연 2000, 270쪽, 참조.

18 김기현,「유교사상에 나타난 공과 사의 의미」,『동아시아의 문화와 사상』제9호, 동아시아문화포럼, 열화당, 2002년 12월.

19 「靜一堂遺稿」「附 尺牘」: 金上舍(鏴)羣從兄弟, 時時來顧, 且乘軒之客, 自遠委訪者亦多, 固爲可感. 然但盡吾爲主人之道, 而遇卿大夫, 則以待卿大夫之禮待之; 遇士, 則以待士之禮待之, 不以位勢之有無有所輕重, 則此心常正而無侮辱之招矣. 客之來見, 以夫子有爲己之道也. 性潭(宋贊成煥箕號)曰"讀書窮理, 自明其道而已." 海石相公曰: "爲忠孝, 求道德, 皆是自己分內事也." 此皆格至之論. 顧以是孜孜自勉, 而必體蓉村先生誠敬之訓, 終歸于至善, 則豈不美哉! 無所爲而爲者, 循天理之君子也; 有所爲而爲者, 循人欲之小人也. 誠能反諸已而求之, 明乎斯而由乎斯, 則坦然夷塗, 直轡無礙矣.;『국역: 정일당 유고』, 87-88쪽.

20 한나 아렌트, 앞의 책, 109쪽.

21 같은 책. 102쪽ff.

22 Bonnie Honig, "Toward an Agonistic Feminism: Hannah Arendt and the Politics of Identity", in: Bonnie Honig(ed.), *Feminist Interpretations of Hannah Arendt*, The Pennsylvania State University Press 1995, p.149ff.

23 같은 책, 109쪽.; 아리스토텔레스, 최명관 옮김,『니코마코스 윤리학』, 서광사 1984, 302쪽.

24 한나 아렌트, 앞의 책. 111-112쪽.

25 같은 책, 114쪽. 참조.

26 『允摯堂遺稿』「言行錄」: 常曰 : 祭祀人所自盡, 苟以備具之艱, 而或生厭倦, 誠意

尾註

不屬, 神其享之哉?;『국역 윤지당 유고』, 237쪽.

27 「靜一堂遺稿」「附 尺牘」 今朝, 客(李上舍 遠重)去, 何不挽留耶? 衆人猶不可然, 況賢
者乎? 想必以賤恙中, 恐致勞動而然也. 然甁中尙餘升許之米, 且病症較昨稍愈, 豈
可憚一婦人之勞而敗夫子之家規乎? 接賓之禮, 次於奉先, 人家之大事也, 切不可
少忽耳.;『국역: 정일당 유고』, 74쪽.

28 로지 브라이도티, 박미선 옮김, 『유목적 주체』, 도서출판 여이연, 2004.

29 같은 책, 183쪽ff.; 박미선, 「로지 브라이도티의 존재론적 차이의 정치학과 유목적
페미니즘」, 『여/성이론』 통권5호 2001, 175-186쪽.

30 JaHyun Kim Haboush, *The Memoirs of Lady Hyegyong*, University of California
Press 1996, p.6-10.

31 *Ibid.*, p10.

32 안드레아 드워킨, 『포르노그라피: 여자를 소유하는 남자들』, 윤혜준 역, 동문선,
1996.

33 Braidotti, Rosi, "Toward a New Nomadism: Feminist Deleuzian Tracks or Metha-
physics and Metabolism", 오수원 역, 「새로운 노마디즘을 위하여: 페미니즘의 들
리즈적 궤적 혹은 형이상학과 신진대사」, 『문화과학』 15호, 1998년 가을, 149쪽.

34 김보희, 「동서양 여성철학의 현장탐구: 버지니아 울프의 페미니즘과 조선 임윤지
당의 성리학 중심의 비교연구」, 『한국철학논집』 제17집, 한국철학사연구회 2005.
9, 267쪽ff. 참조.: 졸고, 「페미니즘시대에 신사임당 새로 보기-신사임당의 聖人之
道의 길」 참조.

35 조선 유교 여성의 대표적 인물인 신사임당과 그녀의 딸 매창은 이러한 역할을 잘
하였던 것으로 보인다. 신사임당의 남편 이원수(李元秀)가 당시 집안 5촌 어른이
었던 정승 이기(李芑)의 집을 자주 드나드는 것을 보고, 사임당은 그가 아무리 가
까운 집안사람이고 높은 관직에 있는 사람이라도 어진 선비들을 많이 모해하였
고 권세를 탐하는 좋지 않은 사람이니 그 집에 드나들지 말 것을 경계했다. 이러
한 심사임당의 義를 중시여기고 德을 지키려는 사리판단의 안목은 적중하여 나
중에 이기가 저지른 일이 탄로나서 많은 사람들이 화를 입었지만 사임당의 남편
은 그것을 모면했다고 한다. 또한 만딸 매창은 동생 율곡이 어려운 일을 맞을 때
마다 자문해 주는 대담자가 되기도 하였는데, 그가 병조판서로 있을 때 오랑캐의
난리를 잘 평정할 수 있도록 군인들의 자발성과 군량의 원활한 수급을 위해서 서

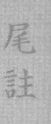

尾
註

자 등용 등을 조언하여 큰 도움을 주었다고 한다. 이은상, 『사임당의 생애와 예술』, 성문각, 1962, 286; 로지 브라이도티, 앞의 글, 159쪽 참조; 졸고 「페미니즘 시대에 신사임당 새로 보기–신사임당의 聖人之道의 길」 참조.

36 『栗谷全書』권 : 號泣曰 天乎天乎 福善禍淫 天之理也 積善累惡 人之事也 惟我良人 志操無邪 行業無凶…天若有知 應察善惡 今何降禍如是其酷耶…伏惟天人一理 顯微無間 皇天皇天 鑑此下情…又下拜于崔公墓曰 生爲賢相 死必英靈 弦告上帝 以達我情.

37 혜경궁 홍씨의 『閑中錄』에 그려진 그녀의 셋째 올케의 모습에서도 이러한 측면을 잘 볼 수 있다. 그녀는 혜경궁 홍씨가 특히 가깝게 느꼈던 남동생 홍낙임(1741-1801)의 부인이었는데, 그 집안의 셋째 며느리로서 시부모에 대한 효성이 지극했다. 혜경궁 홍씨의 아버지 홍봉한이 사도세자가 처형된 후 정치적으로 매우 어려운 상황에 처해지자 임신한 몸인데도 불구하고 그의 복권을 위해서 찬물에 목욕재계하고 산에 올라가서 극진하게 기도하는 정성을 보였다. JaHyun Kim Haboush, *op. cit.*, 97쪽.

38 박양자, 「조선시대 여성을 보는 법」, 『강원여성역사인물집–조선시대』, 강원도 행정간행물, 2004, 39쪽.

39 최기숙, 「여성성의 재발견: 이성·지혜·성공의 탈영토화」, 한국고전여성문학회, 『한국고전여성문학연구』제6권, 2003, 218쪽.

40 재미 여성학자이면서 6명의 아이들을 모두 훌륭한 학자나 전문가로 키워낸 전혜성 여사야말로 이 범주에 속하는 여성이라고 여겨진다. 그녀는 2004년 한인이민 100주년 준비위원회에서 지난 100년간 미국에서 가장 공헌한 한인 100인의 선정에서 남편 고광림 박사와 함께 장남 고경주, 3남 홍주와 더불어 선정되었고 6명의 자녀를 모두 뛰어나게 키워냈으며, 자신 스스로가 사회학과 인류학 박사로서 많은 나이에도 불구하고 여전히 비교문화학자로 활발하게 활동하고 있다. 그녀는 자신의 자서전적 이야기에서 자신의 어머니를 비롯한 집안의 어른들이 어떻게 유교적 가치관과 더불어 새로운 기독교 문명을 받아들여서 헌신적이면서도 주체적으로 살아왔는지를 적고 있다. 그런 영향 하에서 자신과 남편도 많은 아이들을 키우면서 학자로서, 공공의 일에 깊이 관여하며 봉사자로서 풍성한 삶을 살아왔는지를 들려주고 있다. 전혜성, 『엘리트보다는 사람이 되어라』, 우석출판사, 1996, 참조.

尾
註

41 또한 17세기 禮學의 거두 송시열은 시집가는 딸에게 주기 위해 지은 『우암선생계
   녀서』에서 '제사는 정성으로 정결하게 조심함이 으뜸이니 제수 장만할 때 걱정
   하지 말고, 종도 꾸짖지 말고, 하하 웃지 말고, 見於辭色하여 근심하지 말고, 없는
   것 구차하게 얻지 말며, 제물에 티끌이 들어가게 하지 말고, 먼저 먹지 말 것' 을
   일러주었다. 최배영, 「조선후기 서울 반가의 제례 · 기제의 준비 및 제수를 중심
   으로」, 한국유교학회 2001년도 추계학술대회, 2001년 11월 24일 성신여대, 65-79
   쪽.

42 이순형, 『한국의 명문종가』, 서울대학교출판부 2000, 105쪽.

43 「靜一堂遺稿」「附 尺牘」: 事親而私妻子, 則孝不篤; 事君而私妻子, 則忠不盡; 事
   師而私妻子, 則學不誠. 推之事事, 皆然, 妾雖不敏, 不願夫子之私之也. 假使夫子
   一有所私而損於德業, 則妾雖富貴寧逸, 不若窮餓而死, 請夫子勉之.; 『국역: 정일
   당 유고』, 85쪽.

44 한나 아렌트, 앞의 책, 235쪽ff.

45 사라 러딕, 이혜정 옮김, 『모성적 사유–전쟁과 평화의 정치학』, 철학과현실사 2002.

46 시몬느 드 보봐르, 『第2의 性』下, 588쪽, 605-606쪽.

47 태혜숙, 『탈식민주의 페미니즘』, 여이연, 2001, 98쪽, 참조.

48 엘렌 식수, Le rire de la meduse/Sorties, 박혜영 역, 『메두사의 웃음/출구』, 동문선
   1997. 181쪽.

49 조성숙, 『'어머니'라는 이데올로기』, 한솔아카데미, 2002.

50 Karen Baker-Fletscher, "Why Womanist Theology? Process Relational". The 5th
   International Whitehead Conference 2004, Korea, Process Thought & East Asian
   Culture, pp.87-109.

51 사라 러딕, 앞의 책, 19쪽.

52 『論語』「學而」2: 有子曰, 其爲人也孝弟, 而好犯上者, 鮮矣. 不好犯上, 而好作亂
   者, 未之有也.

53 『論語』「學而」2: 君子務本, 本立而道生, 孝弟也者, 其爲仁之本與.

54 Wing-tsit Chan의 A Source Book in Chinese Philosophy에 보면 "Humanity(jen) is
   [the distinguishing characteristic of] man, and the greatest application of it is in being
   affectionate toward relatives."라고 되어 있는데, 이 영어번역이 오늘의 뜻을 더 확
   실히 해 준다고 본다. Wing-tsit Chan, A Source Book in Chinese Philosophy,

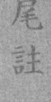

Princeton, New Jersey, Princeton University Press 1963, 104쪽.

55 졸고, 「성과 가족, 그리고 한국교육철학의 미래」, 『敎育哲學』 제33집, 2005. 2, 127쪽.

56 엘렌 식수, 앞 책, 36쪽.

57 『允摯堂遺稿』 「祭亡兒在竣文」: 所願皆瓦解, 白首煢獨, 無所依倚, 此何事也! 甚矣, 吾之頑也! 以余平昔愛重汝之心, 喪汝而宜無頃刻支存之理, 而今余失汝, 而孑然 獨於世者, 如此之久, 而頑然冥然, 飢而食, 困而眠, 無異於人. 豈以血氣衰礫, 神精 耗竭, 不能眞知悲哀而然歟! 抑爲莫可奈何, 則付之於天, 唯其命之自盡而然歟! 痛 矣! 痛矣!; 『국역 윤지당유고』, 200쪽.

58 태혜숙, 앞의 책, 195쪽.

59 여기서 한국 여성(1948년 경북 김천생)으로서 1968년 미국으로 건너가서 태권도 사 범으로 일하면서 수많은 좌절과 위기를 이겨내며 '실리콘벨리의 신화'를 이루 어낸 김태연 여사를 거론하고자 한다. 그녀는 직접적으로는 유교 가부장주의의 피해자였다. 설날 子時(11시-1시)에 조상 차례가 막 치러지려는 무렵에 딸로 세상 에 나왔다는 이유로 온갖 냉대를 받으며 자라났다. 하지만, 유교 전통 가족의 큰 살림과 가족주의를 배워서 미국에서 인종과 출신, 性을 초월하여 6남 3녀를 입양 하여 큰 가족을 이루어서 사업과 가정의 모든 일들을 그 양자녀들과 훌륭히 이끌 고 있는 것으로 크게 주목받는다. 그 속에 내재화된 '어머니 되기'의 덕목은 그 녀 고백에 의하면 서양자식들에게 그대로 전달되어 어느 한국 전통가족에서도 보기 힘든 孝와 悌의 덕목이 그녀 집안에서 실행되고 있다. 또한 그것이 원동력 이 되어서 그렇게 사업을 일굴 수 있었다고 그녀는 밝힌다. 김태연, 『사람들은 나 를 성공이라는 말로 표현한다』, 도서출판 밀알, 2001.

60 Susan J. Hekmann, *Feminist Interpretations of Michel Foucault*, Pennsylvania State Univ. Press, 1996.

尾
註

IV. 세속화 시대에서의 유교 종교성과 삶의 새로운 예화禮化

1 Charles Taylor, *A Secular Age*, The Belknap Press of Harvard University Press, 2007, p.535.

2 『해월신사법설』 「內修道文」, 「內則」, in: 『경전으로 본 세계종교』, 전통문화연구회 2001; 졸고, 「한국페미니스트 신학자의 동학읽기」, 변선환아키브·동서신학연구

소, 『동서종교의 만남과 그 미래』, 모시는사람들, 2007.

3 김상일, 『동학과 신서학』, 지식산업사, 2000, 333쪽.

4 Tikva Frymer - Kensky, *In the Wake of the Goddess - Women, Culture, and the Biblical Transformation of Pagan Myth*, NY: Free Press, 1992, 188쪽, 220쪽 ; 리타 M. 그로스, 앞의 책, 214-218쪽.

5 졸고, 「한국종교문화사 전개과정에서 본 한국 여성종교성 탐색」, 573쪽 참조.

6 전통적인 성리학적 언어사용에서 '性'은 일반적으로 우리 안의 신적인 뿌리(理)를 드러내는 거룩의 개념으로 쓰였다. 물론 그때도 그 性을 다시 '本然之性'과 '氣質之性'으로 나누어서 인간 존재의 신체적, 기질적 특성을 드러내는 용어로 쓰이기도 했지만, 오늘날처럼 性이 철저히 세속화되어 예전의 '色'과 '慾'의 개념처럼 쓰이는 것은 아주 새로운 현상이다. 현대 페미니즘은 性을 보통 두 가지 차원으로 나누어서 보는데, 즉 '젠더'(사회적 性)로서의 性과 '섹슈얼리티'(자연적 性)로서의 性인데, 이것으로서 性의 개념이 원래 가지고 있던 모든 초월적 차원을 탈각시켰다. 본 연구의 주제는 바로 이렇게 탈각된 性의 초월적이고도 성스러운 차원을 다시 회복하자는 것이다.

7 R. Ruether, *Christianity and the making of the modern family*, Beacon Press, 2000, pp 214-223.

8 이러한 유교 또는 (조선) 성리학의 抑陰尊陽的 특성과 乾 중심의 성리학적 역학에 대해서 坤을 중시하는 역학이론을 전개하며 器나 몸의 중요성을 부각시키고자 한 역학자가 조선 후기 이원구(李元龜, 1758-1828)로 소개되었다. 원래 '乾坤陰陽', '乾坤男女'라 하듯이 『易經』은 乾坤을 대표적 개념으로 하고 음양의 조화를 지향하지만 특히 성리학적 역학에 있어서 天理와 人欲의 대립 구도에서 육체를 경계하는 抑陰尊陽적 논리가 지배적이었다. 그러나 이원구의 경우 음양의 對待와 相涵의 논리를 활용하여 坤道를 乾道에서 시작된 생명의 완성자로 보면서 그 중요성을 부각시켰고, 또한 「繫辭傳」에 근거를 둔 道器論에서 形以下의 器를 다하는 것이 形而上의 道라는 器 중시적 道器統合論을 제시하였다. 이와 더불어 理氣의 이원론 대신에 理 · 氣 · 形의 삼층 구조를 제시하여 形을 통해서만 理氣를 모두 아울러 볼 수 있다는 形이론을 제안하였다. 이로써 우리 몸을 단순한 육체가 아니라 理 · 氣 · 形의 통합적 존재로 보며 그 몸을 통해서 道를 실현하는 踐形論를 전개시켰다. 이러한 이원구의 역학을 이선경은 "실학적 역학"이라고 이름 지으며 종

尾
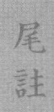
註

래의 사변적 성리학을 극복할 수 있는 좋은 대안으로 제안한다. 왜냐하면 이원구는 形이 곧 天命이며, 下學이 聖人의 學이고, 器를 다하는 것이 곧 道라는 사고를 가지고 구체적인 세계, 일상과 산업과 생활세계에로의 뚜렷한 전환을 보여준 것으로 보기 때문이다. 이러한 이원구 역학의 발견은 본 연구를 위해서도 중요한 의미를 지니는데, 왜냐하면 조선 후기에 이러한 전개를 보였다는 것은 한국 성리학이 지금까지처럼 현실에서 반여성주의적이지 않을 수 있는 가능성을 발견한 것이 되며, 유교 易學의 乾坤 陰陽論이 항상 抑陰尊陽的이고 여성 억압적이지 않을 수 있는 계기를 마련한 것이기 때문이다. 이선경, 「일수(一叟) 이원구의 역학사상연구-『心性錄』의 九道六事論을 중심으로」, 성균관대학교 대학원 박사학위 논문 2002; 이선경, 「'몸'에 대한 실학적 역학의 해석-이원구의 「身字訣」과 건곤음양론을 중심으로」, 『한국철학논집』 제17집, 한국철학사연구회 2005.9, 219-251쪽.

9 김혜숙, 「아시아적 가치와 여성주의-책임의 도덕과 권리의 정치학」, 『철학연구』 44호, 1999.

10 이선경, 「전통적 여성상의 典範으로서의 坤卦와 유교적 삶의 완성-坤卦에 깃든 유교의 종교성과 인문정신을 중심으로」, 제6회 세계여성학 대회, 2006년 6월, 이화여자대학교 발표논문, 10쪽.

11 한국 여성신학회 엮음, 『性과 여성신학』, 대한기독교서회 2001, 15쪽.

12 졸고, 「여성신학에서의 여성의 경험에 대한 해석학적 이해」, 『포스트모던 시대의 한국 여성신학』, 157쪽 이하 참조.

13 이동준, 「한국 유학의 미래적 방향-인간의 성숙과 열린 사회」, 61쪽 참조.

제3부

탈세속화시대(a postsecular age)에서의
유교와 유교 종교성

잃어버린
초월을
찾아서

한국 유교의 종교적 성찰과 여성주의

I
명절 – 우리를 다시 근원에로 이끌어주는 거룩한 끈[*]

천지와 만물이 다 이루니라. 하느님의 지으시던 일이 일곱째 날이 이를 때에 마치니 그 지으시던 일이 다하므로 일곱째 날에 안식하시니라. 하느님이 일곱째 날을 복주사 거룩하게 하셨으니 이는 하느님이 그 창조하시며 만드시던 모든 일을 마치시고 이날에 안식하셨음이더라. (창2장 1-3)

1.

한국여신학자협의회가 마련한 2월의 '새 하늘과 새 땅을 여는 예배'에 참여하고 있는 우리는 바로 얼마 전 민족의 최대 명절 중의 하나인 설날을

---

[*] 이 글은 〈한국여성신학자협의회〉가 성차별 문화개혁과 양성평등문화 확산을 위해서 시도하고 있는 2002년 '새 하늘과 새 땅을 여는 예배'의 2월 예배를 위해서 쓴 글이다. 이 책의 주제가 되는 '유교'와 '기독교' 그리고 '페미니즘'이 '명절'이라는 주제와 관련하여 모두 첨예하게 연결되고, 그래서 우리가 오늘날의 구체적 삶 속에서 어떻게 이 세 주제들과 새롭게 관계 맺을 수 있을까를 잘 보여준다고 생각한다.

지냈습니다. 그 설을 위해 3천만 명 이상의 이동이 있었고, 그래서 나라는 온통 다시 한 번 새해의 인사로 떠들썩했습니다. 원래 '명절名節'이란 즐겁고 신나는 날입니다. 그것은 인류의 각 공동체가 나름대로의 삶의 습속을 형성하며 살아오는 가운데 특별한 날을 이름하여 구별된 날로 삼아서 축일로 지내오는 시간입니다. 그래서 감사와 넉넉함이 있으며, 함께 함이 있고, 특별한 것이 있는 날입니다. 그러나 오늘 우리가 자주 듣듯이 한국의 여성들에게 있어서 그것은 짐이 되었고, 심한 노동이 되었으며, 한편으로는 외로움이나 부담감으로 경험되고 있습니다. 그래서 우리가 다시 모여서 명절의 참된 의미를 생각해 보고, 거기서 다시 찾아진 뜻과 소망을 우리 존재의 근원이신 하느님께 대한 예배로 표현하고자 하는 것입니다.

2.

우리가 읽은 창세기 2장 첫머리에는 성서가 증언하는 첫 번째 명절에 관한 이야기가 나옵니다. 그것은 하느님이 엿새 동안 천지를 창조하시고 그 일곱째 날에는 모든 일을 마치고 쉬시면서 그 창조하신 것들을 기뻐하고 즐거워하는 축제일로 삼으신 이야기입니다. 하느님은 이 일곱째 날을 안식일로 삼으셨고, 이 안식일 축제의 전통이 다시 신약시대로 이어져서 오늘 우리에게까지 전해져 지금 7일마다의 주일을 지키며 기념하고 있습니다. 이날은 우리가 평소에 하던 일로부터 손을 떼고 예배를 드리며, 우리 복의 기원이 어디인가를 다시 기억하고 감사하며, 그래서 그 감사로 우리들에게 소중한 것을 봉헌하고 시간과 정성을 드려서 예배하며 공동체를 위해서 봉사하는 것입니다.

이렇게 좋은 의미로 시작된 예배이지만 그러나 오늘날 많은 크리스천들은 이 주일날의 축제와 예배도 본래의 모습에서 멀어졌다는 것을 경험하고 있습니다. 그것은 원래 진정한 쉼을 위한 것이었지만 오늘날은 많은 사람들에게 더 고단한 날이 되었고, 각종 봉사와 일로 처음 시작에 대한 회상과 감사로 보내야 하는 시간들이 흩어지고 있으며, 그래서 감사하며 마음과 진정을 다해 예배드려야 하는 주일의 예배가 다시 노동이 되었습니다. 이렇듯 오늘 또 하나의 노동이 되어 버린 기독교 교회의 예배와 특히 여성들에게 노동과 고통이 되어 버린 우리 민족의 명절이 저는 다른 경우가 아니라고 생각합니다.

우리 전통사회에서 조상들은 삶의 근원에 대한 기억과 감사를 여러 가지 나름의 방식으로 표현해 왔으며 그것을 여러 명절의 의식으로 표시해 왔습니다. 유교 전통은 그때까지의 어느 전통보다도 뿌리와 역사에 대한 의식이 첨예하여 조선시대에 와서는 조상에 대한 차례와 제사가 민족 명절의 핵심적인 일로 자리 잡게 되었습니다. 유대 기독교 전통에서의 여러 축제일들도 이와 유사한 모습을 보입니다. 창조자 하느님으로부터 시작된 안식일에서부터 시작하여 애굽에서의 종살이의 기억을 다시 상기하며 그러한 해방을 주신 하느님께 감사하는 유월절, 그와 관련된 초막절 행사 등 모두 그들의 조상들이 이루어낸 고통과 기쁨들을 다시 기억하자는 것입니다. 그래서 자신의 삶이 방향을 잃고 거짓과 이기주의에 빠져서 위태로울 때 다시 그러한 명절들과 더불어 역사를 상기하며 맨 위로는 우주의 근원인 하느님께 감사하고, 자신들의 조상에게 감사하며, 그 축일을 함께 보내며 즐거워하고 다시 본래의 모습으로 돌아가는 것입니다.

3.

오늘 우리 크리스천들이 이렇듯 의미를 지니고 있는 주일의 예배를 앞에서 들었던 여러 가지 병통과 변질을 이유로 들어서 폐기하거나 없애 버릴 수 없듯이 우리 전통의 민족 명절도 그렇게 할 수 없다고 봅니다. 우리가 그러한 예식을 모두 버리고 또한 공동체로 모이는 것에 따르는 고통을 이유로 공동체 제의를 버린다면 결국 모든 예배가 사라지고 우리는 각자가 따로따로의 홀로된 섬으로 남게 될 것입니다. 우리 민족은 지금까지 여러 종교 전통들과 더불어 명절의 예식과 예배의 예식을 나름대로 가꾸어 왔습니다. 일찍이 불교 전통으로부터도 배웠고, 유교 전통으로도 배웠으며, 기독교의 전통으로부터도 배웠습니다. 기독교가 아니었다면 어떻게 모든 평범한 사람들과 여성들이 최고의 궁극자인 하느님께 직접 예배드릴 수 있게 되었겠습니까? 또한 유교 전통으로 우리 조상들은 자신들의 시작과 역사에 대한 의식을 더욱 뚜렷이 배웠으며, 만약 불교 전통이 아니었다면 우리 민족의 수많은 한과 고통은 치유의 길을 찾기 힘들었을 것입니다. 사실 이러한 모든 전통들이 우리들을 다시 근본에로 이끌어 주며 삶의 본질과 대면하게 하면서 거기서 얻은 은혜에 대한 감사로 우리의 희생과 수고를 기꺼이 드릴 수 있게 합니다. 우리가 크리스천으로서 주일마다 우리 새 삶의 기원에 대해 상기하며 그것이 감사해서 무엇인가를 봉헌하고, 또한 그러한 표현인 예배를 드리기 위해서 준비하고 시간과 물질을 쓰듯이, 민족의 축제와 명절은 그렇게 근원에 대한 감사의 표현이며, 그것을 같이 한 사람들이 모여서 함께 지내기 위해서 보이지 않는 봉사와 희생을 드리는 것입니다.

1577년 율곡 선생님이 우리 공부의 진정한 목적이 무엇이며 그 내용이 무엇인가를 간단히 밝히려고 쓰신 글인『격몽요결擊蒙要訣』의「제례장祭禮章」에 보면 기제사뿐만 아니라 명절에 드리는 시제에 있어서도 그 기본 정신은 기원에 대한 기념과 감사로 자신을 절제하고 준비하며 기억하는 것입니다. 그래서 그 예배를 준비하는 사람은 그날이 되기 몇일 전부터 스스로를 삼가서 술이나 자극적인 음식을 멀리하고, 예가 아닌 일에 참여하지 않으며, 음악을 듣는 것도 절제하며 그날을 준비하라고 했습니다. 이것은 바로 지금은 멀리 떠나서 눈에 보이지는 않지만 부모와 조상에 대한 생각을 깊이하고, 그것을 예배로 표현하며 예가 필요한 것입니다. 우리의 처음 시작인 하느님에 대한 예를 우리가 주일마다 드리며 그것을 위해 절제하고 희생하는 것과 다르지 않습니다.

4.

그런데 문제는 오늘날 이러한 기념과 명절들이 여전히 여성들만의 봉사와 희생으로 치러진다는 것이고, 거기서 여성들은 소외되고 있다는 것입니다. 유교 전통의 철저한 가부장주의로 인하여 남성들은 명절과 차례에 주인이 되지만 여성들은 노동과 희생만 강요당하며 명절에 함께 하지 못한다는 것입니다.

이러한 전통은 그러나 오늘날 더 이상 견지될 수 없습니다. 오늘날 우리 모두가 누구나 자유롭게 존재의 처음 근원인 하느님께 예배드릴 수 있게 된 상황에서 예전의 차별은 더 이상 용납될 수 없습니다. 그러나 그것으로 인해서 명절 자체를 없애 버리자고 하는 것은 앞에서도 이야기한 것처럼 기독교인들이 주일날 들어가는 수고와 노동 때문에 예배 자체를 없애

자고 하는 것과 같으므로 여기서 다른 대안을 찾아야 하겠습니다.

지금까지 세계의 각 종교 전통들은 나름대로의 방식으로 '거룩(聖)'과 '속(俗)'의 영역을 구분하면서 그 구분 속에서 자신들의 종교 행태를 지속해왔습니다. 예를 들어 불교와 기독교는 세속 그룹에 대해서 성직자 그룹을 따로 두어서 특별히 종교 의식과 예배를 관장하게 했습니다. 이에 반해 유교는 그렇게 하지 않아서 성직자 그룹을 따로 두지 않았으며, 바로 각 가정의 남성 가장이 성직자의 역할을 담당해 오고 있으며, 정치와 종교도 따로 구분하지 않았습니다. 즉 그것은 바로 세상 속에서 속의 방식으로 성의 영역을 표현하려는 것이며, 그런 과정에서 유교 전통은 그러나 그 남성들만을 독점적으로 성의 영역으로 강화하여 철저한 가부장주의를 전개시켜 온 것으로 이해됩니다. 이것은 오늘날과 같이 만인평등과 만인사제의 이상이 이야기되는 때에도 기독교가 여전히 성직자 그룹을 따로 세우고 그들에 의해서 예배를 담당하게 하며 평신도 그룹과의 구별을 강조하고 있듯이 유교 전통도 오늘날까지 여전히 가부장주의를 고집하고 있는 것과 같습니다. 두 전통 모두 전래된 성의 영역을 쉽게 포기하지 않으려는 것입니다.

오늘날 기독교 여성 신학자들은 이러한 기독교 전통의 성직 체계에 대해서 날카로운 비판을 가하고 있습니다. 오늘날도 여전히 남성들이 과거의 성직 제도를 고수하면서 거기서 성과 속을 철저히 구분하고, 성의 계급주의를 강조하며 평신도 위에 군림하면서 예배와 의식에서 역할을 독점하는 것을 비판하고 있습니다. 그러나 이 비판의 수위와 해결의 모색에 있어서는 기독교 여성신학자들은 많은 토론을 하고 있습니다. 어느 정도까지 전통의 성직 제도를 비판할 것인가, 이 성직 제도를 비판하고 모두 버린다면 그래도 과연 교회와 예배가 계속될 수 있을 것인가 등 많은 토론을 수행하면서, 어떻게 이 성과 속의 영역을 전통적으로 권위적으로 나누지 않으면서도 그러나 예배의식을 계속해 나갈 수 있을까를 찾고 있는 것입니다. 한국에서 오늘날 유교 전통의 가부장주의에 대한 비판과 논의도 이와 유사한 경우이고 또한 그렇게 해야 한다고 생각합니다. 유교가 전통적으로 거룩[聖]의 영역이라고 생각한 가부장주의를 어디까지 포기할 수 있을까, 혈연공동체로 시작된 가정이 어떻게 폐쇄적인 집단이 되지 않으면서도 오늘날과 같은 유목민의 시대에 삶의 자연스러운 베이스캠프로서 역할을 계속해 나갈 수 있게 할까 하는 것들입니다. 그러나 우리의 여성 의식이 깨어남으로 인해 시작된 이러한 논의가 명절 자체를 부인하는 결론으로 나아가서는 안 된다고 봅니다. 그것은 우리가 모두 하나같이 급진적인 여성신학자가 되어서 전통 교회의 성직 제도 자체를 받아들일 수 없으므로 예배와 교회를 더 이상 받아들일 수 없다고 하는 것과 같으며, 그러한 전통의 완전한 부정은 또 하나의 허구일 수밖에 없기 때문입니다. 홀로 서 있는 예배는 지속될 수 없으며 그 예배의 놓칠 수 없는 본질인 공동체성이 견지될 수 없기 때문입니다.

5.

예배와 명절이란 기독교 창세기의 안식일이나 우리 조상들이 가르쳐 주는 원래의 제사가 말해 주듯이 자신의 근원에 대한 기억을 새롭게 하며, 우리가 결코 혼자가 아니며 유아독존적 존재가 아니라 시간과 공간의 그물코 속에 같이 있는 존재라는 것을 가르쳐 줍니다. 그 그물코는 우리로 하여금 삶에서 방향의식을 가르쳐 주면서 길을 잘못 들었을 때 다시 회복할 수 있게 합니다. 그 근원에 대한 감사는 또한 우리의 봉사와 희생으로 나타납니다. 희생의 진정한 의미는 평소에 자신이 포기할 수 없는 것, 할 수 없는 것을 하는 것입니다. 평소 일에 중독되다시피 살아서 자신의 몸과 마음을 혹사하고 현재에만 집착해서 살던 사람에게는 명절은 강제적으로라도 철저히 자신을 쉬게 하고 다시 자신의 처음 모습을 기억하게 하는 시간이 될 수 있습니다. 그래서 그에게는 철저히 쉬는 것이 명절에 드리는 자신의 희생과 봉헌이 될 수 있습니다. 예수는 안식일이 사람을 위해 있는 것이지 사람이 안식일을 위해서 있는 것이 아니라고 하셨습니다. 그러나 또 한편 다른 사람에게는 평소에 현대의 바쁜 생활로 인해서 인스턴트 식품과 패스트푸드로 지내 왔다면 이 명절을 통해서 정성된 음식을 만들고 가족과 이웃 친척들과 함께 나누는 기회를 마련하는 것으로 자신의 명절 봉헌을 삼을 수 있습니다. 또한 누군가는 평소에는 자신의 가족들만 생각하다가 명절을 맞이하여 보다 넓은 반경의 친척과 어려운 이웃들과 함께 나누는 시간으로 삼는다면 그것은 또한 뜻 깊은 명절이 될 것입니다. 이렇듯 오늘날 명절은 새로운 방식으로 다양한 새로운 내용으로 채워질 수 있습니다. 특히 오늘날과 같이 모두가 자기 자신에게만 집중해 있고, 자기 가족과 눈에 보이는 것에만 관심하는 때에 지금 당장 눈에 보이지 않지만 우리가 현재의 우리 됨을 가능하게 해 주신 삶의 여러 밑받침에 대해서 감사하고, 그를 위해서 무엇인가 우리의 일부분을 희생하고 봉사하는 일은 참으로 귀한 것입니다. 그렇게 자신의 감옥으로부터 나와서 타인과 가족을 위해서, 사회와 자연을 위해서 봉사하고 희생할 수 있는 기회를 우리는 얼마나 가지고 있습니까? 우리 전통의 명절을 바로 그것을 배우고 실행할 수 있는 가장 자연스러운 기회가 됩니다.

6.

창세기의 하느님은 안식일을 강제로 정하고 우리는 무조건 했습니다. 우리 민족의 명절은 우리에게 그런 자연이 강제한 휴일입니다. 근원을 생각하고 자기 자신으로부터 해방되어서 부모와 가족을 생각하고, 이웃을 생각하고, 민족을 생각하는 날입니다. 이 정신을 잃어버리지 말고 각 가정이 나름대로 진정한 명절의 내용을 찾아나가야 할 것입니다. '온고이지신 溫故而知新', '추원보본追遠報本', 하느님과 부모님이 먼 데 있지만 그 먼 데 있는 것을 기억하고 기념하며 섬기고, 자신이 오늘 있게 된 것에 대해서 진정으로 감사하고 예배를 드릴 때 그 가정과 사회와 나라는 복되다고 했습니다. 성경 마태복음의 팔복 이야기도 바로 그렇게 눈에 보이지 않고 당장 드러나지 않지만 근원적인 가치를 지키고 신앙하면서 복된 사람이 된다는 것을 가르친 내용입니다. 오늘날 국가 경쟁력을 말하는 데서도 이제는 '트러스트(신용)'가 가장 큰 경쟁력이 되었다고 합니다. 지금 볼 수 없지만 서로를 믿는 것, 눈에 보이지 않지만 우리 부모가 살아 계신 것처럼 사모하고 예배드리는 것, 우리 존재와 복의 궁극점인 하느님을 믿는 것, 이 모든 것이 명절의 기초가 되고, 내용이 되며, 가르침이 된다고 하겠습니다. 이 명절이 오늘 우리에게 진정한 안식일이 되며 복의 근원이 될 수 있도록 우리 모두가 노력하며 조금씩 서로를 위해서 서로를 나누어주며 새로운 내용으로 채워 나가야 하겠습니다. 오늘 나는 이 좋은 명절의 예배를 위해 무엇으로 함께 나누고자 합니까?

Ⅱ
호주제 폐지와 평등한 부부생활*

1.

남편과 나는 둘 다 대학에 재직하고 있고, 특히 신학과 교회가 우리의 주된 학문 영역이자 활동 장소이므로 우리에게 있어서 교회생활과 신학자로서의 삶은 우리의 공공 영역이 된다. 지금까지 이 공공 영역에서 활동해 온 우리 부부의 모습이 성 평등한 삶을 살고 있다고 여겨져서 이 글을 부탁 받게 되었고, 이것을 계기로 해서 나는 한 번 곰곰이 생각해 보게 되었다. 과연 우리 부부의 삶과 사적인 삶이 평등한지에 대해서, 그리고 특히 우리가 그 폐지를 위해 노력하고 있는 한국의 호주제와 관련하여서 살펴보았다.

올해로 우리들의 결혼생활은 21년째를 넘기고 있다. 대학생과 고등학생의 두 아들이 있으며, 우리가 결혼하기 전 시아버지는 돌아가셨고 시어머니와 시동생이 있었다. 우리는 결혼하자마자 곧바로 외국으로 유학을 떠났기 때문에 사실 우리의 결혼생활은 처음부터 우리들만의 생활이었다.

---

* 호주제 폐지 기독여성연대, 「가족을 넘어 생명공동체로-호주제 폐지를 위한 기독여성 의식 개선 자료집」, 2002. 12, 36-41쪽.

가서 얼마 지나지 않아서 큰아이를 가지게 되었고, 남편은 또한 그 해 여름부터 외국 생활에 따른 스트레스와 심한 공부로 위궤양을 앓게 되어서 우리의 결혼생활은 쉬운 것이 아니었다. 결혼 처음부터 그러나 나는 내 공부를 쉬거나 포기한다는 생각을 해 보지 않았으며 남편도 또한 그런 생각을 하지 않은 것 같다. 아이를 키우면서 둘이 같이 공부하며 지내는 삶이라 남편과 아내 일이 따로 구분될 수가 없었으며, 어떻게든 상황을 헤쳐 나가야 했기 때문에 지금 생각해 보면 정말 여유 없음과 내핍의 생활이었지만 둘 다 같은 목표를 가지고 있었기 때문에 별 갈등을 겪지 않았다.

큰 어려움은 남편이 먼저 공부를 끝내고 한국으로 돌아가면서부터 시작되었다. 당시 나는 박사학위 논문을 본격적으로 진행시키려는 때였지만 둘째 아이를 갖게 되었고, 서울에서는 시어머님이 많이 편찮으셔서 아이를 맡길 수 있는 형편도 아니었다. 남편은 직장관계로 서울로 먼저 돌아가고 나는 두 아이와 함께 논문을 마무리 지을 때까지 스위스에 남기로 했다. 떠나는 남편은 아이가 둘씩이나 되고 시어머니도 아프시며, 자신도 새로운 생활에 적응해야 하는데 내가 포기하지 않고 남으려고 한다고 못마땅하게 생각했을지 모르지만 그래도 친정어머니의 도움과 주위 여러분들의 도움과 배려로 정말 어렵게 마무리할 수 있었다.

이 가운데서 나는 많이 지쳤고 또 돌아오자마자 곧바로 학교에 재직하게 되어서 더욱 힘들었다. 나는 아이를 둘씩이나 두고 서울로 먼저 간 남편을 많이 원망했지만 또 한편으로는 아내로서, 아이들의 엄마로서, 그리고 며느리로서 충실하지 못한 것에 대한 죄책감도 많이 가졌다. 그래서 남편과 많이 다투었고, 한국에 돌아와서도 교회 일과 학교 일로 바쁘기만 한 남편과 많이 갈등했다. 그러나 그러는 가운데서도 시간은 흘러서 나도 차츰

안정을 찾아갔고, 아이들은 성장해 갔으며, 그동안 시어머님이 돌아가셨고, 우리는 비록 원주 이씨의 한 종가집이었지만 단출한 살림을 꾸려나갔다. 당시 스위스에서 남편이 혼자 서울로 돌아갔을 때 나와 비슷한 시기에 임신을 하고 아기를 낳아서 기르면서도 보다 편안한 환경에서 아이도 기르고 자신의 일도 하는 한 스위스 여성을 보고 많이 부러워했었다. 그녀의 남편은 당시 의대 공부를 끝내고 인턴 과정에 들어가야 했지만 아내를 위해서 1년간 자신의 일을 뒤로 미루면서 육아를 전담하고 있었다. 젖먹일 시간이 되면 그는 아기를 데리고 부인의 직장으로 가서 젖을 먹이고 오고 그러한 여유 속에서 되도록이면 아이를 자연육아법에 따라 키우려는 것을 보면서 많이 부러워했다. 그러면서 나는 부인의 공부를 위해서는 결코 자신의 경력을 늦추거나 포기하는 것이 쉽지 않은 한국 상황을 보면서 안타까워했고, 그리하여 남편은 남편대로 나는 나대로 그때 겪었던 아픔과 어려움으로 오래까지 힘들었다.

2.

그러한 가운데서도 남편과 내가 공부를 마무리할 수 있었고, 아이들이 큰 탈 없이 자랄 수 있었던 데에는 시어머니 김재수(金在洙, 1921-1989) 여사의 공을 이야기하지 않을 수 없다. 정말 철이 없던 며느리를 맞아서 제대로 대접도 받아 보지 못하셨고, 우리가 스위스에서 돌아와서는 학교 일과 바깥일로 분주하게 다니면서 병간호도 제대로 못해 드렸는데도 불평 한 마디 하지 않으셨다. 큰아들 내외를 유학 보내 놓고 온갖 궂은 일을 마다 않으며 집을 지키셨고, 그리하여 그 수고에 힘입어서 우리들이 편안하게 살고 있다. 그러한 이유로 나에게 있어서 시집이나 시어머니는 어려움보다는 감사함을 더 불러일으킨다. 그리하여 되도록이면 시부모님의 기일이나 명절을 맞이하여 드리는 차례는 정성스럽게 마련하려고 노력하고, 물론 현실에서 그것들을 표현하는데 많은 부족함을 느끼지만 그래도 노력하면서 항상 죄스럽게 생각한다. 우리 집안에서도 사실 명절은 지금까지 시집 차례를 중심으로 지내 왔다. 그러나 남편은 그것을 결코 강요하거나 하지 않았고, 나도 위에서 든 이유로 명절을 잘 지내려고 노력하고 있다. 또한 우리 집의 경우 일상의 삶은 거의 친정식구들과 친정어머니를 중심으로 해서 이루어지고 있으므로 명절의 경우 시집이 우선이 되어도 별 갈등이 없는 것 같다. 내가 학교 일과 여러 가지 일로 너무 힘든 경우 남편과 상의하고 동서와 의논하여서 차례를 간소히 지내기도 하고, 또 동서가 중심이 되어서 드리기도 한다. 이렇게 지내오는 가운데 친정아버지 기일이나 친정의 여러 행사가 시집의 경우보다 소홀히 다루어지고 있다고 느끼지 못했으며, 아이들의 경우도 그렇게 생각하는 것 같다.

우리 부부는 성姓이 같다. 물론 본本은 다르지만 같은 이李 씨이기 때문에 외국에 살 때도 내 성이 바뀌는 경험도 하지 않았으며, 우리 아이들의 경우도 부모 성을 같이 쓰기 운동을 한다거나 그 중에서 하나만 선택해서 사용해야 할 때도 덜 당황스러울 것 같다. 그러나 다른 사람들의 경우 이렇게 오늘날처럼 모든 일과 업적에서 부부가 같이 노력했고, 아이들을 같이 길러왔는데, 아이들의 성이 아버지 쪽 성만을 가진다거나, 재산이 모두 남편의 이름으로 등록되고, 또한 명절이나 기타 대소사가 남편 쪽의 가족사가 중심이 되어서 행해진다면 참 부당하다고 느낄 수밖에 없을 것이다.

이렇게 호주제는 나를 비롯하여 많은 사람들의 실제 생활에 별로 영향을 미치고 있지 않다. 오늘 많은 경우 호주제는 명목상의 제도일 뿐이며,

국민등록제도로서의 역할에서도 실제로는 주민등록제도가 더 가까이 있다. 그런데도 호주제도가 평소에는 영향을 미치지 못하다가 이혼이라든가 혼외 자식의 출생 등과 관련한 비상의 사태가 되면 나타나서 남성에게 유리하게 적용되고 있으니 그것은 참으로 자연스럽지 못하고 정당하지도 않다. 그 법이 있으므로 해서 현실의 삶에 어떤 도움을 준다거나 질서나 규제의 역할을 하는 것도 아니면서 갑자기 나타나서 오늘의 만인인권과 남녀평등의 시대에도 여전히 예전의 차별적인 관습을 또 다시 공공법으로 강제하려고 하니 그 호적법은 시대착오도 보통의 시대착오가 아니다. 또한 그 실행을 위한 국가의 경제적 손실도 막대하므로 마땅히 폐지되어야 한다.

3.

남편과 나는 공동소유를 원칙으로 한다. 결혼과 더불어 남편은 부모님으로부터 조그마한 집을 물려받았기 때문에 사실 그 집을 처분하고 다시 집을 장만했을 때 남편 몫이 훨씬 더 컸지만 그동안 유학생활을 포함해서 10여 년이 지났으므로 공동소유로 하였다. 그 이후 나는 주로 매달의 생활과 보살필 곳을 담당하고 남편은 좀 더 장기적인 안목으로 계획하지만 모든 것을 공동명의로 하는 원칙을 지키고 있다. 보험도 들게 되면 같이 들고 모든 것을 공평하게 하려고 노력한다. 또한 우리는 같은 분야에서 일하기 때문에 상대방의 지적 권리를 존중하여 주는 것도 중요하다. 만약 남편이 나의 창조적인 생각을 출처를 뚜렷이 밝힘이 없이 사용하려 할 때에는 나는 분명히 지적하며, 그래서 남편도 이 점에 대해서 매우 신중하다. 그러나 여전히 우리나라의 학문 세계가 남성 위주이므로 나는 때때로 불공평하다는 느낌을 받기도 하며, 처음에는 그것들을 잘 표현하지 않거나 과격하게 표현했으나 점점 온건한 방법으로 의견을 전달해 나가는 것을 배우고 있다. 아이들의 양육과 더불어 각자의 일을 하기 때문에 안식년이나 자신만의 시간을 내는 데 있어서도 서로에게 과하게 부담을 주지 않도록 노력한다. 지난 번 남편이 일본에서 안식학기를 보낼 때에도 그가 막내아들을 데리고 가서 함께 지냈으며 나는 서울에 남아서 큰아이와 함께 지냈다. 보통의 집안 살림은 주로 내가 담당해서 많이 하므로 만일 내가 정해진 시간 안에 글을 써야 하는 일이 있거나 하면 나는 짐을 싸들고 며칠씩 글을 쓰러 다른 곳으로 옮긴다. 그동안 남편은 집안일을 맡아 하는데, 지금까지 기억으로 그가 싫은 내색을 하지 않고 기꺼이 담당했으며, 내가 편안히 글을 쓸 수 있도록 여러 가지로 도와준다. 자료도 찾아다 주고, 많은 복사와 참고될 만한 서적들을 가져다준다. 이러한 여러 가지 경험들을 나누면서 남편과 나는 친한 친구가 되었다고 생각한다. 성격상 속에 있는 이야기를 쉽게 털어 놓지 못하는 나는 물론 남편에게도 모두 되는 것은 아니지만 그래도 내가 어떤 상황에 있을 때라도 끝까지 나를 지지해 주고 도와줄 사람이라는 믿음을 가지게 되었으니 가장 친한 친구가 된 것 같다. 앞으로의 삶에서도 여러 계획들을 가지고 탐색하고 있는데, 내가 오히려 나 위주가 되는 것 같고, 남편은 그러면 "당신 하고 싶은 일 다 하라"고 말한다. 이 말에 대해서 나는 그것은 오히려 무책임한 대답이라고 반박하거나, 아니면 보통 남성들이 자신들의 삶에는 영향을 받지 않는 한도 내에서 유사한 대답을 하는 경우가 많으니 그런 수준인가, 아니면 진정으로 아내를 위해서 자신의 계획도 맞출 수 있겠다는 것인가 생각해 본다. 앞으로 우리 부부는 공동으로 저술과 연구를 하며 삶의 공동체를 이루어 나가는 것을 꿈꾸고 있다.

4.

나는 예수를 우리의 정신적인 조상으로 모신다. 그분을 통해서 우리 모두가 성별이나 나이나 국적이나 가진 것의 많고 적음을 떠나서 존재의 궁극자와 소통할 수 있게 되었기 때문이다. 그래서 우리는 그의 은혜를 생각하고 주일마다 그를 기념하고 예배를 드린다. 내가 남편의 가까운 조상과 나의 혈연적 조상을 섬기는 이유도 크게 다르지 않다. 오늘의 남편이 있기까지 그 희생과 밑거름이 된 어른들께 나는 내가 할 수 있다면 최선을 다해 정성을 들여서 그들을 기리고 감사하고 싶다. 그런데 그 조상들 중에서도 특히 내가 삶의 기간 중에 만나게 되었다거나 직접 은혜를 입은 조상들이 계신데, 그분들께 더 정성이 가는 것은 당연하다고 본다. 예를 들어 나의 경우는 시아버님보다 시어머님이 더욱 그러하며, 또한 먼 3대나 4대의 위 조상들보다도 바로 윗대의 부모님들이시다. 내가 이렇게 하듯이 나를 아내로 하여 같이 살고 있는 남편도 나의 부모님과 조상들에 대해서 마찬가지일 것이라고 생각한다. 그러므로 자연스럽게 우리 아이들은 양쪽 부모모두의 조상을 갖는 것이고, 그 조상들 중에서도 특히 아이들이 자라면서같이 만났고 영향을 받았다거나, 또는 그들 중에서 정신적으로 뛰어난 일을 하여서 훨씬 더 자랑스러울 수 있는 조상이 있다면 나는 아이들이 그 분들을 중심으로 해서 자신들의 혈통과 뿌리를 이어가는 것이 마땅하다고생각한다. 그리하여 이런 의미에서의 족보와 같은 사문서는 얼마든지 우리 전통의 미풍양속으로 이어질 수 있고 또한 그래야 한다고 생각한다. 반면 오늘의 호주제와 같이 국가주의에 의해서 인위적으로 강제에 의해서이어지는 가계란 정말 필요치 않고, 또한 남녀의 차별에 의해서 이어지는 가계나 혈통은 정당하지 않으며 자연스럽지도 않은 것이다.

호주제 폐지를 위한 연대에서도 계속 밝혔듯이 오늘날 한국이 가지고 있는 호주제도란 지금까지 인류의 모든 문화와 마찬가지로 한국의 전통문화가 가졌던 가부장주의에다가 일본을 통해서 들어온 서구 근대국가의 가부장주의가 보태져서 이루어진 것이다.[1] 일제는 한국을 강점한 후 민법에 해당하는 조선민사령을 선포하고 조선호적령을 제정하여 호적법을 완전히 일본식으로 변경하였다. 그것은 그들 고유의 사무라이 가부장주의 전통을 바탕으로 근대 가족국가의 이념을 세우려는 것이었는데, 즉 천황을 최고 정점으로 하여 일본과 한국의 전 국민을 국가가 승인하는 공적 문서에 등록케 함으로써 식민 통치를 보다 효율적으로 하고자 한 근대 국가주의 프로젝트였다. 그런데 일본 자신은 2차 세계대전에서 패한 후 민법 개정을 통해 그러한 호주 제도를 완전히 폐지했고 부부와 미혼자녀를 기본으로 하는 호적을 창설하였다. 거기에 반해 한국은 그 제도의 핵심 골격을 이루는 호주제도는 폐지하지 않고 여전히 가족법으로 가지고 있는데, 오늘날 세계가 점점 더 하나가 되어 가는 상황에서 남녀의 평등이 더 이상 왈가왈부할 주제가 아니게 되었다면 우리도 하루 빨리 고쳐야 한다.

서구의 역사를 보면 루터의 종교개혁이 있기 전까지 결혼이나 가족, 개인의 성생활의 문제는 온전히 교회의 소관이었고 그것은 종교적인 신성한 성례전의 문제였다. 그러다가 종교개혁 이후 루터 자신도 성직자였다가 결혼을 하게 되었으며, 오랜 동안의 교회의 지배에서 벗어나서 세속적인 국민국가의 성립이 진행되자 그러한 일들이 세속적인 공공의 법을 통해서 국가에게 인도되었다. 그러나 오늘날은 전 세계적으로 그 국가에 의한 컨트롤과 통치가 거의 막을 내리게 되었고, 개인들은 점점 국가의 간섭으로부터 벗어나서 자유롭게 성생활을 하고 가족을 구성하며 다양한 형태의 공동생활을 해 나가고 있다. 외국의 신분 증명제도는 점점 더 개인별로 호적을 갖는 1인 1호적제로 나아가고 있고, 중국과 같은 나라는 오히려 오구의 모계 승계제를 택하여 자녀들이 모친의 호구부에 출생 등기되며, 부부간의 평등권을 인정하고 아내가 남편에게 일방적으로 종속되는 것을 반대하기 위해 부부는 동적 하지 않는다.

5.

전 세계가 모두 이와 유사한 방향으로 나가고 있는데, 한국만이 유일하게 국가주의적으로 남녀 차별의 호적제도를 고집하고 있다. 더군다나 한국의 크리스천들이 호주제를 계속 주장한다면 그것은 일종의 우상숭배가 되는 것이다. 즉 크리스천이 되었다는 것은 이제 우리 모두는 어떠한 이 세상적인 제약도 뛰어넘어서 각자가 하늘의 궁극자에게 직접적으로 예배드릴 수 있게 되었다는 것인데, 여기서 다시 호주제를 고집하는 것은 그 궁극자 아래에 있는 국가를 인위적으로 다시 주인으로 정하고 그에게 종속되는 것이다. 그러므로 크리스천들은 과거 일제시대에 신사 참배에 반대했듯이 국가의 호주제에 반대해야 한다.

또한 우리는 이미 신약성서에서 예수의 가계가 요셉이 아닌 마리아에 의해서 이어진 것을 보았다. 그것은 크리스천들에게는 우리의 가계가 성의 구별에 관계없이 남녀 모두에 의해서 이어질 수 있다는 것을 인정하는 근거가 된다. 또한 여기서 더 나아가서 오늘날 유대인이 아닌 한국인인 우리가 크리스천이 되었다는 것은 생물학적인 혈연의 관계도 떠나서 정신적인 혈연도 얼마든지 가능하다는 것을 보여주는 것이다. 앞에서도 이야기

했듯이 남녀의 차별을 두지 않고서도 개인의 혈통과 뿌리를 밝히는 족보
는 얼마든지 만들어질 수 있다. 또한 그것들은 사문서로서 사적인 문화의
전통이 될 수 있다. 그것을 오늘날에도 여전히 국가적으로 컨트롤하는 것
은 미개한 모습이지 결코 자신의 가계를 중시하는 역사의식이 아니다.

남편은 말하기를, "우리 집의 주인은 예수님이고 당신이지 나는 한 번도
내가 호주라는 의식을 가져 보지 않았어"라고 한다. 같이 살되 서로 독립적
이고, 독립적이되 부부를 이루어서 사는 것이 나에게는 좋다. 그래서 오늘
의 우리 부부가 있기까지 희생하고 은혜를 베풀어 주신 조상들을 기억하고
기념하는 일은 마땅하다. 이런 맥락에서 가장 근원적인 조상이 되시는 하
나님을 잘 섬기는 일은 우리 삶에 있어서 가장 기본이 되는 일이다.

III
예배와 전통 그리고 오늘의 우리[*]

1. 추원보본追遠報本으로서의 예배

우리가 익히 아는 『사자소학四字小學』에는 '추원보본, 제사필성(追遠報本, 祭社必誠, 먼 조상을 추모하고 근원에 보답하여 제사는 반드시 정성으로 드린다)이라는 구절이 있다. 이것은 유교 제사의 의미를 잘 알려 주는 구절인데, 기독교의 예배도 이와 크게 다르지 않다. 즉 예배란 우리의 근본을 생각하고 다시 기억해 내어서 거기에 감사하고 추모하는 일이다. 서구의 루돌프 슈타이너는 이와 유사하게 종교의 본질을 인간에게 "초감각적인 것을 숭배할 기회를 주는 것"이라고 정의하였다.[1]

기독교인으로서 우리는 삶의 근본을 궁극적으로 또는 최종적으로(宗) '하느님'으로 보면서 그 궁극과 시원을 기억하고 감사하며 그것의 기념을 위해서 시간과 공간 따로 구별하여 예배한다. 만약 그렇게 하지 않으면 우리는 오늘 우리 자신의 일과 노동에 사로잡혀서 헤어 나올 수 없을 것이다.

* 〈새가정〉 2008년 4월호, 새가정사, 10-13쪽.

쉬지 않고 일하는 것이 지금 당장의 이익과 실용을 위해서는 좋을지 모르지만 결국 자신을 죽이는 일이다. 하느님의 '안식일'은 그래서 결국 우리 자신을 위한 일임을 깨닫게 된다.

예배는 위의 추원보본이 잘 지적해 주는 대로 우리의 뿌리와 근본을 생각하는 일이다. 오늘 나의 시간과 공간을 넘어서 '처음에', '근본적으로' 삶의 모습이 어떠했는지, 구약성서의 이야기대로 하면, 하느님의 선한 창조물로서 우리도 하느님처럼 창조와 안식의 조화로운 리듬 속에서 주변의 동료와 자연과 더불어 아름다운 공생을 살았다. 예배를 통해서 우리는 이 처음을 다시 기억해 내고 그것을 회복하고자 한다.

예수 그리스도는 우리의 또 다른 근본이고 시작이다. 그를 통해서 하느님의 창조가 다시 새롭게 시작되었고, 이제 우리 모두는 그 인종이나 성별, 신분이나 지식, 재산의 많고 적음에 상관없이 궁극자의 자녀가 될 수 있는 길을 얻었다. 우리는 예배를 통해 이것을 다시 기억해 내면서 우리 자신과 화해하고, 이웃과 화해하며 본래적 삶의 규정과 방향을 찾아 나간다.

전통은 이 시원을 끊임없이 기억하며, 각자 자신들 삶의 문제와 씨름하며 그것을 실험했던 사람들의 이야기이다. 그래서 그 전통은 오늘 우리 문제를 풀어나가는 데 귀한 보고가 될 수 있다. 마치 세상에 새로 태어난 아이가 살아가는 데 필요한 지혜를 전前 세대로부터 배우듯이, 우리는 전통으로부터 배워서 우리 문제를 풀어 나가고, 그러면서 나름대로 다시 거기에 우리 삶의 지혜를 보탠다. 이렇게 쌓여진 전통은 성스러운 영역과 기억의 대상(聖, the sacred)이 되고, 우리는 그 지혜를 축적시킨 주인공들을 기억하고 기념하며 감사한다.

2. 예배는 몸으로 드리는 일

예배나 전통은 이렇게 우리로 하여금 '근원'에 대한 감각을 되살려주는 것인데, 종교를 철학 일반과 구별시켜 주는 가장 구체적인 기제인 예배는 우리들의 '몸의 참여'를 요청한다. 예배는 머리나 생각만의 일이 아니다. 구체적인 몸의 참여를 요구하고, 몸을 통한 반복적이고 구체적인 실행을 통해서 하나의 예식과 '의식儀式'으로 자리 잡기를 원한다.[2] 그래서 맹자도 '믿음信'이란 "(善이 진정으로 좋아서 그것을) 자신의 몸에 있게 하는 것(可欲之謂善, 有諸己之謂信)"이라고 했다(『맹자』盡心下). 진정한 믿음이란 우리 몸으로 반복적으로 실천하면서 얻게 되는 것이라는 지적이겠다.

따라서 오늘날 어떤 종교의 의식儀式이 구성원들의 구체적인 몸의 참여를 막고, 이념이나 언어의 일로만 남아 있다면 그것을 경계의 눈으로 보아야 한다. 평신도와 여성들과 어린아이들과 젊은이들을 소외시키고 오직한 어른 남성 목회자의 언어로만 채워지는 예배 의식은 그래서 지양되어야 한다. 예배가 몸의 예식이라는 것은 자신을 점점 더 정신으로 규정하기를 선호해 온 우리에게 또 하나의 다른 본래적인 기원을 상기시켜 주는 일이다. 몸으로 습관들이지 않은 선은 쉽게 간과되고, 지속적으로 행해질 수 없다. 우리가 매번의 행위마다 사고와 의지로 결단해야만 그 행위가 가능해진다면 그러한 삶은 매우 고달플 것이다. 또한 그와 같은 삶은 신뢰하기 어렵다. 그러므로 예배에의 반복적인 참여로 사람들의 몸과 마음에 선의 습관이 심어져서 그것을 지속적인 인간다움으로 자리 잡게 했다면 그 모든 예배는 소중한 것이다. 인간 문화가 이것을 버린다면 인간 문화 자체도 곧 이어서 사라질 것이다. 그래서 한 가정에서, 한 공동체에서, 한 민족과 국가에서 예배가 살아 있다는 것은 그것이 비록 많은 현실적인 한계와 오류를 가지고 있다 해도 귀한 일이다.

3. 경물敬物로서의 예배

예배를 몸의 행위로 지시한 것은 지금까지 우리 삶에서 몸이 무시되면서 억눌려졌거나 사라진 것들을 다시 예배를 통해서 회복해야 함을 말한다. 이것은 몸과 물질을 '거룩의 영역(聖)'으로 인정하는 일이고, 또한 거룩의 영역으로 화하게 하는 일이다. 몸이 단순한 물질덩어리가 아니고, 물질이 단순히 에너지나 정보의 집합체가 아니라는 것을 인정하고 밝혀 주는 일인데, 그러한 예배는 과연 어떤 모습을 갖게 되는 것일까?

일찍이 동학의 해월 최시형 선생은 '경천敬天'과 '경인敬人'과 '경물敬物'의 세 가지를 말하였다. 그는 당시의 종교 전통을 새롭게 개혁하는 가운데서 궁극적인 근원인 하늘(天)을 더욱 친근한 인격적 부모로 섬기기를 원했고, 몸적 존재라고 천시했던 여성과 어린아이들을 우대했으며, 마당에 흩어져 짓밟히는 하찮은 짚풀도 귀하게 여겨서 그것을 엮어 짚신을 만들어서 누구든 신게 했다. 밥 먹는 것도 예배로 보아서 깨어진 사기그릇이 아닌 온전한 그릇에 담아 먹도록 권고했으며, 땅 속에 살고 있는 눈에 보이지 않는 벌레와 미물이라도 다칠세라 조심하도록 했다.[3] 한국의 종교 전통 중에서 이만큼 진정으로 온 삶이 예배가 되는 경우는 없지 않나 생각한다. 동학의 예배는 그리하여 우리 민족이 세계 종교계에 줄 수 있는 참으로 귀한 선물이라고 여긴다.

오늘날 기독교 전통 가운데서 경물의 의미를 가장 핵심적으로 담지하고 있는 '성만찬'의 전통이 퇴색되어서 특별한 경우가 아니고는 실행되지 않는데, 이것은 몸과 물物의 천시와 다르지 않다. 예수 그리스도의 의미가 곧 성육신이지만 그 핵심이 간과되면서 오늘날 개신교에서 성만찬 예식이 소홀해졌고 그 의미가 깊이 있게 천착되거나 실천되지 않는다.

4. 공동체를 구성해 주는 예배

예배의 또 다른 의미는 자신에로의 함몰에서 나와서 타자를 만나는 것이다. 궁극적 타자로서의 하느님을 만나는 일일 뿐 아니라, 그 궁극적 타자를 나처럼 기억하고 기념하고 추모하는 이웃을 만나면서 공동체 안에서 사는 일이다. 생명은 공명이고 공생이다. 그러므로 공생을 저버리는 것은 생명을 저버리는 일이다. 오늘 한국 기독교의 현실에서 교회가 그렇게 번창해 있는데도, 그리고 예배가 그렇게 많이 드려지고 있는데도 반생명적 현실들이 넘쳐나는 것을 보면, 진정으로 예배가 드려지지 않는 것이 아닌가 반성할 일이다. 같은 시원을 가졌고, 같은 구원자를 가졌다는 것을 '정성으로 (誠)' 기억하고 감사한다면 우리의 하나됨을 망각하지 않을 것이다. 하지만 이러한 현실적인 종교와 예배의 많은 한계에도 불구하고, 오늘날 모두가 점점 더 원자화되고 삶의 방향을 잃고 헤매고 있는 때에 예배 외에 어떤 삶의 기제가 그렇게 반복적이고 지속적으로 사람들을 모으고, 공동체를 이루며 인간적인 것을 잃지 않도록 할 수 있을까? 그러므로 우리의 모든 예배는 여전히 우리에게 있어서 긴요하고 귀한 것이다.

5. 유교 전통과 기독교 전통의 대화

한국 민족의 예배 경험은 매우 독특하다. 지금까지 인류가 실행해 온 대표적인 예배 경험들을 거의 모두 가지고 있어서(샤머니즘, 유교, 불교, 도교, 유대기독교 등) 한국 문화의 예배 전통은 풍부하고 다양하다. 19세기 말 서양의 유대·기독교 예배의식을 받아들이기 전에 유교가 풍부하게 일구어 왔던 예배 의식은 조상에 대한 제사였다. 유교는 보통사람들에게 최고의 궁극자(天)에 대한 예배를 허용하지 않았고 대신 각 가계의 근원에 대한 제사에 힘써 왔으므로 기독교의 예배와 같은 것이라 할 수 없다. 그래서 알다시피 처음 두 전통의 만남에서 예식 간의 충돌은 격렬했고, 서로가 매우 배타적이었다. 오늘날까지 그 모습이 거의 유사한 형태로 내려오고 있다.

그러나 오늘날 이 세속사회에서 궁극과 근원에 대한 관심이 총체적으로 퇴색되어 가고, 몸의 실행이 드물어지며, 공동체가 급속도로 해체되어 가고 있는 상황에서 무엇 때문에 계속해서 서로에게 배타적일 필요가 있는가? 오히려 두 전통은 서로의 주안점을 잘 살려서 그것으로 각자에게 부족한 부분을 채워 주면서 협력할 수 있다. 두 예배 전통은 우리로 하여금 근원에 대한 추모와 감사를 신장시키고, 선善을 더욱 더 몸으로 실천하게 하며, 공동체를 키워 나가는 데 손을 맞잡을 수 있다. 한국 기독교회가 그렇게 배척했던 유교의 제사만큼 근원과 뿌리에 대해서 생각하고, 반복적으로 몸으로 예배드리며, 공동체를 모으는 실천도 드물다. 물론 거기에서의 성차별이라든가 과도한 치레예식이 문제가 되었던 것도 사실이지만, 오늘날과 같은 물질주의와 개인주의, 이기적 현세주의가 판치는 세상에서, 유교는 우리에게 가장 실감나게 다시 자신의 근원과 토대를 생각케 하고, 몸을 쓰게 하며, 자기를 넘어서서 함께함을 생각하도록 하는 전통이다. 또한 유교 쪽에게도 기독교의 예배만큼 많은 사람들에게 최고의 궁극과 근원에 대한 접근을 용이하게 하는 전통도 없다는 것을 인정하고서 결코 그 일을 폄하하거나 무시할 일이 아니다. 한국 기독교회는 유교 예배의 전통을 받아들여서 최고 궁극자인 하느님에 대한 예배와 더불어 구체적인 몸의 조상에 대해서도(꼭 부계 쪽의 조상일 필요도 없다) 추모하고 감사하며, 정성을 다해 기리도록 할 수 있다.

이 두 전통을 오늘 한국 민족만큼 잘 실행할 수 있는 그룹도 드물다. 그러므로 한국 교회는 이 두 전통의 만남을 더욱 고양시켜서 나름의 뛰어난 예배 의식으로 구성해 내는 일에 힘을 쏟아야 한다. 조상 제사를 우상숭배로 치부하여 배타적으로 비하하고 배척할 것이 아니라 그 전통을 아름답게 끌어안는 일이 요청된다. 예수 그리스도는 진정한 효자녀(孝子女)셨다는 것을 우리는 알고, 그가 하늘의 부모를 극진히 섬긴 것은 우리 모두에게 큰 모범이 된다.[4]

IV
유교 – 만물일체의 생태학적 사고를 위한 샘물[*]
— 『Confucianism and Ecology유교와 생태학
— 하늘, 땅 그리고 인간의 상호관계에 대하여』에 대한 서평

1.

이 책은 1996년부터 1998년까지 미국 하버드 대학의 세계종교연구센터 (Center for the Study of World Religions)가 주관한 〈세계 종교와 생태학〉이라는 학술대회 시리즈 결과물을 모아 놓은 것이다. 오늘날 생태학적 위기가 점점 심각해지면서 각 방면의 연구들이 진행되고 있는 가운데 '종교와 생태학', 종교적인 삶과 지구 생태의 문제를 관련지어 살펴보면서 그 해결책을 근원적으로 모색해 보려는 것이다.

사실 오늘날의 지구 환경의 문제는 단순히 정치나 경제 또는 사회적인 문제만이 아니다. 그것은 더 근원적으로는 우리의 세계관과 윤리관의 문제인데, 종교라고 하는 것이 우리가 어떻게 자연과 더불어 우리 자신을 생각하고 우리가 어디로부터 와서 어디로 가는가 등의 세계관적이고 윤리적인 물음들을 답하는 것이라면 오늘날의 위기를 극복하기 위해서 우리 종교를

* 이 글은 〈동아시아 문화와 사상〉 제5호, 2000.11에 실렸던 서평이다.

다시 점검해 보는 일은 매우 요긴한 일이다. 일찍부터 이 분야에 힘을 쏟고 있는 미국의 신부이자 과학자인 토마스 베리(Thomas Berry)는 우리가 이 위기를 극복하기 위해서는 무엇보다도 '새로운 우주론(a new cosmology)' 이 필요하며, 그것은 곧 지금까지의 진화 과정에서의 인간의 역할과 그 진보의 신화를 래디컬하게 다시 생각하는 것이라고 말했다. 곧 오늘의 생태학적 위기는 영적인 위기이며 윤리적인 위기라는 것을 강력하게 시사하는 말인데, 여기서 세계 종교들이 협력하여 하나의 역할을 해야 한다는 것이다.

이러한 뜻에서 하바드의 세계종교연구센터는 3년여에 걸쳐 세계 600여 명 이상의 학자들, 대학원생들, 종교지도자들, 환경운동가들을 포함시키면서 이 주제의 탐구를 진행시켰다. 위 책은 그 중에서도 특히 동아시아 유교와 도교의 종교 전통이 어떻게 오늘날의 환경 위기에 응답할 수 있으며, 앞으로의 종교와 생태학과의 좀 더 진전된 대화를 위해서 어떤 역할을 할 수 있는지를 탐색한 결과이다.

2.

먼저 위 회의의 공동주관자 메리 터커(Mary E. Tucker)와 책의 공동편집자 존 버트롱(ohn Berthrong)은 '유교적 생태학(Confucian Ecology)' 이라는 개념을 제시한다. 유교를 중국의 한 자연주의이며 '자연주의적인 우주론(naturalistic Cosmology)' 으로 파악하는 이들에 의하면 유교는 그 유기적 전일성과 역동성으로 인해서 오늘날의 생태학과 매우 창조적인 대화를 할 수 있다. 초기 유교 전통의 『역경易經』 속에 이미 전 우주의 하나됨과 관계됨의 이념이 충분히 표현되어 있다고 보는 이들은 특히 그 자연주의와 전일성이 자기생산적인 유기체적 과정으로서의 우주를 파악하는 관점 속에서 아주 뛰어나게 표현되어 있다고 본다. 다음으로 이들에 의해서 중요하게 파악된 유교 우주론의 또 다른 특징은 바로 기氣의 개념 속에 들어 있는 역동적인 생명 주의이다. 우주에서의 모든 변화와 과정을 기의 변화로 보는 유교 전통 (生之道)은 이들에 의하면 오늘날 인간까지도 포함해서 광물, 식물, 동물 등의 전 생명체 시스템을 연결 지을 수 있는 좋은 근거가 된다. 이러한 이들의 서론적인 지적은 뒤의 저자들에 의해서 다시 계속적으로 반복되어 주장된다. 이런 우주관과 더불어 만물일체를 지향하는 유교의 '자기수행(Self-cultivation)' 의 전통은 바로 모든 존재들을 연결시키고 그렇게 하는 가운데서 지금까지의 인간 중심주의를 벗어나서 '인간우주적(anthropcosmic)' 세계관을 형성하는 좋은 기초가 될 수 있다고 한다.

이상의 기초적인 지적은 크게 다섯 파트로 나뉘어서 탐색되는 다음의 장들에서 심도 깊게 연구된다. 첫 번째 부분에서는 우리에게 잘 알려진 투 웨이밍(Tu Weiming)과 트바리(Wm. Theodore de Bary) 교수에 의해서 서구 계몽주의의 가치에 대한 평가와 더불어 오늘날의 생태 위기가 탐색된다. 두 번째 부분은 생태 위기에 대한 현재의 논의 속에서 어떻게 유교 전통이 세계관적으로, 윤리적으로 혹은 철학적으로 대답할 수 있겠는가 하는 배경들이 포괄적으로 다루어진다. 세 번째 부분은 보다 구체적인 접근으로서 새로운 생태관과 윤리의 구축을 위한 유교적 비판과 자료들이 탐색된다. 한국과 중국, 일본의 유교 전통에서 어떻게 오늘날의 생태 위기를 극복할 수 있는 시사들이 찾아질 수 있을까가 탐구되는데 특히 한국에서는 율곡의 우주론이 다루어졌다. 네 번째 부분의 철학적 탐색과 더불어 이 책의 마지막은 어떻게 유교가 오늘날의 다양한 실천적인 주제들과 관계될 수 있을까를 보여준다. 유교와 정원조경, 또한 오늘날의 에코페미니즘과 유교와의 대화,

중국적 환경의 개념과 그 정치적 의미들이 다루어지는데, 이러한 일들은 유교 전통을 통해서 더 구체적인 생태학적 전망들을 얻기 위한 것들이다.

3.

본론 맨 첫 장의 문을 연 투 웨이밍 교수는 「계몽주의 사고를 넘어서」라는 글을 가지고 근대 이후 지금까지 서구 사회를 주도적으로 이끌어왔던 세계관을 계몽주의라고 지적하며 그 한계와 왜곡을 밝히는 일로 시작한다. 그에 따르면 사실 계몽주의는 그 자식인 프랑스 대혁명의 '박애 (fraternity)' 정신을 충분히 살리지 못했다고 한다. 대신에 과도한 인간 중심주의, 이성 중심주의, 진보에 대한 지나친 낙관, 그리고 개인주의 등을 야기했다. 이러한 상황에서 대안적 정신의 샘을 찾는 투 교수는 서구 헬레니즘과 헤브라이즘, 남아시아 전통의 힌두교·불교·자이나교, 동아시아의 유교와 도교, 그리고 미국 인디언이나 하와이 원시 전통들을 돌아본다. 그중에서도 특히 동아시아의 일본과 네 마리의 작은 용의 나라들(한국, 타이완, 홍콩, 싱가포르)이 보여준 최근의 발전상에 주목한다. 여기서 그는 유교 전통 아래에 있는 이들 나라가 서구의 다른 지역에서처럼 정치·경제상의 발전도 보여주면서 그러나 동시에 그들 나라들에서보다 덜 개인주의적이고, 덜 이기적이며, 갈등의 양상이 더 부드러운 것을 보면서 그 요인으로 유교적 영향력을 본다.

오늘날 서구 계몽주의 정신으로 꽃핀 산업사회가 더욱 진행되면서 세계화와 지구화가 나타나는 과정에서 투 교수는 지금까지의 과도한 계몽주의 정신을 제어할 수 있는 유교 전통의 여러 인간적 비전을 내어 놓는다. 그것은 인간의 존재를 철저히 관계성 안에서 파악하는 것이다. 즉, 인간 자신들과만이 아니라 식물과 동물, 나무와 강, 산들과도 교통할 수 있고, 고립된 개인이 아니라 사회적인 여러 관계망 속에서, 또한 정치적인 존재로서 기계적인 경직이 아닌 유기적인 공동체의 의식 가운데서 차이를 인정할 수 있는 인간을 의미한다. 그것은 역사와 전통과도 대화하며 또한 궁극적으로는 '천명天命'에 대답하며 초월과 관계 맺을 수 있는 형이상학적 존재로서의 인간을 말하는 것이다.

유교 전통이 가르쳐 주는 또 하나의 의미로서 투 교수는 유교의 자기수행의 공부를 든다. 전통의 신심지학身心之學과 성명지학性命之學을 이야기하며 만물과의 일체, 천인합일天人合一을 지향하는 유교의 "인간우주적(anthropocosmic)" 생태학적 함의는 무척 크고 다양하다는 것이 투 교수의 대안이다.

서구 계몽주의에 대한 투 교수의 해석에 대해서 몇 가지의 이의를 제기하고 나오는 드바리 교수는 특히 세계 공동체의 강조와 더불어 쌍을 이루어나가야 할 것으로 '지역성(localization)'과 '뿌리박음(rootedness)'에 대해서 말한다. 우리가 오늘날의 세계화 시대에 많이 듣는 구호인 'Think globally, act locally'의 구호는 드바리 교수에 의하면 그렇게 새로운 것이 아니다. 아시아에서는 이미 주희의 사상 속에서 가족적인 배경에서의 자기수행과 더불어 잘 조직된 지역공동체의 하부구조를 바탕으로 국가를 운영해 나갈 것이 강조되었다. 그러나 드바리 교수에 의하면 주희의 이러한 지역사회적인 비전은 그 후 별로 주목을 받지 못했는데, 그 당시에는 국가관료주의와 개인이기주의로 인해서, 오늘날에는 거대한 세계화의 논리 아래서 질식당하고 있다고 비판한다. 드바리 교수는 미국 농부시인 벤델 베리(Wendell

Berry)의 사상 속에서 예전의 주희의 이상을 다시 본다. 벤델은 영국 시인 에
즈라 파운드(Ezra Pound)에 의해서 유교 사상을 소개 받았다고 한다. 길게 인
용된 베리의 글에 나타난 사상은 주희에서와 마찬가지로 우주의 유기체적
질서를 믿는 것이다. 그러나 오늘날 그것이 깨지면서 세계를 단순히 물질
덩어리로 보고 농업 공동체는 파기되어서 미국식 뿌리뽑힘이 진행되고 있
는 것에 대한 고발이었다. 드바리 교수에 의하면 이러한 사상들은 특히 『대
학』의 사상에 기반한 것이라고 한다. 그것은 '자기변혁(Self-transformation)'에
근거해서 가족, 공동체, 국가 그리고 더 큰 세계로 나아가려는 『대학』의 사
고가 구성된 것이라고 한다. 이런 의미에서 드바리 교수는 오늘날 산업화
와 도시화에 몰두하는 현대 중국도 다시 유교적 가르침에 희망을 걸 수 있
다고 말한다. 유교 전통도 그렇고 베리도 마찬가지로 오늘의 환경 문제, 세
계화의 갈등 문제를 푸는 데 있어서 모든 것이 '가정'이라는 베이스에서
시작하지 않으면 안 된다고 가르쳐 주는 것이라고 정리한다.

「세계와의 교우-유교적 생태학의 뿌리와 가지들」이라는 제목을 가지고
유교 생태학의 초월적 근거를 탐색하는 로드니 테일러(Rodney L. Taylor) 교수
는 결국 환경 윤리의 문제는 근원적으로 종교적 문제라는 것을 드러낸다.
아시아 종교 전통으로서의 유교가 오늘날의 생태 문제에 의미를 줄 수 있
음을 제시한 세 명의 사상가들, 투 웨이밍의 "존재의 연속성(The Continuity of
Being)"과 메리 터커(Mary E. Tucker)의 "자연주의 우주론과 영적인 자기수행의
윤리", 그리고 타케히토(O. Takehito)가 말한 자연의 모든 생명체를 유교적 명
상 속에 포괄시키는 수행을 들면서 테일러 교수는 특히 이러한 제안들이
신유교 전통의 정호와 이천 형제, 장재 등의 사상 속에 벌써 뿌리내려져 있

다고 지적한다. 그러나 이러한 세계관적 물음보다도 테일러 교수에게 더 긴요한 문제는 과연 이러한 역사상의 전통이 오늘날의 위기에 진정으로 도움을 줄 수 있겠는가 하는 것이다. 과거의 동양적 '관념'이 오늘의 서양인들에게도 '행위'를 불러일으킬 수 있겠는가라는 것이다. 그러나 그는 이러한 관념과 행위, '지知'와 '행行'의 문제 앞에서 동양적 그리고 유교적 사고란 결코 단순한 관념적 이론이 아님을 강조한다. 그에 따르면 유교적 사고란 이미 그 안에 실천과 관계하며 궁극적인 실행을 지향하는 종교적 속성을 지니고 있으므로 그것은 결코 이론만을 위한 철학적 서술이 아니라는 것이다.

이것은 유교의 종교적 속성을 더욱 드러내는 것인데, 단순히 '서술(description)'만을 위한 것이 아니라 행동으로 '지시(prescription)'하는 유교의 종교적 속성을 통해서만이 오늘날의 현대인에게 도움을 줄 수 있다고 믿는 것이다. 대표적으로 장재의 『서명西銘』(Western Inscription)을 들면서 거기서 나타난 '만물과의 동반과 교우(companionship with all things)'야말로 바로 우리로 하여금 그러한 행동에로 부르는 강력한 지시가 된다고 한다. 주돈이가 자기 창문 앞의 풀을 보고 자신과 같은 '성性'을 지녔으므로 함부로 자르지 못하게 한 이야기나 왕양명의 유명한 고백, 심지어는 길거리에 기와가 깨어져서 나뒹굴어도 안타까움을 느끼는 것은 그것과 한 몸을 이루기 때문이라는 이야기는 유교의 생태학적 의미를 강력히 드러내는 것이라고 말한다.

4.

이 이후에 이어지는 여러 학자들의 탐색은 다시 선태유교로부터 시작하여 신유교, 그리고 한국이나 일본의 유교 전통에서 생태학적 의미들을 찾아내는 작업들이다. 신유교의 사상 전통을 연구하고 가르치다 보면 자연스럽게 통합 학문적 관심을 가지게 되어 오늘날 학문의 다양한 부분들, 환경 생태학, 생물학, 경제학, 정치학, 양자물리학들을 탐색하게 된다는 켈튼 (M.C. Kalton)은 그 과정에서 자신이 이미 알아 왔던 신유교의 오래된 개념들이 그러한 새로운 과학적 개념들과 놀랍게 서로 연결되는 것을 발견한다. 그가 예로 들은 대표적인 개념인 '이理'를 살펴보면 신유교 사상가들에게 존재와 우주의 최고원리로서 매우 친숙한 이는 오늘날 현대학자들이 시스템 이론이나 복잡성의 원리 또는 진화론을 이야기하고 유전자 코드를 이야기할 때 쓰는 원리 개념과 너무도 훌륭하게 상관된다고 한다. 오늘날 존재의 모두를 포괄하여 변화하는 패턴이나 시스템으로 파악하는 관점, 카오스 이론이나 복잡성의 원리에서 발견한 자기조직(self-organization)의 개념은 바로 만물을 변화하는 과정으로 생각하면서도 그 안에 패턴과 변화의 원리를 보는 신유교적 사고와 매우 유사하다는 것이다. 더군다나 신유교의 이나 도 道, 태극太極의 개념은 서구 사상이 연결을 짓는데 한계를 보이는 자연의 원리(자연법)와 도덕의 원리(도덕법) 사이의 간극을 통합할 수 있는 가능성이 된다고 한다. 그리하여 예를 들어 주희 사고의 이원론적 일원론(dualistic monism)은 물질의 영역으로부터 시작하여 모든 생명의 영역(에코시스템)을 포괄하고 인간이 만든 에코시스템인 사회와 문화의 영역까지도 통합하여 우주를 서로 깊은 관계 속에서 연결된 생명의 그물망으로 그려 줄 수 있다고 한다. 오늘날 서구의 전개된 진화론이 그려 내는 세계관이 이와 같고 여기서 적자생존(fitting in successfully)이라는 개념을 예전처럼 약육강식의 잔인한 경쟁으로 생각할 것이 아니라 주변과 잘 관계를 맺는(자연법에 따르는), 또는 인간적인 개념으로 말하면 예禮에 맞게 행동하여 주위와 협력하는 관계에 들어갈 수 있는(도덕법) 모습으로 생각하면, 유교의 이理의 개념은 바로 진화의 훌륭한 원리로서 파악될 수 있다고 한다. 이일분수理一分殊의 원리가 바로 이것이라는 것이다.

이와 더불어 신유교의 또 다른 중심 개념인 기氣라는 것도 오늘날의 질량과 에너지의 개념과 연결시켜 보면 여러 가지로 많은 대응점을 볼 수 있다고 한다. 더군다나 신유교의 기의 개념이 매우 생기론적이어서 그것은 단순히 유물론적인 질료의 개념이 아니라 우리 몸과 마음 모두의 생명력이 되므로 서구적인 전통에서의 에너지에 대한 유물론적이고 기계론적인 한정을 극복할 수 있다고 한다. 우리가 다 알다시피 신유교는 기의 청탁의 개념을 가지고 인간의 불완전성과 그 수행의 문제에 대한 의미 있는 이해를 추구하였다. 그런데 여기서 저자는 그 기의 청탁을 오늘날의 개념으로 보면 우주적 에코시스템의 진화의 과정에서 표현되는 '복잡성의 정도(degrees of complexity)' 개념으로 바꾸어 볼 수 있다고 제안한다. 생명의 탄생과 진화를 복잡한 시스템(理)을 향한 에너지의 추력(氣)으로 보고, 유기체와 에코시스템의 복잡성의 패턴은 출현하는 것이지 결코 선재하는 것이 아니고 그 과정은 비교적 단순한 수준에서의 자기구성적인 체제로 시작하여 그 시스템 안에서 점차로 적응하면서 복잡성의 높은 수준으로 나아가는 의미로 생각할 수 있다고 한다. 이런 의미에서 신유교의 개념이야말로 오늘날의 과학적 탐색으로 얻어진 새로운 세계관을 설명하는데 가장 적합한 개념들이라고 말하는데, 그것은 한 인격적 창조자를 상정한다거나 하는 전통의 신화의 사고를 극복하면서도 그러나 동시에 결코 물질주의적이거나 기계론적으로 환원되지 않고 인간의 책임과 수양을 통한 노력이 요구되는 진화의 과정으로서의 우주를 보기 때문이다.

이상과 같이 온 에코시스템을 포괄하는 개념으로의 신유교적 세계관의 가능성은 투 웨이밍 교수에 의해서 '존재의 연속성'이라는 개념으로도 표현되었고, 특히 터커 교수가 기철학을 '생태학적 우주론'으로 의미지운 것에도 드러났다. 터커 교수에 의하면 기의 개념은 생태학적 우주론을 위해서 여러 가지 풍부한 의미들을 갖는다. 먼저 그것은 원래 모든 종교들이 자연과 연결되어서 자연친화적인 모습을 가졌다는 것을 잘 드러내주고, 그것은 온갖 종류의 생명의 형태가 그 차별과 또한 공통성을 가질 수 있는 기반이 된다고 한다. 그래서 인간이 자연 또는 모든 형태의 생명과 서로 교통하며 관계 맺을 수 있는 이해를 키워 주며, 인간으로 하여금 우주의 진행에 있어서 적극적으로 역할할 수 있도록 그 자리를 지정해 준다고 한다. 또한 사회정치적인 윤리를 위해서도 의미가 있는데, 즉 모든 사람들이 같은 기氣로 창조되었다는 점에서 형제애와 자매애를 가질 수 있고, 또한 경험적인 학문의 전개를 위해서는 같은 기를 가진 대상들을 탐구하는 '격물格物'의 기반이 되어서 역사, 농업, 자연사, 의학, 천문학 등의 학문의 발전을 지지한다고 한다.

이렇게 '질량'과 '에너지'를 모두 포괄할 수 있는 개념으로서의 기氣에 대한 평가는 계속적으로 여러 연구가들에게 나타나는데, 「율곡 우주론의 생태학적 의미」를 탐색한 노영찬 교수에 의해서도 바로 이런 측면에서의 평가가 이루어졌다. 퇴계보다도 율곡에게서 더욱 더 적극적인 기에 대한 평가를 보고 태극太極이나 음양陰陽에 대해서도 인간 중심적인 가치 평가 대신에 더 넓은 우주적인 지평이 드러난 것으로 보기 때문이다. 노 교수는 우리가 유교적 생태학을 전개시키기 위해서는 먼저 생태학을 인간 중심주

의에서 해방시켜야 하며, 유교 휴머니즘을 결코 인간 중심주의로 이해해
서는 안 된다고 말한다. 그에 따르면 유교 휴머니즘은 인간의 관심을 넘어
서 하늘과 땅의 전체에로 나아갈 수 있는 유일한 형태의 휴머니즘이라고
한다. 그런 의미에서 "하늘과 땅도 '성인聖人'의 출현을 기다린다"고 말한
율곡의 우주 이해는 결코 "주체 대 객체"의 의미가 아니라 "주체 대 주체"
의 관계였다고 밝힌다.

5.

본 서평자가 마지막으로 소개하고 싶은 글은 여성교육철학자 휴이리 리
(Huey-li Li)의 유교와 에코페미니즘에 관한 글이다. 그녀는 여성학자답게 생
태문제를 다루면서도 직접적인 자신의 경험으로부터 시작하기를 원한다.
즉 미국의 생태학자 린 화이트(Lynn White)가 오늘날의 세계환경문제를 서구
기독교 사고의 인간 중심주의 때문이라고 해석하지만 그녀는 자신이 어려
서부터 타이완에서 자라온 경험으로 보면 결코 타이완의 유교가 환경보호
와 생태적 태도에서 더 나았다고 말할 수 없다고 밝힌다. 즉 유교가 아무리
인간과 하늘과 땅의 하나됨을 이야기하고 자연과의 연속성을 말하지만 산
업화의 폐해에 대해서 별로 효과적으로 작용하지 않은 것을 볼 수 있으며,
반대로 유대 기독교적 사고가 산업화를 일으키고 생태계의 혼란을 가져온
주범이었다 해도 결코 그 다른 가능성을 위해서 제외시켜서는 안 된다고
주장한다.

이러한 주장은 매우 경험적이고 현상학적이다. 페미니즘의 논쟁에서도
불교나 고대 샤머니즘적 종교들이 그 안에 훨씬 더 많은 여성적 요소를 담
고 있지만 그러한 종교들이 실행되고 있는 지역에서의 여성들 삶의 현실

은 더욱 열악한 모습과 유사하다. 동양 사상에 대한 이러한 여성주의적인 유보의 입장에서 그녀는 서구 여성들에 의해서 한 대안으로 제시된 '에코 페미니즘'의 여러 측면들을 탐색한다. 그러면서 또한 서구 에코페미니스트들이 주장하듯이 중국에서는 전통적으로 여성과 자연이 동일시되지 않았다고 하면서 중국 사회에서의 여성의 억압과 오늘날의 생태 문제가 어떻게 연결되는지 분명하게 밝힐 수 없다고 말한다. 그녀는 지금까지 남성 유교학자들이 이야기한 대로 유교적 동일성의 존재론이 오늘날 구체적인 생태윤리의 구축에 무조건적으로 도움이 되지 않는다고 말한다. 오히려 그녀는 유교적 세계관도 자연과 사회의 연속성을 보는 것을 통해서 과학과 기술을 발전시킬 수 있다는 점을 말하고 싶어 한다. 그러나 그 과정에서 자연에 대한 기술적 접근은 사회적 덕의 실현의 과정으로 보아야 한다고 강조한다. 다시 말하면 여성은 자연, 남성은 문화, 또는 동양은 자연, 서양은 산업 등의 이분법은 오히려 여성의 억압과 동양사회의 낙후성을 주장하려는 사회 이데올로기와 헤게모니 갈등의 측면이 있다는 것인데, 이러한 측면들을 잘 들추어 내면서 밝히는 것을 통해서 유교적 윤리가 생태 위기에 도움을 주는 면을 찾을 수 있다고 말한다. 그녀는 사회학적 요인을 우리 사고와 삶의 가장 큰 결정 요인으로 보는 입장이다.

6.

이상에서와 같이 동아시아의 유교 전통이 오늘날의 범지구적 생태 위기와 관련하여 어떠한 기여를 할 수 있고, 어떤 긍정적인 가능성을 가지고 있는가를 여러 학자들의 글을 통하여 살펴보았다. 지금까지 본 대로 유교 전통은 그 안에 풍부한 가능성을 담고 있으며, 그것은 단지 형이상학적이고 세계관적인 측면만이 아니라 구체적인 수행의 방법론들을 가르쳐 주면서 자연과의 새로운 만남을 위한 가능성을 보여주었다. 이미 여러 번 지적했듯이 유교의 천天이나 이理, 기氣, 또는 역易 등의 개념은 충분히 존재론화되었고 일찌감치 신인동형적인 신화의 모습을 벗어났기 때문에 오늘날의 과학의 시대에 그 과학적 언어와 용이하게 만날 수 있다. 여기서 더 나아가서 그것들은 과학적 세계 이해가 빠져들기 쉬운 물질주의와 기계론의 한계를 지적해 줄 수 있다. 켈튼(M.C. Kalton) 교수가 유교적 언어로 오늘의 진화론적 세계관이 어떻게 그려질 수 있는지를 잘 보여주었는데, 그것을 살펴보면서 유교적 언어가 참으로 통합적이어서 자연계와 인간계를 함께 어우르며 자연의 법과 인간의 법, 형이상학과 윤리, 구체적인 예禮의 세계까지를 포함하여 모두를 품고 있다는 것을 보았다.

그러나 이러한 풍성한 열매에도 불구하고 책에 대한 전체적인 인상은 내용상의 반복이 심하고 곳곳에서 깊이를 결하고 있다는 것이다. 대부분의 학자들이 기에 대해서 말하고 장재의 『서명西銘』에 대해서 언급하면서 표면적인 이야기를 반복하는 느낌이었고, 그것은 주로 논문의 대부분이 형이상학적인 세계관의 물음에 집중하고 오늘날의 구체적인 현실에서 몸으로 느껴지는 물음이나 화제들에 대해서는 많이 관여하지 않았기 때문인 것으로 보인다. 여성철학자 휴이리 리가 제기한 물음, 과연 여기서 남성 유교학자들이 서술한 대로 그렇게 유교적 세계관이 오늘의 환경문제를 맞이하여 구체적인 대안책이 될 수 있을까? 라고 했을 때 현재 동아시아의 한국 상황만 보더라도 그렇게 자신 있게 대답할 수 없다는 것이다. 유교가 비난하는 기독교 전통 아래 살고 있는 서구 어느 나라에서의 모습보다도 심각한 상황을 볼때 유교적 세계관의 단순한 대응이란 큰 희망이 되지 못한다는 말이다.

이것은 생태 위기의 문제가 단지 세계관의 물음이라기보다는 더 절실하게는 우리의 행위 문제와 관련하는 수행과 훈련의 물음이라는 것을 시사한의 문제와 자연과의 관계에서 구체적인 예를 실행하고 실습하는 '의식儀式'의 문제를 논의한다. 자연과의 관계에서의 예와 의식이란 우리가 그 속에서 어떻게 행동하고 어떻게 대해야 하는지를 구체적인 몸으로 배우는 기회라고 볼 수 있다. 따라서 유교 전통이 오늘날의 생태학적 위기에 한 대안이 되기 위해서는 그 구체적인 유교적 예를 회복시켜 주고 사람들로 하여금 그것들을 실행할 수 있는 거룩한 기회를 주는 것이어야 한다. 이것은 다른 말로 하면 유교의 종교적 속성을 더욱 찾아내고 회복시키는 일인데, 존재의 연속성을 구체적으로 표현해 내는 전통적인 유교적 예와 의식의 실천들을 다시 찾아내어서 그것들을 실천하게 하고, 그것들을 예배의 형식으로 구체화하고 실용화하는 일이 중요하다는 의미이다. 이런 일에 있어서 오늘날 그래도 예배의 예를 가장 구체적으로 그리고 보편적으로 실행하고 있는 기독교와의 대화는 유용하고 긴요하다.

이러한 의식(ritual)의 측면에 대한 지적과 더불어 본 서평자가 마지막으로 말하고 싶은 것은 휴이리 리 교수의 에코페미니즘에 대한 이해에 관해서이다. 리 교수는 서양 에코페미니스트들의 주장과는 달리 중국이나 아시아에서는 여성과 자연이 결코 동일시되지 않았으며, 그리하여 여성에 대한 억압과 오늘의 생태 문제가 어떤 관계가 있는지 분명하지 않다고 했다. 그러나 이러한 이해는 성性의 문제를 철저히 사회학적인 젠더gender의 문제로만 보려는 좁은 시각이다. 그녀는 인정하기를 원치 않지만 서구 기독교 전통과 비교해 볼 때 유교적 동일성의 존재론은 자연과 문화를 훨씬 더 연결시켜 보면서 여성적인 모습을 보여 왔고, 반면 그 유교를 다시 불교 등과 비교해 보면 유교가 문화를 더욱 강조해 왔다는 점에서 덜 자연 중심적이고, 덜 여성적인 것을 알 수 있다. 이것은 아시아 종교의 전통에서도 자연과 여성은 암묵적으로 동일시되어 왔다는 것을 드러내 주는 것이다. 물론 그녀가 지적한 대로 이 동일시는 이데올로기로 변했고 여성들을 더욱 자연의 게토에 매몰시켜 버리려는 음모가 되기도 한다. 하지만 반대로 자연을 진정으로 문화와 인간의 파트너로 인정하려는 것이 오늘의 에코페미니즘의 시도이고 보면 이 자연적인 것을 여성적인 가치로 인정하지 않는 에코페미니즘은 기능할 수 없다고 하겠다. 따라서 유교 전통과 에코페미니즘과의 대화는 유교 전통이 어떻게 그 안에 여성적인 가치와 자연적인 가치를 통합하여 지니고 있는지 밝혀내는 일이라고 하겠다. 여성과 자연은 더 근원적인 존재의 기반으로서 그 안에 문화와 인간을 포괄하는 기초적인 힘이기 때문이다.

V
한국인의 문화적 문법과 유교 종교성[*]
— 정수복 저 『한국인의 문화적 문법』에 대한 서평

1.

『한국인의 문화적 문법』이라는 매력적인 제목을 가진 책은 재불 정치
사회학자 정수복 교수가 다시 자신이 유학했던 파리로 돌아가서 한국 사
회에 대해서 거리를 두고서 비판적으로 성찰한 글이다. 그는 그러한 글쓰
기 방식을 "방법론적인 단절"의 방식이었다고 표현하며, 그것은 "당연의
세계 낯설게 보기"를 위해서 매우 효과적인 방법이었다고 밝힌다. 안에 있
는 사람들은 모두 당연하게 보지만 거리를 두고서 보다 객관적이 되어서
보면 같은 것도 아주 다르게 보인다는 것이다. 정치사회학자인 그는 50년
대에 태어나서 70년대에 서울에서 대학 시절을 보냈고, 80년대 유학 후 돌
아와서 90년대에는 대학 강단에서, 시민운동단체에서, 방송계에서 활동하
며 이미 한국 사회에 대한 여러 책들을 펴 낸 바 있다. 그런 그가 2002년부
터 다시 프랑스로 돌아가서, 마치 데카르트나 마르크스가 그들의 언어적
고향으로부터 떠나서 그 고향에 대한 한없는 애증을 가지고 당시 지적 세

---

[*] 「기독교사상」 2007년 10월호 서평.

계에 대한 신랄한 비판서를 써 냈듯이, 그렇게 그는 한국 사회에 대한 깊은 책임감으로 이 책을 써 낸 것이다. 거의 6백여 페이지에 달하는 큰 책의 처음 부분에 그는 "지식인은 권한은 없고 책임을 많이 느끼는 사람이다"라고 적고 있다. 이러한 고백은 오늘날 지식인들을 포함해서 거의 모두가 자신의 사적 영역에 숨어 버리는 때에 참으로 듣기 어려운 귀한 고백이다. 오늘의 한국 사회에 대한 깊은 '우환의식'의 표현이라고 하겠는데, 스스로가 "누워서 침뱉기"인지 모르겠다고 하면서도 한국의 "일그러진 근대"를 바로잡고자 이 책을 쓰게 되었다고 전한다.

2.

그가 이렇게 방법론적인 거리 두기를 통해서 한국 사회를 성찰한 결과 오늘의 한국 사회는 세계 10대 교역국가가 되었고, 스스로의 힘으로 민주화를 달성한 '정상국가'가 되었음에도 불구하고 여전히 다음의 12가지 부정적인 "문화적 문법"에 사로잡혀 있는 나라라고 한다. 그 12가지 문화적 문법이란 먼저 "근본적 문법"이라고 명명한 "현세적 물질주의, 감정 우선주의, 가족주의, 연고주의, 권위주의, 갈등 회피주의"이고, 다음으로 "파생적 문법"이 되는 "감상적 민족주의, 국가 중심주의, 속도 지상주의, 근거없는 낙관주의, 수단 방법 중심주의, 이중규범주의"이다. 그는 어린 시절부터 무엇인가 자신을 계속 억누르는 억압의 실체를 찾아내고자 했고, 90년대에 오랜 유학 생활 이후 한국에 돌아와서 지식인으로 활동하면서도 여전히 깊이 느끼고 "불화"할 수밖에 없었던 것을 알고자 했는데 그것이 바로 이상의 문화적 문법이었다고 말한다. 그에 의하면, 문화적 문법이란 지속성을 특성으로 하고, 한 집단의 마음과 태도와 문화 속에 깊이 각인되어서 마치 바다 표면의 파도와 풍랑의 저류에 해당하는 것이다. 그것은 시대가 바뀌어도 쉽게 변하지 않고, 현재를 살아가는 개인들에게 영향을 미치는 역사의 축적물이자 마음의 습관이다. 얼마 전에 한국 사회뿐 아니라 국제 사회를 떠들썩하게 했던 황우석 사건이나 요즘의 신정아 사건이 그 적나라한 표현이고, 이것은 이미 "윤리포기주의"를 선언하고, "도덕적 불감증"에 걸려 있는 한국 사회의 깊은 병을 드러내는 일이라고 한다.

3.

그가 사회학자임에도 불구하고 한국인의 문화적 문법을 단지 경제나 정치의 결정론으로 보지 않고 그보다 더 근본적으로 내려가서 종교문화적 뿌리에서 찾았다는 것이 위 책의 가장 큰 강점이자 매력이라고 생각한다. 저자는 자신의 연구가 매우 간학문적이고 다학문적이며, 단지 지금·여기에서의 사회적 사실이나 현상에 대한 주목이 아니라고 밝힌다. 그보다는 보다 장기간에 걸친 역사적 변화의 과정에 관심하면서 한국인의 의식과 행동에 그 종교문화적 전통이 어떻게 영향을 미쳐 왔는가를 살펴본 것이라고 한다. 이것은 20세기 유럽에서 엘리아스(N. Elias, 1897-1990)가 유럽의 문명화 과정을 연구하면서 현대 사회과학적 방법론의 단편성을 비판했고, 페르낭 브로델 등의 역사학자가 인간의 행위에 무의식적으로 작용하는 '장기지속(la longue duree)'의 역사적 결정력에 크게 주목한 방식을 상기시킨다. 그렇게 사회학자 정수복은 한국 사회와 한국인들 의식의 변화에 장기간적 전망을 가지고 관심하면서 거기에서의 합당한 설명을 찾아내기를 원했고, 그 일을 위해서 "한국 종교사를 문화사와 지성사로 접근해야 한다"고 주장한다.

이것은 매우 통찰력 있고, 오늘 우리 시대에 꼭 필요한 시도로 보이고, 본 서평자도 평소에 이러한 사고에 깊이 동참해 오던 바여서 매우 반가웠다. 그러한 입장의 저자 정수복 교수가 한국인들의 문화적 문법을 형성하는데 가장 결정적인 영향을 미친 종교 전통으로 무교와 유교를 든다. 이 두 전통은 오늘날까지도 서로 밀접하게 결합되어서 한국 사람들이 의식적으로 거기에 동조하든 하지 않든 앞에서 들었던 12가지 부정적 문화적 코드의 뿌리를 형성하는 것이라고 한다. 그의 평가에 따르면 오늘날 한국인의 문화적 전통 속에서 좀 더 긍정적인 요소를 찾아내려고 하는 이어령이나 김지하 등의 시도도 여전히 이 두 종교 전통의 결합에서 파생된 현세 중심주의, 감정 우선주의, 감상적 민족주의 등으로부터 자유롭지 못하다.

4.

오늘날의 사회과학자 정수복이 이렇게 종교를 한국인들의 문화의식 형성에 결정적인 요소로 파악했다는 것은 본인과 같은 종교학자의 입장에서 보면 매우 반가운 일이다. 지금까지 통상적으로 사회과학자로부터 들어왔던 좁은 사회과학적 환원주의를 넘어서 인간의 '궁극적인 관심(The ultimate concern)' 과 관계하는 종교로부터 근본적인 답을 얻기를 원하기 때문이다. 그러나 그가 이렇게 학문적 출발심으로 가졌던 종교적 관심을 그 연구의 진행에서도 계속 견지했는가 하면 그렇게 보이지 않는다. 즉 그가 그렇게 비판하는 유교와 무교를 이해하기 위해서 그러면 과연 그가 무엇을 했는가 묻고 싶은데, 그는 인류의 또 하나의 중요한 경전 종교인 유교의 경전 읽기에 대해 "…유교가 담당한 지배 이데올로기로서의 억압적 측면을 보지 않고 경전 속에 나와 있는 유교적 이상을 내세우는 경전 재해석 작업은 또 하나의 공리공담이 될 가능성이 높다"(p.212)고 잘라 말한다. 여기에 대해 그러나 본 서평자가 묻고 싶은 것은, 우리가 오늘날 유교를 이해하기 위해서, 그 유교를 정초하는 데 결정적인 역할을 했던 공자나 맹자가 그 시대에 진정으로 어떠한 '궁극적 관심'을 가지고 씨름했었나를 알아보는 일이 그들이 남긴 텍스트 앞에 바로 서는 일이 없이 어떻게 가능하겠는가 하는 것이다. 저자는 자신의 책에서 유교에 관해 연구해 놓은 많은 동서양 학자들의 연구물들과 책들을 섭렵한 것을 보여주었다. 아니 그보다도 한국 사회가 지구상의 어느 곳에서보다도 깊은 유교화 과정을 경험하는 과정에서 노출한 수많은 문제들— 온갖 권위주의, 집단주의, 가족주의, 이중윤리, 감상적 민족주의—을 들면서 마치 그런 것을 경험했고 아는 것이 유교를 종교 전통으로서 잘 이해하고 있는 것으로 여기는 듯했다. 그러나 본 서평자가 보기에는 이러한 종교 간의 대화 또는 문화 이해 방식은 '페어(fair)' 하지 못하다. 즉 어느 종교든지 그 사회와 제도화 · 역사화의 과정 속에서 변종을 보이지 않는 것이 없는데, 마치 그 변종의 현상들을 모든 것인 양 취급하고, 다른 편—여기서는 그가 대안으로 내세운 "성찰적 개인"을 배출한 서구 기독교(문화)로부터는 가장 긍정적인 것을 가져와서 서로 비교 재단하는 것은 공정하지 못하다는 것이다.

책의 저자는 오늘날 한편에서 다시 21세기 유교 르네상스를 말하며 유교 종교성의 의미를 새롭게 밝혀 내려는 시도가 있음을 알고 있다고 밝힌다. 예를 들어 하버드 옌칭 연구소의 투웨이밍(Tu Weiming)이 지적하는 신유교의 내재적 초월성을 든다. 그러나 그는 여기에 접목하여 자신이 이해하는 유교의 종교성을 논해 나가기보다는, 그렇게 유교의 이상을 다시 드러내는 일보다도 "유교가 우리의 삶을 어떻게 억압하고 있는가를 밝히는 작업이 먼저 이루어져야 한다"고 말한다(p. 201). 이렇게 저자는 종교를 문화 형성의 핵으로 보았던 본래의 마음에서 멀어져서 유교 종교성이 단지 역 사상의 전개 속에서 정치사회적으로 파생시킨 개별적 문제들에 주목하고, 유교 종교성의 실천적 기제들이었던 효나 가부장제, 상례나 제례, 『소학』 이나 『내훈』 등을 통한 교육제도와 과거제도 등을 단지 사회학적 수준에서 개별적으로 지적하는 일에 머문다.

그는 이러한 모든 유교화의 기제들을 발생시킨 유교 종교성의 궁극적 관심이 과연 무엇이었을까에 대해서 묻지 않는다. 어쩌면 이것은 오늘날 유교 텍스트의 재발견이 자칫 다시 "공리공담"으로 흐를 수 있다고 염려하 는 그에게서 기대하기 어려운 요구인지도 모르겠다. 그러나 예를 들어, 지 금까지 현대 한국인들이 무수하게 들어 왔던 유교에 대한 온갖 비난을 뒤 로 하고, 우리가 가졌던 많은 선입관들을 일단 내려 놓고 잘 번역된 『논어』 한권을 집어 들고 읽어보면, 공자가 당시 오늘 우리 시대의 패권주의보다 도 더 끔찍했던 패권주의에 맞서서 그것을 다시 돌려놓을 수 있는 인간적 근거를 찾기 위해서 어떻게 노력하고, 씨름하고, 고통을 감내했나를 느낄 수 있지 않겠는가? 그 같은 일을 위해서 공자는 자신이 천명天命을 받았다 고 고백했고, 그러므로 하늘이 그 일을 접으려고 하면 모를까 결코 자신이 쉽게 죽지 않을 것이라고 제자들을 안심시켰고(『논어』, 「子罕」), 그 도를 깨우 치느라고 밥 먹는 것도 잊고, 깨우친 즐거움에 근심도 잊으며, 그러는 사이 에 늙는 것조차 알지 못했다고 스스로 고백했다(『논어』, 「述而」). 하늘에 드리 는 체禘 제사의 진정한 의미를 안다면 세상의 모든 일은 손바닥을 들여다 보듯이 쉬운 일이 된다고 하였던 공자는(『논어』, 「八佾」) 자신이 직접 제사에 참여하지 않으면 제사를 지낸 것 같지 않다고 하였고(『논어』, 「八佾」), 그 제사

절차를 잘 알고 있으면서도 한 가지씩 실행해 나갈 때마다 같이 모인 마을
의 노인 어른들께 다시 물으면서 그들을 소외시키지 않았고, 그것이 바로
사람의 예라고 제자들에게 설명했다.

　이런 깊은 종교성의 공자가 궁극적인 관심으로서 실현하고자 한 일이란
눈으로 보이는 무력의 힘이 다가 아니라 인간의 마음 안에 하늘의 씨앗(天
性)으로서 놓여 있는 서로를 향한 배려하는 마음, 측은하게 생각하는 마음
(仁)을 어떻게 하면 인간의 '같이 삶' 속에서 북돋울 수 있을까 하는 일이었
다. 맹자는 이 일을 잘 이어 받아서 인간에게는 "목숨을 이어가는 일보다
더 소중한 일이 있고, 죽는 것보다 더 싫은 일"이 있는데, 그것이 바로 이利
와 의義의 선택의 갈림길에서 의를 취하는 것이라고 밝혔고, 이것은 그 의
를 향한 맹자의 깊은 신앙을 드러낸 것이라고 하겠다(『맹자』 告子 上: 捨生取義).
이런 종교성의 전통이 조선의 도학자들에게 전해져서 비록 소수에 의해서
실행되었지만 유교 도학자들의 자기 수행과 하늘 아래에서의 곧음, 자신
의 주변(부모, 공공의 영역을 세워 주는 나라, 형제자매와 친척의 가족, 배움의 도반, 자연의 은
혜)에 의해서 자아가 제한되어 있는 존재임을 아는 겸허와 절제 등을 우리
는 잘 그려 볼 수 있다. 이러한 형상의 모습이 유교 '내재적 초월성'의 표
현이라면 그것은 바로 인간 속에 초월이 내재해 있다는 것에 대한 믿음을
드러낸 것이고, 이 인간 세계와 일상과 정치와 구체적인 같이 삶 속에 바로
하늘의 도가 실현되어야 함을 역설하는 것을 말한다. 매우 세간적世間的이
고, 인본주의적이며, 오늘의 합리와 세속화와 잘 상관될 수 있다.

5.

　여기에 대해서 자주 '외재적 초월성'으로 대비되는 기독교의 종교성을

더 근본적으로 생각해 보고자 한다. 한국 사회는 지난 100여 년간 획기적으로 기독교화를 경험했고, 그 결과 오늘날 인구의 삼분의 일 정도가 기독교인이라고 추정되며, 또한 그동안 범국가적으로 수행된 서구적 근대화로 한국인 모두는 구체적으로 기독교인이 되었는가의 여부를 떠나서 거의 모두가 서구 기독교 문명의 세례를 받았다고 할 수 있다.

그런데 그 과정을 겪어서 형성된 오늘 한국 교회와 기독교인의 모습을 떠올려 보면, 그들은 마치 자신들만이 진리의 담지자들인 것처럼 행동하고, 최고의 존재를 '아버지'로 모셨으므로 더 이상 거칠 것이 없고, 그 최고의 존재와 '영적으로' 직접 통하니 자신도 최고의 존재가 되어서 모든 것을 원할 수 있고, 모든 것을 이룰 수 있으며, 모든 것을 자신의 의도와 계획 아래 둘 수 있는 것으로 여기면서 살아가는 듯하다. 이들은 이승에서의 모든 성취를 자신들의 것으로 여기고, 죽음 이후의 삶도 '부활'로 보장해 놓았으므로 오직 누리기만 하면 되는 것으로 선전한다. 그런데 책의 저자는 오늘의 한국 기독교가 이렇게 사회의 문제가 되었고 지탄의 대상이 된 모든 것도 바로 유교와 무교가 습합되어서 그 나쁜 영향을 여전히 끼치고 있기 때문이라고 설명한다. 유교의 가부장주의, 권위주의, 명분주의, 무교의 현세 중심주의, 갈등 회피주의 등의 영향으로 원래는 그렇지 않은 서양에서 유입된 기독교가 타락한 것이고, 심지어는 "생산력의 증진과 물질적 평등을 주장하는" 마르크스주의조차도 바로 한국 무교의 현세적 물질주의와 잘 융합되었기 때문에 북한에서 더욱 번창했다는 것이다(p.343).

이러한 해석에 대해서 그러면 본 서평자는 다음과 같이 되묻고 싶다; 그러면 오늘날 서구에서 미국과 그 '독실한' 기독교 신자 대통령인 부시가 자신을 선善의 대변자로 여겨서 세계의 악을 규정하고, 신자유주의 세계화의 가장 강력한 실행자가 되어서 전 세계인을 인류 역사상 그 유례가 없을 정도로 광범위하고 강력하게 물질과 경제의 추종자로 만드는 것은 어떤 영향 때문인가 하는 것이다. 그곳에는 유교나 무교의 전통도 없는데, 저자가 "하느님과 인간 사이의 인격적인 관계"가 중요하다고 한 기독교가 거의 유일한 종교 전통인데, 왜 그러한 지독한 (국가)패권주의와 현세(물질)중심주의가 기승을 부리고 있는가 하는 것이다. 또한 "신과 인간의 관계에서 모든 존재의 의미를 찾는" 유대 · 이슬람 · 기독교 종교군이 주재하는 중동에서 그렇게 끝이 안 보이는 정도로 매일의 일상에서 국가주의 폭력이 난무하고, 자살 폭탄 테러가 끊이지 않고, 어느 집단도 결코 양보하지 않는 전체주의적 싸움이 계속되고 있는데 그것은 어떤 문화적 문법 때문일까 하는 것이다. 그곳의 싸움에서 그들 모두는 결코 어느 한 편도 자신들이 가장 강력한 신의 주체적 자아라는 주장을 포기하지 않는다.

6.

위의 미국이나 중동의 예를 아시아의 유교나 무교 종교 전통으로부터 설명할 수 없다면 유대 · 기독교 전통의 근본으로 내려가서 살펴보아야 한다. 한국 사회 기독교화의 예에서도 잘 보여주었듯이, 유대 · 이슬람 · 기독교는 '궁극적 진리'를 신인동형의 인격신적인 존재로 가르쳐 주고, 또한 기독교는 그 신적 인격을 구체적으로 역사적으로 체현한 모범(예수 그리스도)으로 제시해 주기 때문에 유교나 불교에서의 진리나 절대성에의 접근보다 훨씬 더 쉽게 다가갈 수 있다. 그래서 기독교 선교가 들어가는 곳에는 보통사람들이 다수로 절대자를 만나게 되었고, 그 최고의 절대자를 아버지로 모시면서 각자는 지금까지의 다른 종교 전통들이 쉽게 이루어 주지 못했던 주체적 자아로 거듭날 수 있었다. 이러한 본질적 특성을 갖는 기독교의 영향으로 책의 저자가 그렇게 찬미하는 '개인주의'는 확실히 한국 사회에서 더욱 뿌리내리게 되었고, 많은 긍정적인 전개를 보인 것을 부인할 수 없다.

그러나 앞의 미국의 부시나 오늘날 한국 교회에서 쉽게 볼 수 있는 '무례하고', '안하무인적이고', 마치 자신들이 신적 존재나 된 것처럼 '주의 종'이나 '제사장'의 이름으로 군림하려는 모습들은 바로 이 기독교의 외재적 초월성이 그 안에 본질적으로 내포하고 있는 사각지대의 표현인 것이다. 그것은 유교 내재적 초월성이 집단주의, 가족주의, 이중윤리, 명분주의 등으로 흐를 수 있는 것처럼 그렇게 각 종교 전통들이 나름대로 모두 가지고 있는 취약점의 노출인 것이다. 그렇다면 오늘날 한국 사회에서 이 두 전통이 가져올 수 있는 해악 중 어떤 해악이 더 큰가 묻고 싶다. 모두가 유아독존적으로 수단과 방법을 가리지 않고 성공하려고 하고, 어떠한 조건도 자신을 한계 지우는 삶의 조건이 될 수 없다고 선언하며 자연과 몸의 조건도, 감정과 가족과 이웃의 존재도 아랑곳하지 않고, 민족이나 국가의 경계도 아무것도 아니므로 이익을 위해서는 어떤 인간적인 이념이나 공간의 한계도 넘어서 어디든지 달려가는 왜곡된 자아와 개인과 주체의 욕망이 아닐까 생각한다. 이러한 과도한 주관주의와 타자와 세계를 철저히 탈각시켜 버리는 개인주의가 바로 서구 기독교 문명의 변종된 산출이라면 우리가 가지고 있는 또 하나 다른 종교 전통으로부터 배워서 보완점을 찾아나가는 일이 오히려 시급하다고 하겠다.

개인주의: 저자에 의해서 유교 전통과 철저히 대치되는 것으로 파악된 개인주의도 다시 살펴보면, 그 산실이라고 하는 기독교 전통도 100%의 무

조건적인 개인주의를 말하는 것이 아니다. 그 개인을 가장 강력하게 제재하고 조건 지우는 외재적 신을 전제하고서 그 앞에서의 개인주의를 말하는 것이다. 그런데 오늘날 특히 저자가 한국 사회의 병을 치유할 대안으로 제시한 서구적 "성찰적 개인"들은 더 이상 그 외재적 신을 신뢰하지 않는다는 것이다. 대신에 그들은 자신들의 성찰적 개인주의를 새롭게 근거 지우기 위해서 오히려 '내재적 이理'를 찾아 그것을 받아들이는데, 이것은 바로 동아시아 신유교의 도학자들이 이미 통찰했고 체현하려고 했던 내재적 초월이고, 그래서 책의 저자가 그렇게 유교 전통을 비판하면서 멀리 가서 찾아온 대안이 바로 우리의 유교 전통 안에 그 정제된 모습으로 간직되어 있는 것이라는 아이러니를 본 서평자는 목도한다. 역사적 사실로서도 라이프니츠 등을 비롯한 17-8세기 유럽 계몽주의자들이 중국의 기독교 선교사들을 통해서 신유교의 저서들을 접하게 되었고, 그것이 유럽 근대 계몽주의의 한 자양분이 되었다는 것은 이미 많이 입증된 사실이다.

가족주의: 유교의 내재적 종교성이 자아의 부정할 수 없는 존재론적인 조건으로 통찰했던 내재적 초월(理또는性또는心)과 더불어 또 하나의 부인할 수 없는 조건으로 제시하는 부모(孝) 또는 가족에 대해서도 본 서평자는 책의 저자가 비판한 것과는 다르게 볼 수 있다고 생각한다. 오늘날 이제 더 이상 외재적 초월성이 의문 없이 당연하게 기능하지 못하게 된 상황에서 그래도 동서양 모든 인류 삶에서 보편적으로 가장 자연스럽게 자아의 통제장치로 남아 있는 것이 무엇이겠는가 묻고 싶다. 부모나 가족이 아니겠는가 여긴다. 물론 저자가 지적한 대로 부모에 대한 효나 가족에 대한 강조는 항상 권위주의나 가족주의로 변종될 수 있고, 또한 많이 그래왔다. 그러나 오

늘날 예를 들어 한국 사회에서 우리가 쉽게 이웃으로 접할 수 있는 가족 삶을 살펴볼 때 그 구성원들 중에 더욱 소외되어 있는 그룹이 자식 그룹인가 아니면 부모 그룹인가를 따져 보면, 저자가 오늘날 한국 사회에서 효의 권위주의를 염려한 것과는 달리 부모세대가 더욱 소외되어 있는 것은 확실하다. 그리하여 본 서평자는 오히려 묻고 싶다; 이제 자신의 부모로부터도 제한 받기를 원하지 않는 세대가 독립하여 사회적 공동 삶을 살아갈 때 어떤 기제와 가치가 남아 있어 그들을 인간적 공동 삶에 계속 접붙여 둘 수 있겠는가라고. 아래로 향하는(자식에게로) 사랑은 어느 동물도 배우지 않고 성찰하지 않아도 비교적 잘 할 수 있다. 그러나 위로 향하는, 이제 힘이 없어진 늙은 윗세대를 향한 관심과 배려는 습관들이지 않고 자신을 제어하지 않고는 쉽게 행할 수 없는 덕목이다. 이러한 부모자식 간의, 가족 간의 덕목도 체화하지 않고서 어떻게 갑자기 높이 고양된 '성찰적 개인'의 윤리가 탄생할 수 있겠는가 묻고 싶다. 물론 여기서 이러한 질문으로 다시 강조하는 가족 담론은 전래의 핏줄에 대한 집착과 같은 것이 아님을 밝힌다. 그럼에도 불구하고 저자가 오늘 우리 사회의 큰 병폐로 지적한 효사상의 권위주의나 가족주의는 오히려 오늘의 현실을 잘못 파악하였거나 너무나 단편적인 측면만을 보고서 지적한 것이라고 말하고 싶다.

국가 중심주의(민족주의): 이와 더불어 그가 또한 한국 사회의 병폐적 문화 문법으로 지적한 국가 중심주의나 민족주의만 하더라도 그렇게 부정적으로만 비판할 것이 아니라고 본다. 인류 사회에서 민족의 단위란 한 집단 삶에서의 개인의 단위와 다르지 않다고 하겠다. 각각의 개인이 자신의 독자성을 깨닫고 건강한 개인으로 거듭날 때 건강한 공동체가 형성된다고 저자도 누누이 강조하였듯이, 오늘 한국에서의 민족주의를 인류 공동 삶 속에서 한민족이 건강한 개별적 민족으로 거듭나기 위해서 거쳐야 하는 과정으로 볼 수 없겠는가 하는 것이다. 이제까지 인류사에서 언제 한 번 한국이 그 건강한 독자성을 확보해 본 적이 있는가? 지금도 한반도를 떠나서 바로 얼마만 나가 보면 중국과 일본만 있지 그 사이에 끼인 한국은 여전히 거의 'nobody'에 가깝다는 것을 우리는 쉽게 경험할 수 있다. 그 지리상의 여건으로 지금까지 수천 년을 그렇게 견디어 왔고, 거기서 많은 왜곡된 모습을 보여 온 것도 사실이지만, 바로 나라를 통째로 잃고서 아직도 악몽 같은 경험 속에서 헤어나지 못하는 세대들이 눈을 감지 않고 살아 있는 지금인데, 이제 겨우 자신을 추슬러서 이름을 내밀려고 하는 때인데, 한국 사회에서 민족주의가 그렇게 심한 병폐로 지적되어야 하는가? 수천 년의 기간 동안 자신을 지켜 내는 일에 주로 몰두해 온 공동체에게 그렇게 갑자기 자신을 해체하라고 말하는 것은 너무 성급한 요구가 아닌지 지적하고 싶다. 근대의 제국주의로 전 지구의 재화를 그토록 광범위하고 짧은 시간 안에 자기 것으로 소유화한 서구의 국가주의와 민족주의는 그러면 온전히 극복되었는가 묻고 싶다.

7.

이상의 모든 반문들과 더불어 본 서평자는 마지막으로 하고 싶은 이야기가 있다. 이제 위 책의 저자처럼 자신의 전통에 대해서, 특히 유교 전통에 대해서 그렇게 부정적인 측면들만을 들추어 내는 일은 그만두자는 것이다. 지난 번 대화문화아카데미에서 저자의 책에 대한 토론회가 열렸을 때 거기서 만났던 한 젊은 여기자는 사람들이 유교가 한국의 전통이라고 말하면서 마치 모두 잘 알고 있는 것으로 상정하고 이야기를 전개시키는 데 사실 자신들은 잘 모른다는 것이다. 사실이 그렇다. 오늘의 우리들은 유교가 우리의 오랜 전통임에도 불구하고 그 본원에서는 아주 소외되어 있다. 이 소외의 원인이 여러 가지가 있겠지만, 본 서평자는 이렇게 위 책의 저자와 같은 분들이 가끔씩 한국 사회에 등장해서 유교에 대해 깊이가 없는 부정적인 이야기만을 거듭해 온 것도 그 한 원인이 된다고 생각한다. 그래서 그런 구호적인 이야기를 듣고 젊은 세대들이, 여성들이 선입관 속에서 잘 알아보지도 않고 등을 돌리는데, 이것은 인류 역사상 어떤 종교 전통보다도 더욱 구체적으로, 바로 역사와 정치와 일상과 사회적 삶 속에서 성찰적 자아를 기르는 데 도움을 줄 수 있는 가르침으로부터 그들을 소외시키는 것이고, 그래서 그들의 자아를 여전히 갓 태어난 거친 주관주의에 묶어 두는 일이다.

책의 저자가 한국의 문화적 문법을 고치기 위한 방안으로 한국 사회운동이 문화중심적 운동으로 전환되어야 한다고 제안했다면, 유교 경전을 다시 손에 드는 것만큼 좋은 문화운동이 없다고 본인은 생각한다. 우리 삶에서 다시 예의와 염치를 회복하고, 자아를 절제하는 방식을 배우고, 감정을 조절할 줄 아는 지혜와 삶 전체가 지속적인 가치를 갖도록 하는 데 유교만큼 애쓴 종교 전통도 없기 때문이다. 유교는 그래서 때로는 정치와 윤리와 문화와 교육이지 종교가 아니라고 여겨졌지만 그 내재적 초월성으로 인해서 오늘날 세속화 시대에는 더욱 의미가 드러난다.

오늘날 신체적 차이는 더 이상 한 사람이 성찰적 자아로 자라나는데 본질적인 장애나 방해가 되지 않는 것을 우리는 잘 알고 있다. 그렇다면 이러한 우리 시대의 자각으로 더 이상 유교의 시대 제약적이었던 가부장주의적 언술에 좌우될 필요가 없다. 그리하여 그 제약을 우리의 일깨워진 페미니즘적 성찰로 간단히 물리치고 유교 종교성의 핵심으로 들어가 보면, 오늘날 그 삶 자체가 여전히 남성들보다도 완전히 출가해서 밖으로 나갈 수 없는 조건에 놓여 있는 여성들에게 유교적 가르침만큼 바로 현실의 삶 속에서 성찰적 자아로 자라나는 데 도움을 줄 수 있는 가르침이 없다는 것이다.

책의 저자는 서두에서 자신의 어머님으로부터 선비적 삶의 취향을 배웠다고 적고 있다. 먼 타국에 가서도 자신의 나라 한국에 대한 깊은 애정으로 이러한 성찰적 책을 낸 저자의 우환심과 책임감에 깊은 경의를 보낸다. 본인은 바로 저자의 그러한 우환심과 책임감이 선비적 어머니로부터 배운 유교적 전통이 아닌가 생각한다. 그가 지적한 대로 우리 사회가 문제가 없다는 것이 아니다. 그러나 이제 부정적인 것만을 자꾸 들추어 내기보다는, 즉 피를 뽑는 데 몰두하기보다는 오히려 벼를 튼튼히 하는 데 더욱 힘을 쏟는 유기농의 농법이 오늘 우리가 더욱 취해야 할 방식이라고 말하고 싶다. 그리하여 우리의 전통이면서도 그 본원에서는 오히려 소외되어 있는 유교 전통을 다시 진정으로 공부하여 우리의 상황을 다듬어 가는 데 보탬이 되도록 해야겠다. 오히려 타인들이 그것을 가져가서 자신들의 문화를 살찌우는 것을 바라만 보지 말고, 이제 우리도 다시 우리 것을 보듬어서 그것을 오늘 우리의 시간을 더욱 정제하는 데 기반으로 삼는다면 좋지 않겠는가? 서구 기독교에 의해서 더욱 폭넓고 용이하게 일깨워진 우리의 근대적 자아, 이것을 유교 전통의 치열한 성찰로 다시 다듬는다면 이곳에서 꽃피는 성찰적 자아와 개인이야말로 이제까지 인류사에서 유례가 없던 또 하나의 아름다운 꽃이 될 것이라고 믿어 의심치 않는다.

VI
삶의 신학의 한 주제로서의 죽음

1. 현대 세속화 사회에서의 죽음과 죽음 이해

이미 20세기 철학자 레비나스(E. Levinas, 1906-1995)가 잘 지적한 대로 우리의 죽음에 대한 이야기에서는 엄밀히 말하면 '타자'의 죽음이 '나'의 죽음을 앞선다. 그것은 나에게 있어서 나 자신의 죽음은 결코 경험될 수 없는 미래에 속하는 것이기 때문이다. 또한 죽음의 문제는 결코 '지식'의 문제가 아니라 '정서'의 문제이다. 죽음과의 관계는 이성적 관계라기보다는 우선적으로 죽음의 폭력성과 거기에 대한 두려움, 절박성 등에서 비롯되는 정서적 관계이다.[1] 본인의 죽음과의 관계도 이와 다르지 않다. 지금으로부터 25년 전에 매우 갑작스럽게 겪게 된 아버지의 죽음, 그 죽음의 폭력성을 겪고 난 후, '죽음의 위협'은 언제나 나의 삶 곳곳을 그늘 지웠으며, 그 죽음의 예측 불가능성은 항상 나를 다시 위협해 온다.

20세기 현대에 들어오면서 우리는 우리 자신을 점점 더 '몸'으로 이해하게 되었다. 오늘날은 그리하여 몸이 단순히 우리 존재의 물적 기반만이 아니라 우리가 몸이며, 몸이 곧 우리가 되었다.[2] 이렇게 몸이 중요하게 되자 사람들은 자신의 몸을 하나의 '프로젝트project'로 보면서 '몸기획(body project)'을 위해서 엄청난 돈을 쓰고 있다. 각종 스포츠, 다이어트, 성형이나 장기이식, 건강식품과 의학에 대한 관심 등, 오늘날 우리 주변에서 이 몸기획과 관련된 사업들이 매우 번창하고 있다. 그러나 이렇게 우리가 몸닦기에 대한 관심을 높여갈수록 그와 같은 정도로 피할 수 없는 또 하나의 사실 앞에 서게 되는데, 그것은 몸이란 필연적으로 어느 때인가는 통제할 수 없고, 생물학적 현상으로 불가피하게 죽는다는 것이다. 우리가 그렇게 공을 들인 몸은 썩어서 냄새가 날 것이고, 부패하면서 변형될 것이라는 사실을 피할 수 없다. 그래서 현대인들은 애써 이 죽음의 현실을 생각지 않으려고 한다. 오늘날 현대인들은 그렇게 하면서 죽음과 관련된 현실들을 한쪽으로 치워 놓는다. 노인들은 양로원으로 보내고, 죽어가는 사람들은 병원으로, 시신은 영안실로, 그리고 아이들에게는 되도록이면 죽음에 대한 이야기는 하지 않고 감추면서 마치 '다른 사람(들)은 죽는다. 그러나 나(우리)는 안 죽는다'는 식으로 스스로를 기만하면서 죽음의 현실을 기피하면서 살아간다.[3]

이러한 현대인들의 죽음에 대한 태도를 독일의 역사사회학자 노버트 엘리아스(N. Elias, 1897~1990)는 인류 삶의 '문명화 과정'(der Prozess der Zivilisation) 속에서 이해하고자 했다. 문명화 과정이란 인간 삶의 모든 동물적인 측면을 억압하고, 잔인함과 폭력성, 더럽고 불결한 것에 대한 수치와 당혹감을 확장해 가는 과정인데, 죽음, 특히 우리 몸의 죽음이 불러일으키는 폭력성과 비위생성에서 오는 혐오는 현대인들로 하여금 점점 더 죽음을 우리 사회 생활의 배후로 물러나게 했다는 것이다. 그래서 그는 우리 사회에서 "죽어가는 자의 고독"이 깊다고 지적한다.[4] 엘리아스에 따르면 현대인들이 이렇게 삶에서 죽음을 배제하고, 죽어가는 자들의 고독이 깊어가는 이유를 또 다른 시각에서 살펴보면, 그것은 우리 사회가 고도로 개인화된 사회라는 것과 무관하지 않다. 현대 사회에서 사람들은 대개 자신을 독립된 개별 존재, 개체의 개인으로 이해한다. 이 경우 '나' (주체) 이외의 다른 모든 사람들을 포함한 전체 세계는 '외부세계'와 '객체'로 위치지어진다. 이렇게 인류 삶의 문명화 과정에서 개인과 주체의 '폐쇄인'(Homo clausus)으로 특징지어지는 현대인의 삶은 자연스럽게 죽어가는 실제 상황에서의 모습과도 밀접히 연결되어서 "고독한 죽음", "외로이 죽어감"의 이미지를 갖게 하여 그토록 죽음을 두려워하게 된다는 것이다.[5] 오늘날 '활기찬 삶'과 '고독한 죽음'은 더욱 대조되는 이미지로 우리에게 각인되어 있다. 그래서 우리 모두는 죽음에 대한 공포와 경악이 실제 죽음 그 자체 때문이라기보다는 이러한 죽음에 대한 선先 이미지 때문에 더욱 가중된다는 지적을 잘 이해하고 있다.

이상의 모든 이야기들 안에는 죽음, 또는 우리 몸의 마지막을 모든 것의 끝과 절대적인 마지막으로 보는 현대 문명의 깊은 세속화가 들어 있다. 현대인들은 일반적으로 몸의 죽음을 모든 것의 끝으로 본다. 그래서 위에서 보았던 대로 몸기획에 엄청난 힘을 쏟고, 그것이 때로는 몸적 쾌락의 추구를 인생의 최고 가치로 보게 하거나, 아니면 그 반대로 몸의 끝을 모든 문제의 '최종적 해결'(the final solution)로 보아서 자살이나 인종청소 등의 극단적 방법으로 표현되기도 한다.

이러한 극단적 방식은 아니라 하더라도 오늘날 몸기획의 또 다른 확장은 이제는 자신의 임종조차도 기획하고, 그것을 더 이상 숨겨야 할 어떤 것이나 회피해야 하는 터부로 배제하지 않는다. 대신에 자연스러운 인간 삶의 총체적 구성인자 중 하나로 받아들여 좀 더 편안하고 쉽게 마무리하려는 반성이 증대하고 있다. 그러나 이것도 역시 몸의 끝이 모든 것의 끝이라고 하는 사고에서 벗어난 것은 아니다. 위의 엘리아스는 이제 어느 시대에서보다도 뛰어나게 몸에 대한 통제력을 갖게 된 현대인들이 이 죽음에 대한 통제력도 가질 수 있기를 권고한다. 그렇게 하는 데 있어서 살아 있는 사람들이 죽어가는 자들에게 보여주는 우정과 배려가 중요하다고 지적하는데,[6] 그러나 과연 그러한 세속화적인 합리성의 몸기획과 임종기획만으로 인간의 죽음의식과 죽음의 문제가 해결될 수 있겠느냐 하면 그렇지 않다고 보는 것이 본 연구자의 시각이다.

오늘날 몸에 대한 통제력이 어느 때보다도 증가해서 서구 고대에서와는 달리 죽음에 초연한 에피쿠로스들이 더 이상 소수가 아니게 되었고, 죽음의 문제가 일종의 '질환'과 '임종'의 문제로 환원된 감이 없지 않지만,[7] 그럼에도 불구하고 죽음의 불확실성과 전개 상황은 우리로 하여금 또 다른 답을 찾아 나서게 만든다. 거기서 등장할 수 있는 가능한 답은 죽음을 모든 것의 끝으로 보지 않는 방식이며, 몸의 죽음을 모든 것의 마지막으로 보지 않는 방식이다.

이렇게 죽음을 모든 것의 끝으로 보지 않고, 몸의 마지막을 모든 것의 마지막으로 보지 않는 방식은 전통적으로 종교의 방식이다. 지금까지 인류의 종교는 각기 다양한 방식과 제안으로 인간 죽음의 종극성을 극복하려는 시도를 해 왔고, 그 가운데서 다양한 대답들을 제시해 왔다. 우리가 잘 아는 대로 기독교는 '몸의 부활'이라는 카드를 가지고 신자들의 죽음의 길을 인도해 왔으며, 예수의 몸의 부활이야말로 그가 그리스도가 되심을 가장 확실하게, 가장 결정적으로 확증하는 사건이라고 선포해 왔다. 그러나 우리는 오늘날 이 선포가 그 안에 많은 갈등들을 내포하고 있는 것을 안다. 이제 현대인들은 그가 기독교인이든 아니든 간에 모두가 몸의 생물학적 소멸을 하나의 자연스러운 생명 과정으로 인정하고 있다. 그런데 과연 이러한 상황에서 몸의 부활을 말하는 것이 어떤 의미가 있으며, 예수의 초자연적인 몸의 부활에 근거해서 그의 유일회성과 배타적 그리스도성을 주장하는 것이 과연 유효한지 묻게 된다는 것이다. 오늘날 그러한 방식은 유아적 과학주의적 근본주의의 아류가 아닌지 의심받는다. 따라서 이러한 시대의 질문들에 대해서 진지하게 성찰하지 않는다면 기독교 복음은 하나의 값싼 구원론이 될 것이다. 오늘날 한국 사회에서 기독교 신앙인의 수가 이렇게 많은데도 불구하고 죽음을 모든 것의 끝이라고 생각하는 절망적 표현이 만연되어 있고,[8] 신앙이 우리 삶에서 참된 실천적 힘이 되지 못하는 것은 바로 부활에 대한 구호만 있지 그것에 대한 진지한 성찰들이 부재하기 때문이다.

오늘날 죽음과 그 죽음의 종극성 여부에 관한 성찰은 몸으로 살고 몸으로 자신의 동일성을 이해하는 현대인들 모두에게 더할 수 없는 삶의 중요한 과제가 되었다. 이와 더불어 오늘의 (종교)다원화된 사회에서는 그 대답을 찾는 데 있어서 꼭 어느 하나의 (종교)전통에만 머물러 있을 필요가 없고 더욱 엄밀히 말하면 그렇게 해서도 안 되고 그럴 수도 없다는 상황이 되었다. 죽음과 그것을 통한 결말에도 불구하고 지속되는 어떤 것에 대한 모든 종교적 성찰들은 나름대로 각각의 고유한 전통 속에서 삶과 몸을 통해서 경험한 것들을 매우 신중하게 설명하는 데서 시작되었다.[9] 그러므로 물론 그 모든 것들이 진리이고 서로 모순되는 것이 없다고 주장하는 것은 아니지만 그 세부적인 모순과 차이에도 불구하고 서로는 서로를 강화할 수 있으며 보완할 수 있다는 것이다. 그렇다고 물론 진리와 선택의 문제가 사라지는 것이 아니고 여전히 남아 있기는 하지만 각 (종교)전통들이 인간의 조건과 운명에 대해서 성찰한 것들을 통합하고 같이 어울러 봄으로써 좀 더 진전된 이해에 도달할 수 있다고 본다.

오늘날 우리의 실제 이해는 부분들이 모여서 전체를 이루지만 각 부분들은 그것 자체로서 곧 또 하나의 전체인 것을 안다. 이러한 실제 이해는 죽음을 이해하는 데 있어서도 다양한 시각들을 통합하는 방식의 중요성을 더욱 드러내 주는데, 어느 한 개별 (종교)전통도 대상의 전체를 볼 수 없으며 더군다나 전부를 모두 이해할 수는 없다는 것에 근거한다. 특히 죽음에 대한 이해에 있어서는 다양성은 단순한 장식물이 아니라 하나의 필연성으로 보아야 한다는 것을 밝혀 준다.[10] 죽음이란, 그리고 우리 유한성의 극복 문제란 바로 모든 생명체, 인류 모든 전통의 공동 추구 과제이기 때문이다.

따라서 본 연구는 기독교 신앙에서의 죽음과 부활 이해로부터 출발하여 지금까지 별로 서로 연결되어 성찰되지 않은 유교 전통과 불교 전통의 죽음 이해를 통합적으로 살펴보면서 어떻게 그러한 성찰들에서 얻어진 결과들이 오늘 우리 삶을 위한 지혜가 될 수 있는가를 보고자 한다. 이러한 통합적 연구는 자칫 표피적인 나열식 연구에 그치기 쉽고 본 연구도 또한 그러한 면을 가지고 있지만, 오늘날 인류의 살아 있는 종교 전통들을 가장 다양하게 접하고 있는 한국적 성찰에서 보다 다면적이고 다층적인 죽음 이해가 나올 수 있지 않을까 하는 본 연구자의 한국 여성신학적 소망이 표현된 것으로 이해해 주기 바란다.

2. 기독교 전통의 죽음과 부활 이해

우리가 익히 알다시피 지금까지 기독교의 핵심 지지 기반은 부활한 주로서의 예수 경험과 관련한 '그리스도 케리그마'였다. 오늘날도 우리가 매 예배 때마다 외우는 「사도신경」은 A.D. 325년 니케아 회의에서 고대적 신조와 정경으로 형태를 갖춘 것이다. 그런데 그것은 역사적 예수에 관한 정보들보다는 생애 시작의 동정녀 탄생과 마지막의 수난, 처형, 부활에 대해서 언급하는 부활 담론이다. 상황이 이러하므로 보통 그러한 기독교를 잉태한 유대교 구약 전통 안에는 죽음 이후의 삶이나 부활 이야기가 아주 일찍부터 고유한 전통으로 자리 잡고 있는 줄 여기지만 사실은 그렇지 않다. 이스라엘 백성들이 선택받은 백성으로서 하느님에 대한 신뢰에서 얻을 수 있는 보상은 죽음 이후의 삶이 아니라 이 지상에서 생명의 기간을 연장해 주는 것이었다.[11] 창세기, 레위기, 신명기 등 이스라엘과 그 신앙이 형성되던 성서 시대 전체에 걸쳐서 어떠한 것도 죽음 이후에는 존재할 수 없다고 하는 엄격히 사실적인 인정만이 나타나 있다고 하는데,[12] 그것은 그들의 죽음을 포함해서 창조된 질서의 지금 그대로의 선함에 대한 신앙 때문이었다. 앞으로 더 좋은 삶이 있다고 가정하면서 현재의 삶을 거부하는 것은 일종의 불경이 되기 때문이고, 이러한 입장은 신약 시대 사두개인들의 경우가 가장 명백하다고 지적된다.[13]

유대교 전통에서 이러한 죽음과 삶의 이해가 변화하게 된 계기는 바빌론 포로(B.C. 6세기)이고, 이후로부터 미래의 '메시아'에 대한 희망이 대단히 다양하게 전개되었다. 특히 마카비 전쟁(B.C. 163-141) 무렵에는 비록 모든 사람이 널리 믿은 것은 아니지만 의인(특히 순교자)을 위한 몸의 부활의 보상이라는 관념이 자리 잡았다.[14] 이러한 고통과 악의 문제에 대한 고뇌에서 나온 유대인의 희망은 그 후 그리스의 영혼 불멸에 대한 사색과 연결되기도 하지만 '영혼 불멸'이 아닌 '부활'에 대한 믿음은 유대교의 기본 원칙들 중 하나가 되었다.[15]

이러한 유대교 세계의 부활은 예수시대에 그 유대교의 약속과 계명들이 당시 어떻게 실행되어야 하느냐에 대한 하나의 해석과 응답으로 나온 기독교 출발과 더불어 가장 뜨거운 감자가 되었다. 우리가 잘 아는 대로 지난 2000여 년의 기독교 전개 가운데서 예수의 부활과 관련한 이야기는 기독교 담론 전개의 핵심적인 뿌리가 되어서 기독교 교리사에서 속죄설이나 희생설 등 다양한 교리들로 전개되었다. 하지만 그 가운데서 예수의 역사적 삶과 활동의 본래적 의도는 초자연적이고 실체론적으로 굳어진 부활 담론 아래서 질식당하였다. 특히 오늘날 역사적 예수 연구 팀들의 비판에 따르면 기독교의 본질을 구성한다고 고백되어 온 부활 담론은 오늘날 기독교인들 사이에 널리 팽배해 있는 "종교적 문맹"의 원인이 되었다.[16] 일반적으로 기독교는 예수가 죽어서 묻혔다가 사흘 안에 다시 살아나 그의 영광의 자리로 승천했다는 것을 확증하는 것에서 시작되었다고 가르친다. 이렇게 역사적 예수의 실천과 죽음이 배제된 기독교 해석은 기독교가 신앙의 수행적 차원과 신앙적 책임의 차원을 잃어버리게 하여 하나의 값싼 슈퍼맨 교리로 전락하게 하는 요인이 되었다고 비판받는다.[17]

그렇다면 예수의 몸에는 진정으로 무슨 일이 일어났을까?(What actually happened to the body of Jesus?) 기독교와 유대교의 관계를 무척 중시하는 여성신학자 피오렌자는 여기서 '빈무덤'(empty Tomb) 전통을 이야기한다. 그녀는 신약성서에 있는 예수 부활 이야기에서 마가복음 16:19, 마태복음 28:5-6, 누가와 요한의 예수 승천 이야기, 또는 고전 15:3-8, 로마서 6:3-4 등에 나타나는 모든 이야기들-그리스도가 죽었고, 땅에 묻히셨으며, 그리고 들림을 받았다-을 "고백 형식"(confessional formular)의 부활 이야기로 이름 지으면서, 그러한 예수 부활 이야기는 후에 형식화 되어서 끼어 넣어진 것으로 본다.[18] 이것에 반해서 빈무덤 전통의 부활 이야기는 "전前복음서 부활 이야기"(the pre-Gospel Easter stories)로서 막달라 마리아라는 여성에게 처음 주어졌다. 여기서는 십자가라는 분명한 죽음의 방법에 대해서도 말하고, 고백형식처럼 믿음을 요구하는 것이 아니라 행동을 요구하며 달려가서 "무덤이 비었다"(the tomb is empty)는 것을 전해 주는 이야기라고 강조한다.[19]

피오렌자가 이렇게 신약성서 속에서 예수 부활에 대한 이야기를 두 가지로 구별해 내는 이유는 후에 첨가된 고백 형식 속에서 남성 중심적 권위체계 형성의 의도와 "플라토닉한 영성화와 가현적 초현실화의 오류"(a platonic or docetic supernatural misreading)를 보았기 때문이다.[20] 즉 그녀는 우리가 일반적으로 기독교의 부활 이야기로 알고 있는 고백 형식의 이야기는 거기서 부활한 예수를 '눈으로 보았다'고 하는 남성들의 사도적 권위를 세우기 위한 틀로 사용된 것을 발견하였다. 그녀에 따르면 이 이야기는 훗날 점점 더 가현적 영성화와 초현실화의 길을 가서 교회와 그리스도를 배타적으로, 초현실적으로 실체론화하는 근거가 되었다. 그래서 그녀는 더 오리지널한 부활 이야기로서 여성들의 빈무덤 전통 이야기를 드는데, 이것은 남성들의 영성화 된 부활이야기보다 훨씬 더 "현실적이며"(realistic), 부활의 영광에 중점을 두기보다는 억울한 죽음을 죽은 예수의 사정이 들려졌다는 것이다. 이것과 더불어 생존과 존엄을 위해 투쟁하는 우리들의 싸움이 그

냥 의미 없이 사라지는 것이 아니라 경청된다는 것을 밝히는 매우 정치적인 이야기라고 한다.[21] 그래서 그녀는 "부활 실제"(resurrection reality)에 대해서 말한다.[22]

그러나 여기서 그녀가 부활 실제에 대해서 말하지만, 그녀에 따르면 이 빈무덤 전통의 부활 이야기도 '예수의 몸에 진정으로 무슨 일이 일어났는가?'에 대해서는 모호하다고 말한다. 이러한 입장은 그녀가 빈무덤 전통의 부활 이야기를 가지고 그 부활 이야기의 역사성을 훨씬 강조하고 그것을 통하여 예수 운동의 해방적 실천성을 다시 두드러지게 하려는 의도를 가졌지만 그 부활 이야기 속에서 '해석'의 차원이 모두 제거되어 하나의 '과학적 근본주의' 이야기로 되는 것을 경계했기 때문이다. 피오렌자에 따르면 요즘의 역사적 예수 세미나 팀들이 그런 위험에 노출되어 있고, 이것은 잘못하면 또 다른 의미의 위험한 보수주의가 될 수 있다고 경고한다.[23]

피오렌자의 이러한 경고가 매우 의미 있게 들린다. 하지만 본인은 여기서 역사적 예수 연구 팀들의 질문이 멈추어져서는 안 된다고 생각한다. 왜냐하면 지금까지 기독교 역사에서 기독교의 우월성과 예수그리스도의 유일회성이 바로 이 부활의 '사실(fact)'에 근거한다고 주장되어 왔기 때문이다. 급기야는 앞에서 우리가 펑크의 비판에서 본 대로 그러한 주장이 초자연적으로 실체화 되고 신화화 되어서 '그리스도우상론'으로 변질되었기 때문이다. 그리하여 이러한 사실 주장에 대해서 오늘날 과학 시대에 일련의 비신화화와 비케리그마화의 입장에 서는 신학자들은 예수의 부활을 철저히 '해석'의 대상이며, '실존'의 자기 이해의 '상징'으로 비역사화하고자 한다.[24] 그러나 본인은 이 입장에도 일련의 위험이 따른다고 본다. 즉 그렇게 했을 때 기독교가 '영혼 불멸'이 아닌 '부활'을 주장하는 유대교의 전통으로부터 나와서 고대의 온갖 영육 이원론의 도전에 맞서서 끝까지 지키려고 했던 '몸'과 '역사'의 중요함에 대한 강조를 잃어버릴 수 있다. 그렇게 되면 아무리 종교다원적인 상황 속에서 전통적인 기독교의 배타성을 치유할 수 있는 근거를 얻는다 해도 그 다양한 종교 전통들 가운데서 기독교가 인류에게 고유하게 제시할 수 있는 메시지를 잃을 염려가 있다는 것이다. 자칫하면 기독교의 심화나 전개가 아닌 기독교 자체의 해체이고,[25] 부활 담론의 전개가 아닌 부활 담론 자체의 해체로 나갈 수 있다.

오늘날 세속화와 몸 담론의 시대에 우리는 더 이상 고대의 신조적 케리그마에 의해서 지탱되는 기독교를 받아들일 수 없다. 그 신조는 아무리 부인해도 결국에는 거기서 예수는 단지 그의 출생, 수난, 부활에서 "하느님의 계획에 사로잡힌 인질"이 되고, 수동적 역할을 할 따름으로 이해되기 때문이다. 이것에 반해서 그의 역사성과 인간성을 더욱 부각시키는 '아래로부터의 기독론'은 비록 그가 당시 자신의 죽음과 부활에 대해서 어떤 생각을 가졌겠느냐에 대해서는 확실한 답을 줄 수는 없지만, 그는 당시 진정으로 한 유대인 청년으로서 하느님의 '영향력'(dunamis/dynamic)과 권위가 더 이상 예루살렘의 대제사장이나 종교 법정을 통해서 중재될 필요가 없고, 인간으로서 자신 안에서, 그리고 모든 사람들 안에서 직접적으로 활동하는 것을 끈질지게 보여준 사람이라고 가르친다. 그래서 그는 하느님을 '아빠'라고 불렀고, 예루살렘으로 올라가서 하느님 영향력의 직접성을 이야기하면 그때까지 자기들만이 중재자라고 생각했던 종교 지도자들에게 죽임을 당했고, 그것을 예상했음에도 불구하고 저항하여서 죽임을 당했다. 여기서 우리는 적어도 그가 자신의 죽음의 길에서 그러한 자신의 진실성이 하느님에 의해서 인정받을 것이라는 믿음을 가졌을 것이라고 어렵지 않게 생각해 볼 수 있다.

그러한 그가 부활했다는 것에 대해서 우리가 지금까지 살펴본 대로 그 사실성과 역사성 여부, 또는 기독교에서 그의 삶이 해석되는 데 있어서 부활 담론이 가지는 비중 등에 대해서 많은 비판적 논의가 있음을 안다. 그러나 한편으로 신약성서 자체 안에서도 부활은 상식에도, 자연적 개연성에도 맞지 않지만,[26] 그런데도–피오렌자가 그것을 아무리 고백 형식으로 나중에 끼어 넣어진 것이라고 지적해도–예수가 죽음을 넘어서서 살아 있는 형체로 회복한 일이 역사적으로 일어난 사실로 여겨졌다. 이것은 유대교 인간 이해의 맥락에서 만약 어떤 의미의 부활이든 그들에게 그것이 진실이 되려면 그러한 살아 있는 형체가 신체적으로, 분간할 수 있게, 그가 죽기 전에 그들이 알았던 바로 그 사람으로 나타나야 한다는 요청과도 일치한다고 하겠다.[27]

상황이 이러하므로 지금 기독교의 죽음과 부활 이해를 다시 대안적으로 성찰하려는 우리는 일련의 비신화화 논의에서처럼 부활의 사실성과 역사성을 완전히 부정할 수도 없다. 그렇다고 그 사실성을 인정함으로써 기독교가 다시 과거 자신의 전통에서처럼 배타적 유일회성의 감옥에로 빠지는 것을 두고 볼 수도 없다. 이러한 딜레마적 상황이란 우리가 기독교 전통 안에만 머물러 있다면 이 문제에 대한 논의는 더 이상 진전될 수 없다는 것을 시사한다. 오늘날 우리는 2000여 년 전 팔레스타인의 유대인이나 기독교인들처럼 고대의 신화적 세계관 속에서 살지 않는다. 또한 그들처럼 인류의 또 다른 종교 전통인 유교나 불교 등으로부터 차단되어 있지도 않다. 그래서 본 연구자는 오늘날 우리의 과학과 세속화의 시대 정신에도 성실하

게 응답하면서, 기독교 부활의 역사성을 잃지 않으면서도 동시에 그것이
배타적인 실체론으로 굳어지지 않을 수 있는 길이 어떻게 열릴 수 있는지
를 인류의 다른 종교 전통들과 대화하면서 탐색해 보고자 한다.

3. 유교 전통의 죽음 이해

우리는 일반적으로 공자가 귀신 섬기는 것에 대해 묻자 "사람을 섬기지
못한다면 어떻게 귀신을 섬길 수 있겠는가"라고 했고, 죽음에 대해서 묻자
"삶을 모르면서 어떻게 죽음을 알겠는가"라고 대답한 것들을 통해서 유교
는 죽음 이후의 삶에는 관심이 없고, 이승에만 관심을 가지며, 그래서 엄밀
한 의미에서 종교가 아니라고 하는 것을 자주 듣는다. 그러나 이러한 판단
은 매우 표피적인 것이고, 사실 유교에서만큼 죽은 사람과 살아 있는 사람
과의 관계가 밀접하게 맺어져 있는 종교도 드물다. 그 효사상이나 상장례
를 좀 더 가까이 살펴보면 잘 알게 된다.[28]

꼭 유교 전통의 영향만이라고는 할 수 없겠지만 저승은 조선시대 중세
국어로 '뎌 싱'으로서 대명사 '뎌'와 '싱生'이 결합된 말이라고 한다. 이와
대립되는 이승은 '이'와 '싱'이 결합된 말인데, 즉 이승은 이곳의 삶, 저승
은 저곳의 삶을 뜻하므로, 이 두 말을 모두 쓰고 살아 온 한국인에게는 '죽
어서도 삶이 있다', '죽어서도 삶이 이어진다'는 의식을 뚜렷이 갖고 있었
다는 것을 나타낸다.[29] 주희는 앞의 귀신 섬기는 일과 죽음에 대한 질문에
대해서 공자가 대답한 말에 관해 논하기를, "저승과 이승(幽明), 죽음과 삶
(死生)은 처음부터 다른 이치가 아니지만 다만 배움에는 순서가 있어 뛰어

넘을 수 없기 때문에 공자가 그렇게 말한 것이다"라고 하였다. 또한 주희는 공자가 '아침에 도를 들으면 저녁에 죽어도 좋다'고 한 말은 "도란 인간사와 만물의 마땅히 그래야만 하는 이치이니, 만일 그것을 얻어 듣는다면 살아있음에도 정돈되고 죽음에는 평안해서 다시 여한이 없다"라는 의미라고 설명했다. 이렇듯 유교에서는 수명의 장단에 관심을 두지 않고 수신함으로써 자신의 도리를 다하다가 명命을 따르는 데에 관심을 둔다.[30]장횡거는 그의 『서명西銘』에서 살아서는 천명에 어긋남이 없도록 충실히 하늘을 섬기고(事天), 죽어서는 하늘에 조금도 부끄러움이 없이 편안히 먼저 잠든다고 하였다. 즉 마음을 닦고 성품을 닦으며 인의를 실현하는 것 자체가 '하늘을 섬기고(事天), 그의 뜻을 아는 것'으로 보았으며, 그럴 때 생사의 경계를 초월한 평안하고 두려움이 없는 상태(不憂不懼), 하늘과 하나가 되는 영원의 경지(天人合一)가 있는 것이라고 본 것이다. 그렇기 때문에 유교적 '성인지도'(聖人之道, To become a sage)의 추구는 다른 종교 사상들에 비해서 내세라든가, 영혼불멸, 사후의 심판 등 좁은 의미의 종교적 관심들에 대한 표현들을 절제하게 하지만, 그러나 위에서 살펴 본대로 나름의 내재적 방식으로 시간과 공간의 영속성에 대한 관심을 표현해 왔다. 본인은 유교 종교성의 핵심이 바로 여기에 있다고 생각한다.

유교 전통이 이처럼 인도人道와 천도天道를 통합하는 성학聖學의 추구 속에서 생사를 초월하고 죽음을 극복하는 길을 본 방식은 그의 효 실천 속에서 잘 나타난다. 공자는 효를 덕의 근본으로 보고, 부모를 잘 섬긴다는 것은 조상신에 대한 제사를 충실하게 지낸다는 뜻이며, 조상신을 잘 섬긴다는 것은 시조신을, 나아가서는 생명을 주신 하늘(天)을 섬기는 것으로 귀결했다. 효를 통하여 인간은 단독자가 아니라 무수한 조상을 뿌리로 하여 태어나는 것이며, 무수한 후손으로 뿌리가 이어진다고 보는 것이다. 그리하여 효란 단순히 도덕 차원이 아니라 그 안에 깊은 종교적이고 초월적인 생명 존중과 시간의 연속성에 대한 관념을 담고 있다. 생명의 영속성에 대한 깊은 책임감과 함께 하늘까지 닿는 시공의 연속성에 대한 자각이 표현된 것이며, 이 효의 의무 중 가장 중요한 것이 자손을 통한 생명의 지속에 대한 의무라면 이것이 죽음 이후의 삶에 대한 유교적인 배려와 관심이라고 이해할 수 있겠다.[31]

효의 근본 정신은 가장 귀중한 생명과 삶을 주시고 사랑과 은혜를 베풀어 주신 생명의 근원인 부모와 선조께 감사하는 것이다. 그러므로 부모의 생명을 지속시키고 부모께 제사를 지낼 후손이 없는 것이 최대의 불효가 됨은 당연하다. 효의 극치는 생전 부모 섬김을 하늘을 섬기듯이 하고, 사후에는 제사로써 하늘과 짝함에 있다. '사천事天'과 '사친事親'을 둘로 분리하지 않고, 하나이면서 둘이요 둘이면서 하나인 것으로 본 것은, 우리가 위에서 유교적 성인지도의 길에서 보았듯이, 하학이상달下學而上達의 길을 통한 유교적 종교성의 표현이고 나름의 생사 초월의 방식이 된다.[32]

물론 이러한 유교의 내재적이고, 아래로부터 위로, 가까운 것으로부터 먼 것으로의 의미실현 방식이 그 안에 나름의 문제점을 가지고 있다는 것도 안다. 하지만 앞에서 서구의 엘리아스도 지적했듯이 현대 사회에서 죽어가는 자의 고통이 깊고 몸의 죽음을 모든 것의 마지막으로 보는 세속화적 관점이 삶의 의미를 단자와 고립된 개인에게서 찾기 때문이라고 했다면, 이러한 유교적 극복 방식은 우리들로 하여금 다시 생명의 의미를 공동체적 범주 속에서 찾을 수 있도록 하는 데 좋은 가르침이 된다고 하겠다.[33] 자신이 우주에서 고립된 단독자가 아니고 가장 가까운 조상들로부터 해서 하늘까지 닿아 있고, 또한 자신의 몸의 끝을 이어서 다음 세대가 생명의 줄을 이어간다는 의식은 생물학적으로도 의미가 없지 않다. 그래서 현실의 삶에서는 시체 해부나 화장 등의 방식을 널리 쓰면서도 몸의 자연스러운 소멸을 인정하지 않고, 여전히 몸의 부활이라는 모호한 카드를 내밀면서 신화적 부활 담론 뒤로 숨어 버리는 대중적 기독교의 자기기만 대신에, 장기간과 넓은 범위의 공동체성과 사회적 범주 속에서 죽음을 극복하려는 유교적 방식이 훨씬 합리적이면서도 오늘날 오히려 잘 기능할 수 있다.

유교적 죽음 극복의 방식이 가장 잘 나타나는 것이 위의 효 의식을 바탕으로 한 상례와 제례이다. 『주역』의 「계사전」에는 "정기精氣가 물物이 되고, 혼이 돌아다녀 변화한다. 이 때문에 귀신의 정상情狀을 아는 것이다"(精氣爲物, 遊魂爲變, 是故知鬼神之情狀)라는 말이 있다. 이 짤막한 말 속에는 유교 사생관死生觀이 요약되어 들어 있는데,[34] 즉 유교는 세상의 만물이 이러한 취산聚散에 의해서 이루어진다고 본 것이다. 주희는 이 말을 더 설명하기를, "음인 정과 양인 기가 모이면 물이 되는 것은 신의 펴짐이고, 혼이 돌아다니고 백이 내려가서 흩어지고 변함은 귀가 돌아감이다"라고 하였다(陰精陽氣, 聚而成物, 神之伸也, 魂游魄降, 散而爲變, 鬼之歸也). 이러한 모습 등에서 알 수 있듯이 유교적 사생관에서는 사람이 죽으면 혼은 하늘로 돌아가고, 백은 땅으로 돌아간다고 보았다. 우리가 많이 쓰는 말에 '혼비백산魂飛魄散'이라는 말이 있는데, 이러한 말은 우리의 몸이 정신인 혼(氣)과 육체인 백(精)으로 이루어져 있고, 죽으면 하나는 승천하여 양으로서 신神이 되고, 하나는 땅으로 내려가서 음으로 귀鬼가 된다는 것을 말해 준다. 결국 사람이 죽으면 혼백이 분리된다는 것이다.[35]

그런데 여기서 우리는 유교 성리학의 이기론理氣論이 인간의 정신(혼)을 다시 이와 기로 구분하여 이란 그 기가 모이는 이치를 말하는 것이며, 이이야말로 생명의 참된 기반으로서 기의 소진에도 불구하고 변하지 않는 영속적인 것으로 보아온 사실을 상기하고자 한다. 주희는 그리하여 불도들이 사람이 죽은 후에 기가 되고, 그 기가 다시 사람이 된다고 말하는 것을 비판하면서 선조의 기가 흩어짐에도 불구하고 제사의예가 의미 있는 것은 그 선조들과 같은 기를 가진 후손들이 서로 통할 수 있고, 응답할 수 있는 이가 있기 때문이라고 설명했다.[36] 여기서 이러한 이야기가 불교의 윤회설과 어떤 관계 속에서 서로 논해질 수 있는지를 모두 따라갈 수는 없지만, 유교의 사생관에서도 죽음을 넘어서 영속하는 것에 대한 믿음을 표현한 것이라 하겠다. 부자연스러운 몸의 부활을 주장하는 것이 아니라, 또한 한 개체의식의 영속을 말하는 것이 아니라 이에 뿌리를 둔 얼의 교통이야말로 그런 의미에서 유교 제례의 진정한 의미가 아닌가 생각한다.[37]

유교의 상장례는 부모의 떠나감 앞에서 차마 어쩌지 못하는 자식의 효심을 담은 의례라고 본다. 『설문』의 '상喪' 자에 대한 뜻풀이를 보면, "망함이다. 곡哭과 망亡을 따라 뜻이 모아진 글자이다"라고 하는데, 곡은 슬픈 눈물과 통곡이고, 망은 땅이나 널 속에 들어감, 즉 죽음을 뜻한다고 한다. 죽음을 상이라 부른 것은 다시 볼 수 없는 안타까움에서 직접 죽음(死)이라고 칭하지 않고 차마 죽었다고 말할 수 없다는 뜻이라고 한다.[38]

이렇듯 부모의 떠나감을 안타까워하는 유교는 상례의 의식 절차에 탁월한 의미를 둔다. 공자나 순자가 집대성한 초기 유가의 상례나 후대에 비교적 간결하게 재구성된 『주자가례』 등도 모두 효심에서 출발한 것이다. 그리하여 부모가 돌아가시자마자 부고를 돌리는 것은 불효라고 한다. 같은 맥락에서 시신을 병풍 뒤에 모셔 두고 산 사람 대하듯 하다가 염습하고, 마당에 두었다가 동리 어귀에서 노제를 지내고 장지로 향하는 것 등은 차마 못 떠나 보내는 마음의 표현이다. 아무리 짧아도 3일장은 치러야 하는 것은 혹시 다시 살아날지도 모른다는 효성스런 희망 때문이고, 헝겊 끈으로 시신을 동여맬 때도 살아날 경우 힘만 주면 쉽게 풀릴 수 있도록 묶고, 관 뚜껑의 못질도 역삼각형으로 하여 밀면 열리도록 하는 것 등은 모두 자식의 효심과 망자의 혼에 대한 세심한 배려에서 나타난 것으로 이해된다.[39]

유교에서 죽은 사람에 대한 처리 절차는 대개 1) 임종에 직면해서 숨이 끊어지는 것을 확인하기까지 2) 그 시신을 처리하는 세세한 절차가 마련되기까지 3) 상주가 다른 사람과 차별화하여 상복을 입고 죽은 자와 특별한 관계를 맺으며 공식적인 조문을 받는 것이 이루어지기까지 4) 마침내 죽은 자가 묻히고 떠도는 혼을 편안하게 해 주고 첫 성묘인 우재를 지내고 삼우三虞 뒤 무시로 우는 것을 멈추는 졸곡卒哭, 그리고 초상으로부터 13개월만의 첫 기일에 지내는 소상小喪과 25개월만의 대상大喪을 거친다. 마지막으로 삼년상(2년 1개월) 뒤에 신주를 사당으로 모셔서 조상신이 되어 의례의 대상이 되기까지로 나누어 볼 수 있다.[40]

이러한 모든 절차들 가운데서 유교 상례가 어떻게 몸의 끝을 모든 것의 끝으로 보지 않고, 저승을 이승과 연결시키면서 연속되는 관계성 속에서 보았는가 하는 것을 잘 나타내 주는 예절로 특별히 '초혼招魂' 의식을 지적하고 싶다. 이것은 '고복皐復'이라고도 하는데, 혼을 불러 다시 돌아오라고 부르는 것이다. 사람이 일단 숨을 거두게 되면 혼이 육체에서 빠져 나간다고 생각했는데, 초혼은 아직은 혼이 육체에서 그렇게 멀리 떠나 있지 않을 것이라 믿고 다시 돌아오라고 부르는 것이다. 보통 지붕 위에 올라가서 죽

은 이가 즐겨 입던 겉옷을 흔들어서 부르는데, 이러한 유교 세계의 인간적
인 의식은 오늘날 합리화된 현대식 상장 절차에서 숨이 끊어지자마자 시
신을 냉장 안치실로 보내거나 사흘도 제대로 안 되서 아직 살아 있는 세포
와 그래서 기가 흩어지기 전인데도 불로 태우는 것이 과연 인간적이고 옳
은가 하는 의문을 불러일으킨다.[41] 이 고복의 의식을 거쳤는데도 불구하고
죽은 이가 깨어나지 않으면 그때부터 통곡을 하여 시신을 거두고, 대문 밖
에 사잣밥을 놓는다고 하는데, 이것도 매우 인간적이다. 노잣돈을 얼마간
놓기도 하는데, 모두 죽은 자의 혼에 대한 세밀한 배려와 유교적 영혼 분열
에 대한 믿음을 드러낸 것이라고 이해된다.[42]

　보통 3일장을 지내는 오늘날은 첫째날에 부고를 내는 일까지 마친다. 둘
쨋날에 시신을 관에 넣어 갈무리하는 습과 대렴大斂까지 모든 것을 '염한
다' 고 하여 행하는데, 옛날에는 이 과정도 엄격히 시차를 두어서 죽은 뒤
사흘 밤이 지난 새벽에 대렴을 하고 드디어 빈소를 차렸다고 한다. 빈소를
차리고 나서 상주와 상제들이 상복을 입으면서 다른 사람들과 차별화하고
이때부터 정식으로 죽음을 공동체에 선언하고 문상과 부의도 자연스럽게
이루어진다고 하는데, 입관하는 그 다음날 '성복' (成服, 상복을 입는 것)을 하
는 예도 되도록이면 망인의 죽음을 하루 더 연장하여 인정하려는 태도이
다. 성복을 하고서야 조곡을 하는 것도 아직 살아 있는 자에게 절하지 않는
다는 데에 따른 것이었다고 한다.[43]

　이러한 모든 이야기들은 유교가 어떻게 죽어가는 자, 죽은 자를 배려하
고, 그를 상당한 기간 동안 상제와 더불어 인간 공동체의 일원으로 배려하
고 있느냐를 잘 보여주는 것들이다. 상제 스스로의 구별된 몸가짐과 생활

태도뿐만 아니라 그가 속한 공동체에서 그는 상당 기간 특별하게 대우를 받는데, 이러한 것들도 바로 죽은 자에 대한 인간적인 배려에서 나온 것이다. 이 상례가 예로써 마무리되면 망자는 조상신이 되어 '길례吉禮'인 제례의 대상이 된다. 앞에서 우리가 살펴보았듯이 죽은 이의 혼과 기는 하늘로 올라가 흩어지지만 시일을 두고서 이루어지는 것으로 이해된다. 그리하여 보통 혼은 6대(1대를 대략 30년으로 봄) 혹은 7대, 또는 4대 동안 머물면서 가족들과 접촉하고 후손들에게 음식을 공양 받고 집안일에 관한 소식이나 세상 이야기를 듣는 것으로 이해된다. 제사에서 보통 4대 봉사를 이야기하여 이 기간 동안 후손들은 마치 그들이 살아 있는 것처럼 외경심을 가지고 제사를 받들면 우리의 감각으로는 알 수 없지만, 분명히 그들과 통교할 수 있고, 이것이 바로 '제사감격祭祀感格'이고, 유교 종교성의 한 핵심으로서 실천되어 온 것이다.

　이런 의미에서 일본의 유교학자 가지 노부유키는 유교를 "침묵의 종교"라고 칭하면서,[44] 기독교나 불교 등의 일반적인 성속 분리의 종교 모습과는 다르지만, 이 조상 제례 등을 통해서 유교에서 어떻게 생사가 관통되며, 사람과 (귀)신이 소통하는 존재로서 이해되는가가 드러난다고 지적하였다. 유교 제례에는 또한 '불천지위不遷之位'의 제례가 있다. 이는 큰 공훈을 세운 죽은 자의 제사를 어느 한정된 기간까지만 행하는 것이 아니라 그 신위神位를 사당에서 치우지 않고 영속적으로 드리는 경우를 말한다. 비록 그의 기는 사라졌다 하더라도 그의 얼과 정신(理)은 계속 기리는 것을 말한다. 국가나 가문에서 뛰어나게 공을 세운 인물의 제사가 그렇게 들여지는 경우인데, 이것을 우리가 기독교의 예배와 연결하여 보면, 바로 예수가 불천위의 신神이 되어 그리스도로 계속 기념되고 제사 들여지는 것이 아닌가 생각한다. 이렇게 본다면 우리는 예수의 부활도 다르게 이해할 수 있는 여지를 얻게 되고, 이러한 이해가 오늘의 우리에게 더 설득력이 있게 들린다.

4. 불교 전통의 죽음 이해

요즈음 한국에서 '생사학 연구소'(www.huspc.or.kr)를 운영하며 인간다운 죽음 문화의 정착을 위해서 애쓰는 한남대의 오진탁 교수에 따르면 자신이 '죽음이 결코 끝이 아니다'라고 확신하는 근거가 여러 가지가 있는데, 그 중 첫째가 『티벳 사자의 서』에 제시된 내용이라고 한다.[45] 이 죽음 연구가의 지적에서도 보듯이, 오늘날 죽음에 대해서 관심하는 현대인들에게 아주 설득력 있게 다가오는 것이 불교, 특히 티벳 불교의 윤회 또는 환생 담론이다. 불교는 사실 우리의 삶과 죽음 모두를 무상한 것으로 보기 때문에 불교가 어떻게 적극적으로 죽음 이후의 영속성에 대해서 말할 수 있을까 하는 의심이 들기도 한다. 하지만, 『티벳 사자의 서』에서 그려 주는 우리 몸의 죽음 이후의 시간들에 대한 자세한 지도조차도 궁극적으로는 바로 무상과 공을 깨닫기 위한 것이라고 강조하는 것을 보면 꼭 모순되는 것만은 아닌 것 같다.[46] 불교, 특히 『티벳 사자의 서』는 우리가 앞에서 살펴보았던 기독교의 몸의 부활이나 유교의 '기氣(精)의 집산' 등의 설명의 피상성을 넘어서 구체적인 시간의 경과와 더불어 (49일간) 단계별로 죽음 이후의 정황을 지시해 줌으로써 지적이고 구체성을 선호하는 현대인들에게 의미 있게 다가온다.

원래 『티벳 사자의 서』는 지금부터 1200여 년 전쯤 파드마 삼바바라고 하는 탄트라密敎의 대가인 인도승이 티벳왕의 요청으로 자신이 깨달은 인간 신비의 세계를 100여 권이 넘는 책으로 써 내려간 것 중 하나라고 한다. 그는 그 책을 썼지만 아직 세상에 비밀을 드러낼 때가 되지 않았다고 생각하여 티벳 전역의 히말라야 동굴에 한 권씩 숨겨 두었다. 그 후 수백 년이 지난 후 릭진 카르마 링파라고 하는 한 '테르뙨(보물을 찾아내는 자)'에 의해서 찾아져서 티벳과 히말라야 인접국가에만 전해져 내려왔다. 20세기 초 영국인 수도자였던 옥스퍼드대학의 종교학 교수인 에반즈 웬츠는 그의 티벳 승려 스승인 라마 카지 다와삼둠의 영어 번역을 편집하여 현대 세계에 알리게 되었다고 한다. 그것은 당시 대표적인 심리학자 칼 융에게 큰 영향을 끼쳤고 우리나라에서는 류시화에 의해서 번역되었는데, 그는 이 책의 번역에서 한 단락의 번역을 위해서도 몇 시간의 명상과 여러 해에 걸친 공부가 필요했고, 티벳 경전의 전문가인 일본인 번역본, 네팔에 사는 티벳인들의 도움도 컸다고 밝힌다.[47]

'신지학神智學(Theoso- phie)'의 창시자 마담 블라바츠키(H.P.Blavatsky)[48]와 거기서 깊은 영향을 받은 루돌프 슈타이너(R. Steiner)에 따르면 20세기 자연과학 시대의 인식론적 한계에 도달한 인류는 "더 높은 인식의 세계"(Erkenntnisses der hoeheren Welten)로 나아가야 하는 과제 앞에 섰다. 이러한 더 높은 세계의 인식들은 인류 역사와 정신의 계속적인 전개의 발전을 위해 방향과 내용을 가르쳐 주는 것이라고 한다. 그러나 이 더 높은 세계에 대한 도달이 과거처럼 소수의 영적 수련자들에게 비의적인 방식을 통해서 전해지는 것이 아니라 오늘날은 보다 객관적이고 학문적인 방식을 통해서, 즉 그의 말대로 자연과학과 같은 명확성과 사실의 경험에 근거한 방법을 통하면서 보다 많은 대중에게 전해져야 한다. 슈타이너는 그것을 '정신과학적(geistwissenschaffilich)' 방식이라고 명명했다.⁴⁹ 그의 1904년의 작품인 『신지학』과 그 다음에 발표한 『어떻게 하면 더 높은 세계의 인식에 도달할 수 있는가?』는 우리가 여기서 소개하려고 하는 『티벳 사자의 서』와 많은 유사성을 가지고 있으며, 어떻게 죽음 이후에 인간의 혼과 정신이 몸을 떠나서 여러 단계의 죽음 이후의 세계를 겪고 다시 환생하게 되는가를 자세히 그려주고 있다.⁵⁰

1927년 『티벳 사자의 서』란 제목으로 출판한 에반즈 웬츠(Evans Wentz)에 따르면 고대 그리스의 플라톤과 그 학파들에게서도 고대 신비의식의 입문자들로서 이와 유사한 지식들을 볼 수 있다고 한다. 우리가 잘 알고 있는 플라톤 『국가론』의 제10장에는 궁극적으로 정의가 최고선이고 정의로운 자가 마침내는 행복해진다고 하는 증거로써 임사체험자 에르의 저승 이야기가 나온다. 웬츠에 의하면 여기서 플라톤이 묘사하는 저승의 심판은 『티벳 사자의 서』에 나오는 심판 장면과 유사하다. 또한 오르페우스, 아가멤논, 오디세우스 등 심판의 과정을 거치고 다시 환생을 준비하는 그리스 영웅들의 영혼에 대한 이야기도 대부분 그 영혼들이 다음 생으로 선택한 것이 그들 자신의 지난 번 인생 경험에서 나온 것으로 설명하는 방식도 매우 유사하다고 한다.⁵¹

우리가 이미 알다시피 플라톤에 의해서 전승된 소크라테스의 「변명」에 보면, 어떻게 소크라테스가 영혼의 불멸에 대한 확실한 믿음을 가지고 독배를 들고 용감히 죽음의 길로 떠났는가가 잘 나타나 있다.

> 여러분은 죽음에 대하여 좋은 희망을 품어야 합니다. 그리고 선량한 사람들에게는 살아 있을 때나 죽은 후에나 나쁜 일이란 결코 있을 수 없습니

다. 그리고 무슨 일을 하든지 신이 보살펴 준다는 것을 절실히 믿고 명심해 두어야합니다.⋯이제 우리는 떠날 시간이 되었습니다. 나는 지금부터 사형을 받기 위해서, 그리고 여러분들은 살기 위하여⋯그러나 우리 앞에 어느 쪽에 더 좋은 것이 기다리고 있는지, 아무도 분명히 알지 못할 것입니다.[52]

이러한 소크라테스의 마지막 시간들을 더 자세히 살펴본 또 다른 저작 『파이돈』에 따르면, 죽음이란 영혼이 육체에서 분리되어 해방되는 것이다. 그럼으로 진실한 철학자라면 이 해방을 소망하고, 따라서 죽음이 다가올 때 죽기를 싫어하는 사람은 진정한 애지자愛智者가 아니고 육체를 사랑하거나, 돈이나 권력을 사랑하는 사람이다.[53] 그러므로 용기는 "철학자에게만 부여된 특권"이며, 철학이란 바로 "죽는 연습"이다.[54] 이러한 이야기들이 자칫 염세적인 자살 찬양론으로 읽힐 수 있으나, 소크라테스와 플라톤의 진정한 의미는 사람들이 죽음에 대해서 모르면서 너무 두려워하여 불의한 삶을 살게 되는 것을 막고자 함이다. 몸의 죽음이 모든 것의 끝이라고 생각하면서 절망하는 데서 벗어나서 이생의 삶을 정의롭고 용기 있게 살라는 가르침이라 하겠다. 같은 맥락에서 웬츠는 『티벳 사자의 서』 제3판 서문에서 이 책의 충고인 "인간으로 탄생한 이 소중한 기회를 세상의 무가치한 일들 때문에 낭비하지 말기를, 그리하여 우리가 이 삶으로부터 빈손으로 떠나지 않게 되기를" 언제나 기억해 달라고 당부한다.[55]

릭진이 이 책을 히말라야의 동굴에서 찾아냈을 때 그 원제목은 『바르도 튀돌』이었다고 한다. 바르도Bardo란 '둘(do) 사이(bar)' 라는 뜻으로, 그것은 낮과 밤 사이, 곧 황혼녘 중간 상태를 말하고, 이 세상과 저 세상 사이의 틈새이며, 사람이 죽은 다음에 다시 환생하기까지 머무르는 사후의 중간 상태를 부르는 것이고, 49일간의 시간으로 알려져 있다. 또한 퇴퇴돌(Thos-grol)이란 '듣는 것으로(Thos) 영원한 자유에 이르기(grol)'로 결국 이 책의 제목은 '사후 세계의 중간 상태에서 듣는 것만으로 영원한 자유에 이르는 가르침'으로 번역된다고 한다. 곧 이 사자의 서는 명상이나 참선 수행과 같은 어려운 과정을 거치지 않고도 붓다와 같은 대자유의 경지를 성취하는 가르침이며, 그런 뜻에서 대승불교의 교리를 압축해 놓은 설명서가 된다고 한다.[56] 기독교의 신약성서, 그 중에서도 복음서와 같은 의미라고 하겠다.

이렇듯 이 책은 임종의 순간에서부터 영적 지도자가 사자를 잘 인도하여 그의 혼이 육체로부터 잘 빠져 나가게 하고, 49일간의 바르도체(중음신)의 상태를 거쳐 다시 자궁문을 선택하여 인간 세상으로 환생할 수 있도록 인도하는 책이다. 죽은 자를 위하여 생전의 영적 스승이나 또는 이 책을 분명하고 정확하게 읽을 수 있는 사람이 사자의 임종 시, 빈소에서, 49일 동안 영정 앞에서 계속 읽어 줌으로써 사자의 의식은 그것을 듣고 자신의 길을 잘 찾아갈 수 있다고 한다. 이 책은 49일 간의 바르도 단계로 크게 세 가지 단계를 그려주고 있다. 첫째는 죽는 순간의 '치카이 바르도'이고, 둘째는 죽은 지 3일 반이 지나서 시작되는 '초에니 바르도'이고, 마지막으로 사후 22일째부터 시작되는 '시드파 바르도' 단계로서 여기서 해탈이냐 환생이냐의 심판이 이루어진다. 앞의 슈타이너는 인간 존재를 크게 '몸(Koerper)'과 '혼(Seele)'과 '정신(Geist)'의 세 가지 본성의 존재로 보고, 사후 혼과 정신이 몸을 먼저 떠나고, 다음으로 정신이 혼의 세계를 떠나고, 마지막으로 정신이 남아서 사후 정신 세계에서 거쳐야 하는 과정들을 지내고 환생하는 것으로 그려 주었다.[57] 이 정신(Geist)의 세계란 플라톤의 이데아의 세계, 칼 융의 원형Archetype의 세계, 신유교 이理의 세계와 유비될 수 있는 것으로 보이는데, 티벳 불교에서 생명의 중심인 마음(혼)의 본체를 순수한 빛으로 이해하는 것과 상관된다고 하겠다.

이 책은 인간은 분명한 의식을 지닌 채 마음의 평정을 이룬 상태에서 죽음을 맞이해야 한다고 강조한다. 그런데 이러한 '죽음의 기술' 또는 '죽음의 예술'을 외면하고 현대의학에서 마취제나 진정제 등으로 의식을 마비시키고, 임종하려는 순간 주변에서 울부짖는다거나 하는 등의 소란으로 평정이 깨질 때 이때 최초로 사자 앞에 나타난 순수하고 투명한 빛을 인식하지 못하고 해탈의 첫 번째 기회를 상실하게 된다고 강조한다.

먼저 죽음의 징후들이 나타나면 죽음의 과정이 방해받지 않도록 하기 위해서 시신을 흰 천으로 덮고 어떤 사람도 시신을 건드리지 않는다. 이 과정은 육체로부터 의식체를 완전히 분리하는 것으로 끝이 나는데, 이때 포와라는 의식체를 빼 내는 사람의 도움 없이는 대개 3일 반 내지는 4일이 걸린다고 한다. 포와는 죽어가는 자의 집에 도착하자마자 그의 머리맡에 앉고, 애통해하는 모든 가족들과 친척들을 방에서 내보내고, 침묵 가운데서 몸의 동맥을 눌러 주면서 사람의 머리 정수리에 있는 두개골을 찾아서 그 '브라흐마의 구멍'이라고 하는 구멍을 통해서 영혼이 육신을 빠져 나가도록 해야 한다고 이 책은 가르친다.[58]

죽음을 맞이한 순간부터 3일 반이나 또는 4일 동안, 대부분의 경우 의식체는 자신이 육체로부터 분리되었다는 사실을 알지 못한 채 기절 상태 또는 수면 상태로 빠지는 것으로 알려져 있다. 이때 친했던 사람들이 모여 있는 것을 살아 있을 때와 마찬가지로 확실히 보고, 그들이 우는 소리도 듣게 되는데, 산 사람들은 사자를 위해서 이 첫 번째 치카이 바르도의 단계에 합당한 사자의 서를 계속 읽어 주고 염불과 예불을 하면서 임종 직후의 심신상태에서 의식을 되찾게 하고, 낯선 저승의 환경에 그를 적응시키면서 빛으로 인도해야 한다고 가르친다.

> 아, 고귀하게 태어난 아무개여. 그대가 존재의 근원으로 돌아가는 길을 찾을 순간이 다가왔다. 그대의 호흡이 멎으려 하고 있다. 그대는 한때 그대의 영적 스승으로부터 존재의 근원에서 비치는 투명한 빛에 대해 배웠다. 이제 그대는 사후세계의 첫 번째 단계에서 그 근원의 빛을 체험하려 하고 있다. … 이 순가 그대는 그대 자신의 참 나를 알라. 그리고 그 빛 속에 머물러 있으라. 이 순간 나 역시 그대를 인도하리라.[59]

첫 번째 치카이 바르도의 단계가 지나고 두 번째 초에니 바르도의 단계로 들어서면 인간계에서 살아 있을 때 쌓은 카르마가 만들어내는 환영이 빛나기 시작한다. 그러므로 이 시기에 초에니 바르도의 가르침을 읽어 주는 것은 중요하다고 한다.[60] 이때쯤에는 사자는 곁에 음식물이 차려져 있으며, 옷은 수의로 갈아입혀져 있고, 잠자리가 깨끗이 정돈되어 있는 광경들을 보게 된다. 이때 친구들과 친척들이 애통해하는 소리도 여전히 듣지만 그들은 그가 부르는 소리를 들을 수 없기 때문에 사자는 실망한 채 떠나게 된다고 한다. 이때 사자는 소리와 색과 빛 세 가지를 경험하는데, 그를 존재의 근원으로 인도하는 가르침이 행해져야만 하고, 이 세상의 삶에 애착을 갖지 말고, 집착을 버리고, 윤회계의 수레바퀴를 벗어나라고 설명해 주어야 한다. 여기서 사자는 존재의 근원의 모습을 체험하며 해탈의 길을 갈 수 있다.[61] 티벳인들은 일반적으로 매장을 싫어한다고 하는데, 그것은 시신이 매장되면 사자의 영혼이 그것을 보고 다시 거기로 들어가려 한다고 믿기 때문이다.[62]

이제 자신에게 죽음이 일어났다는 사실을 깨달은 사자가 이 두 번째 바르도에서 겪게 되는 것은 그가 생전에 생각하고 행동한 것들이 객관적인 영상이 되어 차례로 등장하는 것이다. 지난 사흘 반 동안 기절해 있던 사자는 깨어나 세상이 완전히 달라져 있음을 보고 눈에 보이는 것은 모두 빛의 몸을 하고 있다고 하는데, 하나는 아주 강렬하고 장엄한 빛줄기이지만 다른 하나는 어두운 빛으로 나타난다. 사자들이 이 어두운 빛에 끌리지 않고 밝고 눈부신 빛을 따라가도록 인도해야 하는데, 사자가 살아 있을 때 갖고 있던 분노의 힘, 자만심, 집착과 욕심, 질투 등은 여러 단계에 걸쳐 나타나는 눈부신 빛을 보지 못하게 하고 대신 오래 된 습관의 어두운 빛을 따라가서 윤회의 바다에서 헤어나지 못하게 되는 것이라고 한다.[63] 그래도 이 두 번째 바르도에 들어간 처음 7일 동안은 비교적 평화로운 신들의 환영이 나타나지만, 8일째부터는 피를 마시는 분노의 신들이 나타나고 초에니 바르도의 마지막 열넷쨋날에는 죽음의 대장인 다르마자(염라) 대왕이 나타난다. 사자는 두려움과 고통의 전율 때문에 그들의 실체를 깨닫기가 더욱 어렵다고 한다. 하지만 이 단계들도 사자가 『티벳 사자의 서』의 안내에 따라 의식을 집중하며 바로 이 신들이 자신의 수호신들이고, 그들을 신뢰하며 그들 속으로 녹아 들어가면 윤회의 고리로부터 벗어나서 붓다의 경지를 얻을 수 있다고 한다. 이 단계들은 일종의 해탈의 기회인 셈이고, 이 단계들을 모두 거치면서 사자는 바로 이 신들이 모두 자신의 마음에서 나오는 투영물임을 깨닫는다면 그는 그 즉시 붓다의 경지에 이를 것이다. 『티벳 사자의 서』가 매우 분명하게 거듭해서 강조하는 것은 이 단계들에서 만나는 모든 신들과 영적 존재들은 결코 어떤 개별적인 실체를 지닌 존재들이 아니고 모두 자신의 경험에서 나온 환영임을 알라는 것이다. 지금까지 나쁜 카르마를 아무리 많이 쌓았다 하더라도 이 죽음의 순간에 이 사자의 서의 가르침을 듣는 것만으로도 영원한 자유에 이를 수 있다고 가르치는 것이다.[64]

슈타이너는 죽음의 "문턱"(Schwelle)을 이야기하는데, 왜 우리가 이 문턱 앞에서 두려워하는가 하면, 여기서 두 번째 초에니 바르도 단계에서의 과정이 설명하듯이 자신이 생전에 '나'라고 하는 환영에 사로잡혀서 말하고 행했던 모든 업을 여러 신들의 환영으로 다시 직시해야 하는 두려움 때문이다. 그러나 이 두려움을 견뎌내고 '나'라고 하는 환영까지도 포함해서 모두가 환영임을 깨닫는다면 자유에 이를 수 있다.[65]

그러나 지금까지 둘째 단계에서 존재의 근원을 체험하면서도 대부분 사자들은 깨닫지 못하고 마침내 다시 환생의 길을 찾는 사후세계인 세 번째 시드파 바르도 단계로 들어가게 된다고 한다. 두 번째 바르도에서 사자는 자신이 살과 뼈를 갖는 몸을 갖고 있지 않다는 것을 깨닫는 순간 다시 몸을 찾게 되고, 그래서 환생의 길을 찾는 시드파 바르도에 들어가게 되는 것이다. 여기서 사후세계의 몸을 갖게 된 사자는 다시 아무리 육체에 대한 욕망을 버리라는 가르침을 받아도 깨닫지 못하고, 사후의 심판을 받으면서 다시 해탈과 윤회의 갈림길에 서게 된다. 그리하여 몸을 욕망하여 윤회의 길에 들어선 사자는 자신의 카르마가 선호하는 결정에 따라 합당한 자궁을 선택하여 인간 세계나 다른 어떤 세계에 환생하는 것으로써 사후세계는 끝이 난다고 한다.[66]

이 세 번째 단계의 바르도에서는 '자궁문 닫기', '자궁문 선택하기'의 단계가 있는데, 계속 깨닫지 못하고 윤회의 길로 들어선 사자에게 먼저는 자궁문으로 뛰어들지 못하도록 자궁문을 닫는 방법들을 가르쳐 주고, 그래도 안 되면 자궁을 잘 선택하는 법을 가르치는 것을 말한다. 이렇게 『티벳 사자의 서』에서는 윤회해서 환생하는 것을 본질적으로 부정적인 것으로 그린다. 하지만, 앞의 슈타이너는 이 세 번째 바르도와 유사하다고 할 수 있는 '죽은 후의 정신의 세계'를 마치 건축가가 집을 짓다가 다시 자신의 사무실로 돌아가서 설계도면을 보고 와서 더 잘 지을 수 있는 것처럼 '이데아'와 '원형'과 '이理'의 세계인 정신의 세계에서 '세상의 참된 본질'을 파악하고 자신의 삶에 주어진 '뜻'을 다시 상기하면서 세상으로 돌아가는 것으로 적극적으로 그려 주고 있다.[67]

이상의 모든 이야기들은 우리들에게 참으로 많은 것들을 생각하게 한다. 죽어가는 자에 대한 배려와 이 몸의 죽음이 결코 모든 것의 끝이 아니라는 생각, 또한 존재의 본질을 '의식(정신 또는 理)'이라고 할 수 있겠다는 것 등에 대해서이다. 티벳의 고급 수행법인 족첸 수행에는 '칠채화신七彩化身'이라는 것이 있는데, 이것은 죽을 때 자신의 육신을 빛 속으로 재흡수시킴으로써 시신이 빛 속에 녹아들어가 완전히 사라지는 것이다. 1952년 티벳의 동부에서 수많은 사람들이 지켜보는 가운데서 칠채화신 현상이 일어난 유명한 사례가 있었다고 하는데,[68] 이러한 이야기를 들으면서 예수의 '빈무덤' 이야기가 생각났다. 돌아가신 후 가까운 제자들과 생전의 삶의 자리에 나타나신 그의 몸의 현현은 유교 전통에서 말하는 기가 흩어지기 전 '제사감격'의 현현에서 생각해 볼 수 있는 것과 같은 사건으로 이해해 볼 수 있다. 또한 몸의 부활은 위의 칠채화신 사건과 같은 티벳 불교의 의

미로 이해해 본다면, 부활을 모두 신화적이고 실존론적으로만 해석할 필
요도 없고 그렇다고 그것을 역사적 실제로 인정하였다고 해서 더 이상 기
독교 전통에서만의 유일한 사건이 아니므로 그 몸 부활의 유일회적 실체
에 얽매여 그를 배타적인 가현적 그리스도로 만들 이유도 없게 된다는 것
이다. 오히려 그의 삶이 어떻게 고양된 삶이었고, 그래서 우리가 어떻게 그
의 삶을 하나의 모델로 삼아서 따라야 하는지를 잘 지적해 주는 것으로 이
해할 수 있다.

　라마 고빈다는 정통 기독교는 고대에 널리 퍼져 있던 윤회와 환생에 대
한 믿음을 거부하고 단 하나의 우주만을 인정하는 것이라고 한다.[69] 기독
교인들에게 있어서 우주는 하나뿐이고, 거기서 두 개의 삶만을 인정하는
데, 하나는 지금의 육체를 가진 삶이고, 다른 하나는 부활한 육체를 갖고
살아가는 삶을 말하는 것이 된다. 이것을 간단히 말하면, 불교의 윤회는 동
일한 영혼의 재생을 의미하는 반면, 기독교의 부활은 동일한 육체의 재생
까지 원하는 것이라고 하는데, 현재의 이 우주를 무한히 연속되는 수많은
우주들 중 하나로 보는 힌두교인과 불교인들에게 동일한 육체의 생성까지
요구하는 기독교 부활은 참으로 수긍하기 어려운 것이라고 지적한다.[70] 의
식체가 자궁 속으로 들어가서 새로운 육체를 갖는 방식은 의식체가 육체
를 떠나는 방식과 동일하다고 한다. 즉 인간은 태아의 상태로 있고 열 달
동안, 자궁 속에서 아메바에서부터 영장류인 인간에 이르기까지 모든 형
태를 거치는 것으로 되어 있는데, 마찬가지로 죽음을 맞이하여 사후세계
로 들어가면 이 세상으로 환생하기 전에 심령적으로 비슷한 경험을 하는
것으로 『티벳 사자의 서』는 그려 주고 있다. 다시 말해, 이것은 태아 상태
일 때는 육체적으로, 사후세계에서는 영적으로 진화와 퇴화의 과정을 거

치는 것이라고 한다.[71] 이러한 이야기를 하면서 웬츠는 『티벳 사자의 서』
의 지혜들이 앞으로의 인류 진화의 길도 아주 과학적이고 의미있게 제시
하여 주는 것이라고 하는데, 칼 융에 따르면 백인들 세계에서 세상을 떠나
는 영혼을 위해 무엇인가를 해 주는 유일한 장소가 카톨릭교회뿐인 상황
에서 『티벳 사자의 서』 큰 의미가 된다고 한다.[72] 이 말은 어쩌면 오늘 한국
기독교인들에게 더욱 적용되는지도 모르겠다.

5. 죽음에 대한 성찰이 우리 삶에 주는 교훈

지금까지 우리에게 친숙한 세 종교 전통들에서의 죽음 이해를 살펴보았
다. 몸의 죽음이 모든 것의 끝이 아니고, 지금까지 인류는 다양한 방식을
통해서 이 몸의 끝을 넘어서려는 시도 가운데서 나름의 대답을 찾아온 것
을 드러내 보이기 위해서였다.

이러한 중에서 우리가 발견한 사실은 어느 한 전통이나 시도도 그것 자
체만으로는 온전할 수 없고 각자 나름의 취약점을 가지고 있으며, 그래서
그 취약점을 다른 답으로부터 보완받을 수 있겠다는 것이다. 우리가 기독
교인으로서 오늘날 직면하고 있는 전통적 부활 담론의 난점을 이웃 종교들
의 아이디어들로부터 보완할 수 있는 가능성들을 보았다. 그러나 한편 오
늘 우리 한국인들의 종교적 삶의 정황을 살펴보면 앞에서 우리가 의미를
두었던 것과 같은 유교 종교성은 크게 작동하고 있지 않다. 불교의 윤회와
환생 이야기도 진정한 자유와 성숙의 이야기로 기능하기보다는 오히려 쉽
게 허무의 이야기로 왜곡되는 것을 본다. 그래서 그래도 기독교의 몸 부활

이야기가 가장 접근 가능한 방식으로 오늘 현대 한국인들에게 삶과 몸의 초월적 차원(聖)을 여전히 견지하도록 하는 방식이 아닌가 생각해 본다. 유태계 여성철학자 한나 아렌트(H. Arendt, 1096-1975)는 인간 정신의 가장 고유한 능력으로서 '용서하는 능력'과 '약속하는 능력'을 들었다.[73] 인간 행위 중에서 가장 위대하다고 할 수 있는 이 두 가지 행위가 응집된 것이 바로 십자가에서의 죽음이고 부활에 대한 소망이라면 기독교의 고유성으로서의 십자가와 부활 상징을 잘 다듬고 정화시켜 나가는 일은 여전히 중요하다.

　그러나 오늘날 다원화 시대에서는 꼭 그렇게만 생각할 수 없는 것이, 예를 들어 불교의 윤회와 환생, 그리고 거기서 실천되는 수행들이 아주 학문적이고 성찰적인 현대인들에게는 의미를 잘 전달해 주어서 그것들이 그 삶과 죽음에서 잘 기능하고 있는 것을 보기 때문이다. 오늘날 학문과 종교의 다양한 영역을 아우르며 동서의 벽을 넘어서 뛰어난 트랜스퍼스널 심리학자로서, 그리고 티벳 불교의 진지한 수행자로서 활동하고 있는 미국의 캔 윌버(Ken Wilber)와 그의 부인 트레야가 함께 겪은 삶과 죽음의 이야기는 바로 이러한 사실을 뛰어나게 증명해 준다. 결혼한 지 몇 일만에 유방암 판정을 받은 트레야, 그 후 5년간에 걸쳐 암과 씨름하며 매일매일 죽음과 직면한 채 살아가면서 이들은 과학과 더불어 실험하였고, 그러는 가운데서 위빠사나 명상과 통렌 수련 등을 통하여 '심신탈락'과 '의식의 변용' 등에 관해서도 배우게 된다. 독실한 카톨릭 출신으로서 '신에게 내맡김(Surrender-to God)'을 자신의 소중한 기도문으로 외우고 다니는 그녀는 불교가 기독교적 용어에 대한 자신의 반발을 없애는 데 많은 도움을 주었다고 한다. 그러한 고통의 시간 가운데서 그녀는 우리 자아의 주된 감정이 "분노를 수반한 두려움"이라는 것을 알아챘다.[74] 그러한 감정들을 기도와 수행을 통해 정화해 가면서 '나는 누구인가'에 대한 탐구를 심화하면 할수록 자신과 타인의 경계가 희미해지며, 그런 경계가 희미해질수록 타인에 대해 친절한 것으로 해석했던 행동들을 예전에는 자신에게는 이기적이라고 여겨서 할 수 없었던 것을 점점 자신에게도 하고 싶어졌다고 고백한다.[75]

　이러한 과정 속에서 그녀는 죽음과 고통에 대한 자신의 사고에도 몇 차례의 변화가 있었다고 밝힌다. 남편 캔 윌버의 책 『에덴으로부터 Up from Eden』을 읽고서 그가 거기서 밝힌 대로 인류가 이제까지 '불사의 상징'을 만들어서 죽음을 회피하고 억압해 온 과정을 알게 되었다고 한다. 그래서 그 책의 메시지인 '영적인 성장을 위해서 죽음에 익숙해지는 것', '죽음의 부정은 곧 신의 부정'이라는 것을 받아들이게 되었다. 곧 그녀는 그러한 수동적인 태도가 얼마나 위험한 것인지를 알게 되어서 분명하고 확실하게 '사는 것'을 선택해야 한다고 결심했다고 밝힌다. 하지만 그녀는 그럴수록 다시 자신 안에 불안도 커져 갔고, 그래서 다시 죽음의 공포에 젖어드는 자신을 발견하면서 살아남으려는 의지의 또 다른 면은 살지 못할 것이라는 공포, 죽음의 공포라는 사실을 깨닫게 되었다고 말한다. 그러면서 마침내 '좀 더 가벼운 마음'으로 행하려고 노력했다고 하는데, 가벼운 마음이란 양쪽 모두를 받아들이는 것, 사는 것을 바랄 수도 있고 때가 오면 삶을 놓아버릴 수도 있다는 중도적인 자세를 의미했다. 그녀는 오늘날 우리 문화가 과거에 비해 훨씬 날카롭게 죽음을 인식하는 단계로 진화했음을 알게 되었다고 말한다.[76]

　대승불교의 한 가르침인 '통렌'(Tonglen, 받아들이고 보낸다)을 진지하게 수련한 그녀에 따르면 통렌이 말하는 것은 '고통에 자비심을 가져라'라는 것이다. 제일 숭고한 진리는 '고통이 있다'는 것인데, 우리가 항상 자각하는,

끊임없이 변하고 또 변하는 고통을 '때려 부수려' 하지 말고, 그 고통을 그
대로 내버려 두면서 공포와 증오가 아닌 사랑으로 쓰다듬을 때 그것은 자
비가 된다고 밝힌다. 그녀는 그 암의 고통과 함께 한 경험 덕분에 "고통 받
는 사람들과의 혈연적 관계를 영원히 인식할 것이다"라고 고백한다.[77]

그런 그녀가 폐와 뇌종양으로까지 번진 암을 효소요법으로 치료받던
중, "여보, 이제 멈춰야 할 시간이 된 것 같아요"라고 하면서 더 이상은 가
고 싶지 않다고 말한다. 남편의 권고로 일주일을 더 견디던 그녀는 모르핀
을 거절했기 때문에 극도의 고통 속에서도 자각하며 존재할 수 있었다. 주
말 저녁에 "이제 갈래요, 여보"라고 말하자 캔도 그저 "좋아"라고 하면서 2
층으로 안고 올라갔다. 마지막으로 "우아함 그리고… 그렇지 용기가 필요
해!"라고 일기를 쓰고 임종의 시간을 맞게 되는데, 이 순간에 남편 캔은 괴
테의 아름다운 글귀 '잘 익은 것들은 모두 죽고 싶어 한다'는 것을 생각해
냈고, "트레야는 잘 익었으니 죽고 싶어 했다"라고 쓰고 있다.[78]

이 순간부터 캔과 트레야, 그 주변의 친지들이 겪게 되는 임종의 시간들
에 대해서 이 책의 마지막은 감동스럽게 적고 있다. 우리가 앞에서 『티벳
사자의 서』 소개에서 본 대로 임종의 시간이 며칠에 걸쳐서 지속되고, 이때
캔과 호스피스, 주변의 친지들은 가까이 있으면서 그녀가 평소 중요하게
생각하는 종교의 핵심 구절들과 『티벳 사자의 서』를 읽어 주면서 작별인사
를 하며 소중하게 마중한다. 이 과정에서 나타나는 물리적인 현상들로서
그녀의 몸이 줄어들기 시작했으며, 트레야가 눈을 감은 순간부터 그곳의
평소와는 너무 다르게 시속 184km의 엄청난 속도로 기록적인 바람이 불어
왔다고 한다. 그녀의 사지가 점점 차가와지고 무호흡 패턴을 보일 때 캔은
그녀가 가장 좋아하는 핵심 구절들을 계속해서 읊어주었는데, "빛쪽으로

가요, 트레야. 밝게 빛나면서 다섯 꼭지점을 가진 자유로운 별을 찾아 보아. 그 빛에 달라붙어, 여보, 그 빛으로 달라붙어. 우리는 내버려 두고 그 빛으로 달라붙어"라고 권고했다. 그녀가 죽은 지 정확히 5분 후에 바람이 완전히 멈추었다고 한다. 캔이 트레야의 몸을 정돈하고 그날 밤을 꼬박 새면서 계속해서 새벽 3시까지 영혼이 신과 하나임을 인식하는 기본적인 가르침들을 세 번째 읽었을 때 방안에서 뭔가 찰칵하는 소리가 들렸다고 한다. 여기서 캔은 고백하기를 바로 이 순간에 그녀는 자신이 읽어주는 것을 듣고는 항상 그녀가 염원했던 위대한 해방, 깨달음을 인식했다는 것을 뚜렷이 감지할 수 있었다고 한다. 그녀가 명상에서처럼, 마지막 죽음에서 바랐던 것처럼 자신의 진정한 본성을 인식하고 빛나는 영과 하나가 되고 우주자체와 섞여 전 공간으로 깨끗이 사라진 것이라고 표현한다.[79]

이러한 모든 이야기들은 우리로 하여금 삶과 죽음의 신비에 대한 무한한 경외심을 불러일으킨다. 그러면서 지금까지 우리가 탐색했던 죽음에 관한 모든 이야기들이 유사하게 가르쳐 주고 있는 메시지들이란, 1) 죽음이 결코 모든 것의 끝이 아니고 우리 몸이 단순히 병들고 죽어가는 자연적 과정이 전부가 아니라 그것을 넘어서는 것이 있다는 것, 2) 그러므로 우리 삶은 일종의 '의미'와 '정화'의 학교가 되고, 그래서 이 학교를 마치고 졸업할 때 빈손으로 가지 않도록 하자는 것, 3) 죽음이란 그러나 모든 생명 과정에서도 그렇고 영적인 의미에서도 이 길을 통하지 않고는 결코 어떠한 새로움도 탄생하지 않으므로 한편 우리에게 일종의 구원이 된다는 것, 4) 그래서 우리 삶에서 죽음의 문제는 성찰의 대상이 되어야 하는데 죽어가는 자에 대한 인간적인 마중은 참으로 소중하고 귀중한 일이라는 것, 5) 죽은 자에 대한 기억과 기념은 우리 삶이 몸의 죽음을 넘어서 여전히 그들과 연결되어 있는 것을 상기시키고 잊지 않게 하는 매우 인간적인 일이라는 것, 6) 죽음과 탄생, 죽음과 삶의 긴밀한 연결성은 그리하여 우리로 하여금 탄생하는 순간의 중요성에 대해서도 주목하게 하여 삶에서의 '성性(sexuality)', 사랑, 결혼, 출산 등에 대해서 통합적인 성찰의 소중함을 일깨운다는 것이다.

어쩌면 지금까지의 이러한 모든 종교적이고 큰 이야기를 하지 않더라도, 우리는 우리 삶이 죽음을 통해서 먼저 우리 삶의 동반자들에 의해서 판단되는 것을 알기 때문에 경건해야 하는지 모른다. 장례식장에서 죽은 자는 말이 없고 관객들은 나름대로 그를 떠나 보내며 판단한다. 그래서 어쩌면 우리 삶의 의미에서 결정적인 열쇠는 그 무심한(careless) 관객들이 가지고 있는지 모른다. 그래서 우리가 바랄 수 있는 것은 오직 '용서'와 '자비심' 뿐이다. 이 용서와 자비심이 우리를 끝까지 떠나지 않을 것이라는 믿음을 가지고,

> Everday is a good day to be born,(모든 날이 태어나기에 좋은 날이며)
> everday is a good day to die.(모든 날이 죽기에 좋은 날이다)

가 우리의 마지막 말이 될 수 있도록 기도할 뿐이다.[80]

| 주 |

II. 호주제 폐지와 평등한 부부생활

1 마루야마 마시오, 도올 김용옥 해제, 『일본정치 사상사 연구』, 통나무, 1995, 319쪽 이하.

III. 예배와 전통 그리고 오늘의 우리

1 Rudolf Stevner gerjtesfragen, Rudolf steiner gesamt ausgabe 332a, Dornach, 1981, p130ff; 졸고, 「새로운 문명사회에서의 종교변증」, 『한국 여성조직신학 탐구-聖・性・誠의 여성신학』, 대한기독교서회, 2004, 31쪽.
2 같은 글, 31쪽 이하.
3 이영노, 『해월신사법설해의』, 천법출판사, 2000.
4 윤성범, 『孝』, 서울문화사, 1973.

VI. 삶의 신학의 한 주제로서의 죽음

1 E. Levinas, "Is it righteous to be?" ; Interview with. E. Levinas, ed. J. Robbins, Stanford 2001; E. Levinas, Totalite et Infini: Essai sur l' externite, Kluwer Academie 1971, in: 안상현, 「죽음은 언제나 타자의 거울이다」, 정승호 외 지음, 『철학, 죽음을 말하다』, 산해, 2005, 234-262쪽에서 재인용 .
2 졸고, 「유교적 몸의 수행과 페미니즘」, 『유교, 기독교, 그리고 페미니즘』, 지식산업사, 2003, 199쪽ff.
3 노버트 엘리아스, 『죽어가는 자의 고독』, 김수정 옮김, 문학동네, 1996, 8쪽 참조; 졸고, 「페미니즘 몸담론과 역사적 예수, 그리고 다원주의적 여성기독론」, 『한국 여성조직신학 탐구』, 기독교서회, 2004, 114쪽ff.
4 노버트 엘리아스, 『죽어가는 자의 고독』.
5 같은 책, 69쪽.
6 같은 책, 85쪽ff, 106쪽ff.
7 천선영, 「죽음이 두려운, 혹은 두렵지 않고 서로 다른 이유들」, 『전통과 현대』, 통권

18호, 2001 겨울호, 74-85쪽.

8 존 바우커, 박규태/유기쁨 옮김, 『세계종교로 보는 죽음의 의미』, 청년사, 2005, 356 쪽.

9 얼마 전, 탤런트 최진실 씨의 죽음으로 다시 한번 한국교회에서 신자들의 자살 문제가 크게 부각되었다. 최진실 씨는 오랫동안 신앙인으로 살아온 것으로 알려져 있는데, 그의 절망에서 기독교 신앙은 어떤 역할을 했으며, 왜 기독교의 부활신앙에도 불구하고 우리 사회와 교회에 자살이 만연해 있는가 하는 물음들이다.

10 존 바우커, 앞의 책, 224쪽.

11 같은 책, 100쪽.

12 같은 책, 104쪽.

13 같은 책, 124-125쪽.

14 같은 책, 113쪽.

15 같은 책, 130쪽.

16 로버트 펑크, 김준우 옮김, 『예수에게 솔직히』, 한국기독교연구소; 졸고, 「페미니즘 몸담론과 역사적 예수, 그리고 다원주의적 여성기독론」, 118쪽ff. 참조.

17 같은 책, 420쪽.

18 Elisabeth Schuessler Fiorenza, *Jesus Miriam's Child, Sohpia's Prophet*, New York, 1995, p.123ff.

19 *Ibid.*

20 *Ibid.*; 졸고, 「페미니즘 몸담론과 역사적 예수, 그리고 다원주의적 여성기독론」, 135쪽.

21 E. S. Fiorenza, *op. cit.*, p.125.

22 *Ibid.*, p.125.

23 *Ibid.*, p.86.

24 Fritz Buri, *Theologie der Existenz*, Bern/Stuttgart, 1954.

25 Uwe Gerber, "Die Theologie der Existenz von Fritz Buri: Ende der Existenz-Ende der Geschichte-Ende der Christologie?", *International Fritz-Buri Gesellschaft fuer Denken und Glauben in Welthorizont*, Bulletin 9, 2006, pp.38-53.

26 존 바우커, 앞의 책 159쪽.

27 같은 책, 159쪽.

28 이은봉,『한국인의 죽음관』, 서울대학교출판부, 2000, 201쪽.

29 국사편찬위원회편,『상장례, 삶과 죽음의 방정식』, 두산동아, 2005, 24쪽.

30 『孟子』「盡心上」, 孟子曰, 盡其心者知其性也, 知其性則知天矣. 存其心養其惺所以
事天也, 壽不貳修身以事之, 所以立命也.

31 금장태,『한국 유교의 재조명』, 전망사 1982, 103쪽.

32 졸고,「孝와 교육-동양의 孝윤리와 서양의 책임윤리의 비교연구와 그 교육적 종
합」,『포스트모던 시대의 한국 여성신학』, 분도출판사, 1997, 273쪽ff.

33 노버트 엘리아스, 앞의 책, 71쪽

34 이은봉, 앞의 책, 171쪽.

35 국사편찬회편, 앞의 책, 42쪽.

36 『朱子全書』卷51, in: 이은봉, 앞의 책, 182쪽에서 재인용.

37 이은봉, 같은 책, 192쪽.

38 장현근,「예(禮) 정신으로 살펴 본 동양의 상장례」,『전통과 현대』, 통권18호., 2001
겨울호, 9쪽.

39 같은 글, 10-11쪽.

40 이은봉, 앞의 글, 201쪽.

41 장현근, 앞의 글, 13쪽.

42 이은봉, 앞의 책, 203쪽.

43 같은 책, 208쪽.

44 가지 노부유키,『침묵의 종교 유교』.

45 오진탁,『죽음, 삶이 존재하는 방식』, 청림출판, 2004, 187쪽; 여기서 오 교수가 더
들고 있는 다른 근거들로는 가톨릭과 기독교 등 다양한 종교의 가르침, 임사체험
자의 증언, 빙의현상, 호스피스 봉사자의 증언 등이 있다.

46 에반즈 웬츠, 류시화 옮김,「비밀의 책을 열다(편집자의 해설)」,『티벳 사자의 서』,
정신세계사, 1995, 62쪽.

47 류시화,「죽음의 순간에 단 한번 듣는 것만으로(옮긴이의 말)」,『티벳 사자의 서』,
15쪽.

48 에반즈 웬츠,「비밀의 책을 열다(편집자의 해설)」, 58쪽.

49 Rudolf Steiner, *Mein Lebensgang*, Rudolf Steiner Verlag Dornach 1982. 78쪽ff; 졸고,
「루돌프 슈타이너의 신지학과 교육」,『한국 교육철학의 새지평』, 내일을 여는 책,

2002, 55-81쪽.

50 Rudolf Steiner, *Theosophie: Einfuehrung in uebersinnliche Welterkenntnis und Menschenbestimmung*, aus dem Gesamtwerk, Rudolf Steiner Verlag Dornach 1987; *Wie erlangt man Erkenntnisse der hoeheren Welten?*, aus dem Gesamtwerk, Rudolf Steiner Verlag Dornach 1982.

51 에반스웬츠, 앞의 글, 117쪽

52 플라톤, 최현역, 『소크라테스의 변명』, 집문당, 1993, 53-54쪽

53 플라톤, 「파이돈」, 같은 책, 74쪽ff.

54 같은책, 96쪽.

55 에반스 웬츠, 『비밀에 부쳐진 책(제3판 서문)』, 앞의 책, 32쪽.

56 에반스 웬츠, 「비밀의 책을 열다」, 49쪽.

57 졸고, 「루돌프 슈타이너와 신지학」, 68쪽ff.

58 『티벳 사자의 서』, 238쪽ff.

59 『티벳 사자의 서』, 241-242쪽.

60 에반스 웬츠, 「비밀의 책을 열다」, 49쪽.

61 『티벳 사자의 서』, 263쪽.

62 에반스 웬츠, 「비밀의 책을 열다」, 82쪽.

63 『티벳 사자의 서』, 304쪽.

64 『티벳 사자의 서』, 323쪽.

65 Rudolf Steiner, *Wie erlangt man Erkenntnisse der hoeheren Welten?*, aus dem Gesamtwerk, Rudolf Steiner Verlag Dornach 1982, p.204ff.

66 『티벳 사자의 서』, 365쪽ff

67 졸고, 「루돌프 슈타이너와 신지학」, 72쪽ff.

68 오진탁, 앞의 책, 70쪽.

69 라마 아나가리카 고빈다, 「죽음의 과학이 발견한 삶의 비밀」, 『티벳 사자의 서』, 206쪽.

70 같은 책, 207쪽.

71 에반즈 웬츠, 「비밀의 책을 열다」, 57쪽.

72 칼 융, 「우나 살루스-대자유에 이르는 길」, 『티벳 사자의 서』, 181쪽.

73 한나 아렌트, 『인간의 조건』, 이진우/태정호 옮김, 한길사 2001, 300쪽ff.

74 캔 윌버, 『세상에서 가장 아름다운 용기』, 김재성/조수경 옮김, 한얼 2006, 236쪽.

75 같은 책, 432쪽.

76 같은 책, 113-114쪽.

77 같은 책, 441쪽, 448쪽.

78 같은 책, 542쪽.

79 같은 책, 556쪽.

80 교황 요한 23세의 임종의 말, in: E, Young Bruehl, *Hannah Arendt for Love of the World*, Yale University Press, New Heaven/London 1982, p.335.

| 참고문헌 |

I. 원전류

『詩經』『書經』『禮記』『周易』『論語』『孟子』『大學』『中庸』『荀子』
『孝經』『朱子語類』『朱子家禮』『傳習錄』『三國遺事』『三國事記』『高麗史』
『烈女傳』『女四書』『內訓』『士小節』『退溪集』『栗谷全書』『鹿門集』
『允摯堂遺稿』『靜一堂遺稿』

II. 단행본

1. 국내서적

곽차섭 엮음,『미시사란 무엇인가』, 푸른역사, 2000.
금장태,『韓國儒敎의 再照明』, 展望社, 1982.
───,『한국유학의 탐구』, 서울대학교출판부, 1999.
───,『유교의 사상과 의례』, 예문서원, 2000.
김상일,『동학과 신서학』, 지식산업사, 2000.
김성례 외,『한국 종교문화연구 100년-역사적 성찰과 전망』, 청년사, 1999.
김승혜 · 김성례 지음,『그리스도교와 무교』, 바오로딸, 1998.
김승혜,『유교의 뿌리를 찾아서』, 지식의 풍경, 2001.
───,『논어의 그리스도교적 이해』, 도서출판 영성생활, 2002.
金龍善 編著,『高麗墓誌銘集成』, 翰林大學校아시아文化硏究所, 1997.
김태연,『사람들은 나를 성공이라는 말로 표현한다』, 도서출판 밀알, 2001.

도올 김용옥 역주, 『도올심득 東經大全-플레타르키아의 신세계』, 통나무, 2004.

柳承國, 『東洋哲學硏究』, 東方學術硏究院, 1988.

────, 『韓國思想과 現代』, 東方學術硏究院, 1988.

박무영 외, 『조선의 여성들, 부자유한 시대에 너무나 비범했던』, 돌베개, 2004.

박용옥, 『한국근대여성사』, 정음사, 1975.

────, 『이조여성사』, 한국일보사, 1976.

────, 『한국 여성 근대화의 역사적 맥락』, 지식산업사, 2001.

박용옥 외, 『한국여성연구1-종교와 가부장제』, 청하, 1991.

성균관대학교 동아시아 유교문화권 교육연구단, 『동아시아와 근대, 여성의 발견』, 청어람미디어, 2004.

成均館大學校儒學科敎材編纂委員會, 『儒學原論』, 成均館大學校出版社, 1994.

신경원, 『니체, 데리다, 이리가레의 여성』, 소나무, 2004.

신채호, 박기봉 옮김, 『조선상고사』, 비봉출판사, 2007.

禹貞相·金泳泰, 『韓國佛敎史』, 進修堂, 1969.

원주시, 『국역윤지당유고(允摯堂遺稿)』, 2001.

柳東植, 『韓國巫敎의 歷史와 構造』, 연대출판부, 1975.

────, 『風流道와 韓國神學』, 展望社, 1992.

────, 『풍류도와 한국의 종교사상』, 연세대학교출판부, 1997.

윤사순, 『한국유학사상론』, 열음사총서3, 열음사, 1986.

윤사순 외, 『조선시대, 삶과 생각』, 고려대학교민족문화연구원, 2000.

이동준, 『유교의 인도주의와 한국사상』, 한울아카데미, 1997.

李丙燾, 『韓國儒學史』, 아세아문화사, 1987.

이배용, 『한국 역사 속의 여성들』, 어진이, 2005.

이배용 외, 『우리나라 여성들은 어떻게 살았을까』 1, 2, 청년사, 1999.

이범직, 『한국중세예사상연구-오례를 중심으로』, 일조각 1991.

이영찬, 『유교사회학』, 예문서원, 2001.

이영춘, 『차례와 제사』, 대원사, 1994.

────, 『강정일당-한 조선여성 지식인의 삶과 학문』, 가람기획, 2002.

參考文獻

李恩奉, 『韓國古代宗教思想』, 集文堂, 1984.

李能和, 『朝鮮女俗考』, 金尚億 옮김, 東文選, 1990.

이숙인, 『여사서—女四書』, 여이연, 2003.

──────, 『동아시아 고대의 여성사상』, 여이연, 2005.

이순형, 『한국의 명문종가』, 서울대학교출판부, 2000.

이은상, 『사임당의 생애와 예술』, 성문각, 1962.

이은선, 『포스트모던 시대의 한국여성신학』, 분도출판사, 1997.

──────, 『한국 교육철학의 새지평』, 내일을 여는 책, 2000.

──────, 『유교, 기독교 그리고 페미니즘』, 지식산업사, 2003.

──────, 『한국 여성조직신학 탐구』, 기독교서회, 2004.

이혜순 외, 『한국고전여성작가연구』, 태학사, 1999.

이황 · 이이, 『한국유학사상』, 윤사순 · 유정동 역, 삼성출판사, 1993.

장병인, 『조선전기 혼인제와 성차별』, 일지사, 1999.

전여강, 이재정 옮김, 『공자의 이름으로 죽은 여인들』, 예문서원, 1999.

전혜성, 『엘리트보다는 사람이 되어라』, 우석출판사, 1996.

전통문화연구회, 『경전으로 본 세계종교』, 2001.

鄭玉子, 『朝鮮後期 知性史』, 一志社, 1991.

정현백, 『민족과 페미니즘』, 당대, 2003

정진홍, 『한국종교 문화의 전개』, 집문당, 1985.

──────, 『종교학 서설』, 전망사, 1980

조성숙, 『 '어머니' 라는 이데올로기』, 한솔아카데미, 2002.

조흥윤, 『한국종교문화론』, 동문선 현대신서, 2002.

崔淑卿 · 河炫綱, 『韓國女性史 I』, 이화여자대학교출판부, 1978.

──────, 『韓國女性史; 古代—朝鮮時代』, 이화여자대학교출판부, 1993.

최영진, 『조선조 유학사상사의 양상』, 성균관대학교출판부, 2005.

태혜숙, 『탈식민주의 페미니즘』, 여이연, 2001.

한국유교학회 엮음, 『유교와 페미니즘』, 철학과현실사, 2001.

한국여성연구소 여성사연구실, 『우리 여성의 역사』, 청년사, 1999.

한국종교연구회,『한국종교문화사 강의』, 청년사, 1999.

한국철학사연구회,『한국철학사상사』, 한울아카데미, 1997

함석헌,『뜻으로 본 한국 역사』, 창, 1993.

하현강 외,『한국 여성의 전통상』, 민음사, 1985.

가야트리 스피박, 태혜숙 옮김,『다른 세상에서–문화정치학 에세이』, 여이연, 2004.

가지 노부유키, 이근우 옮김,『침묵의 종교 유교』, 경당, 2002.

고든 카우프만, 기독교통합학문연구소 옮김,『신학방법론』, 한들출판사, 1999.

나탈리 제먼 데이비스,『여성의 역사(3): 르네상스와 계몽주의의 역설』, 새물결, 1999.

노버트 엘리아스, 김수정 옮김,『죽어가는 자의 고독』, 문학동네, 1991.

──────, 유희수 역,『매너의 역사–문명화 과정』, 신서원, 1995.

다나 해러웨이, 민경욱 옮김,『유인원 사이보그 그리고 여자』, 동문선, 2004.

레이초우, 장수현 · 김우영 옮김,『디아스포라의지식인』, 이산, 2005.

로버트 단턴, 조한욱 역,『고양이 대학살–프랑스 문화사 속의 다른 이야기들』, 문학
　　과지성사, 1999.

로지 브라이도티, 박미선 옮김,『유목적 주체』, 여이연, 2004.

뤼스 이리가라이, 이은민 옮김,『하나이지 않은 성』, 동문선, 2000.

리타 그로스, 김윤성 · 이유나 옮김,『페미니즘과 종교』, 청년사, 1999.

메리 데일리, 황혜숙 옮김,『하나님 아버지를 넘어서』, 이화여대출판부, 1997.

미야지마 히로시, 노영구 옮김,『양반–역사적 실체를 찾아서』, 강, 1996.

베네딕트 앤더슨, 윤형숙 역,『상상의 공동체 : 민족주의의 기원과 전파에 관한 성찰』,
　　나남출판, 2002.

비키 매켄지, 세등 역,『나는 여성의 몸으로 붓다가 되리라』, 김영사, 2003.

사라 러딕, 이혜정 옮김,『모성적 사유–전쟁과 평화의 정치학』, 철학과현실사 2002.

시몬느 드 보봐르, 조홍식 옮김,『第2의 性』上下, 을유문화사, 1992.

아리스토텔레스 지음, 최명관 옮김,『니코마코스 윤리학』, 서광사, 1984.

안드레아 드워킨, 유혜준 역,『포르노그라피: 여자를 소유하는 남자들』, 동문선, 1996.

엘리자베드 바텡터, 최석 옮김,『XY남성의 본질에 관하여』, 인맥, 1993.

엘렌 식수, 『박혜영 역, 메두시의 웃음/출구』, 동문선, 1997.

에드워드 쉴즈, 김병서·신현수 역, 『전통』, 민음사, 1992.

엘리자베스 그로츠, 임옥희 역, 『뫼비우스 띠로서의 몸』, 어이연, 2001.

월터 캡스, 김종서 외 역, 『현대종교학 담론』, 까치, 1999.

우에노 치즈코, 이성이 옮김, 『내셔널리즘과 젠더』, 박종철출판사, 1999.

조너선 스펜스 지음, 설순봉 옮김, 『왕여인의 죽음』, 이화여대출판부, 1995.

쥴리아칭, 이은선 옮김, 『지혜를 찾아서―왕양명의 길』, 분도출판사, 1998.

―――――, 변선환 역, 『유교와 기독교』, 분도출판사, 1994.

카렌 암스트롱, 배국원·유지황 옮김, 『신의 역사Ⅰ, Ⅱ―유대교, 기독교, 이슬람의
4,000년 간 유일신의 역사』, 동연, 1999.

카트린 클레망·줄리아 크리스테바, 임미경 옮김, 『여성과 성스러움』, 문학동네, 2002.

크리스 쉴링, 임인숙 역, 『몸의 사회학』, 나남출판, 1999.

크리스토퍼 래쉬, 오정화 옮김, 『여성과 일상생활―사랑, 결혼, 그리고 페미니즘』, 문
학과 지성사, 2004.

폴 틸리히, 현영학 역, 『존재에의 용기』, 전망사, 1980.

한나 아렌트, 이진우·태정호 옮김, 『인간의 조건』, 한길사, 2002.

후레드릭 W. 모트, 권이숙 역, 『중국문명의 철학적 기초』, 인간사람, 1991.

2. 국외서적

Anne C. Herrmann & Abigail J. Stewart, *Theorizing Feminism*, Westview Press 1994.

Arvind Sharma(ed.), *Women in World Religions*, NY: Suny 1987.

Bonnie Honig(ed.), *Feminist Interpreters of Hannah Arendt*, Pennsylvania State Univ.
Press 1995.

Carol Christ, *Laughter of Aprodite: Reflection on a Journey to the Goddess*, San
Francisco: Harper & Row 1987.

Cathrrine Mowry LaCugna(ed.), *Freeing Theology-The Essentials of Theology in
Feminist Perspective*, San Francisco: Harper & Row 1993.

Chan Wing-tsit, *A Source Book in Chinese Philosophy*, New Jersey: Princeton University Press 1963.

Chenyang Li(ed.), *The Sage and the Second Sex*, Open Court Chicago and La Salle, Il 2000.

Chow Rey, *Writing Diaspora*, Bloomington: Indiana University Press 1993.

Chung, Edward Y. J., *The Korean Neo-Confucianism of Yi T'oegye and Yi Yulgok-A Reappraisal of the Four-Seven Thesis and Its Practical Implications for Self-Cultivation*, NY: Suny Press 1995.

Donna J. Haraway, *Simians, Cyborgs, and Women The Reinvention of Nature*, Routledge New York, 1991.

Dorothy Ko, *Teachers of the Inner Chambers-Women and Culture in Seventeenth-Century China*, Stanford Univ. Press 1994.

Dorothy Ko · Jahyun Kim Haboush · Joan R. Piggott (eds.), *Women and Confucian Cultures-in Premodern China, Korea and Japan*, University of California Press 2003.

F. Schleiermacher, *Ueber die Religion, Goetingen: Vandendoeck & Ruprecht 1967.*

G. D. Kaufmann, *In Face of Mystery-A Constructive Theology*, Harvard Univ. Press 1993.

Herbert Fingarette, *Confucius : The Secular as the Sacred*, NY: Harper & Row 1972.

Jahyun Kim Haboush, *The Confucian Kingship in Korea-Yongjo and the Politics of Sagacity*, Columbia University Press 1988.

Jahyun Kim Haboush, *The Memoirs of Lady Hyegyong*, University of California Press 1996.

Luce Irigary, *Etique de la difference sexuelle*, Paris: Minuit 1984.

──────────, *Philosophy in the Feminine*, Routledge 1991.

Mircea Eliade, *das Heilige und das Profane*, Rowohlt Taschenbuch Verlag GmbH 1957.

──────────, *Patterns in Comparative Religion*, NY: Sheed & Ward Inc., 1958.

──────────, *A History of Religious Ideas*, Vols. 1, 2, 3, Chicago: The University of Chicago Press 1978-1985.

Max Scheler, *Die Stellung des Menschen im Kosmos*, Bouvier 1988.

Martina Deuchler, *The Confucian Transformation of Korea-A Study of Society and Ideology*, Havard-Yenching Institute Monograph Series 1992.

Nobert Elisa, ber den Prozess der Zivilisation: soziogenetische unol psychologetische Untersuchungen, Bssel:Haus gum Falken

P. Tillich, *The Courage to Be*, New Heaven: Yale Univ. Press 1952.

Rita M. Gross, *Buddhism after Patriarchy-A Feminist History, Analysis, and Reconstruction of Buddhism*, Suny Press 1993.

Ro, Young-chan, *The Korean Neo-Confucianism of Yi Yulgok, Albany*, NY: Suny Press, 1989.

Robert Cummings Naville, *Boston Confucianism: Portable Tradition in the Modern World, Albany*, NY: Suny Press, 2002.

Rodney L. Taylor, *The religious Dimensions of Confucianism*, NY: Suny 1990.

Rosemary Redford Ruether, *Christianity and the making of the modern family*, Beacon Press 2000.

Susan J. Hekmann, *Feminist Interpretations of Michel Foucault*, Pennsylvania State Univ. Press 1996.

Tikva Frymer-Kensky, *In the Wake of the Goddess-Women*, Culture, and the Biblical Transformation of Pagan Myth, NY: Free Press 1992.

Tu Wei-ming, *Confucian Thought-Selfhood as Creative Transformation*, NY: Suny 1991.

Tu Wei-ming · Mary Evelyn Tucker(eds.), *Confucian Spirituality*, NY: Crossroad 2001.

Yi T'oegye, *To Become A Sage*, Michael C. Kalton(Trans., Edited), NY: Columbia University Press 1988.

III. 논문류

1. 국내논문

권희정, 「미시사, 악마들의 언어 또는 가능성의 역사」, 『여/성이론』, 통권 12호, 2005.

길희성, 「한국 사회와 유교적 최소주의」, 『宗敎硏究』31, 2003 여름.

김기현, 「유교사상에 나타난 공과 사의 의미」, 『동아시아의 문화와 사상』제9호, 동아시아 문화포럼, 열화당, 2002.

김남이, 「姜靜一堂의 '代夫子作'에 대한 고찰–조선후기 사족여성의 글쓰기와 학문적 토양에 관한 보고서」, 『한국고전여성문학연구』11, 2005.

김미란, 「朝鮮後期 女性史와 任允摯堂」, 『任允摯堂의 生涯와 思想』, 원주시 · 원주문화원 2002.

김미영, 「'陰'에 부과된 私的 특성에 대한 여성주의적 접근–주자학의 가족윤리를 중심으로」, 『철학』제72집, 2002 가을.

———, 「성리학에서 대두된 '공적 영역'에 대한 여성주의적 접근–임윤지당의 학문 형성과정을 통하여」, 『철학연구』제29권, 2005.

김보희, 「동서양 여성철학의 현장탐구: 버지니아 울프의 페미니즘과 조선 임윤지당의 성리학 중심의 비교연구」, 『한국철학논집』제17집, 2005.

김승혜, 「한국유교연구 100년」, 『한국종교연구』1집, 1999.

金英美, 「불교의 수용과 여성의 삶 · 의식세계의 변화–고려시대 여성의 가정생활을 중심으로」, 『歷史敎育』제62호, 1997.

———, 「高麗時代 比丘尼의 활동과 사회적 지위」, 『한국문화연구 1』, 2001.

———, 「신라인의 이상적 인간상-聖人觀을 중심으로」, 『韓國思想史學』제23집, 2004.

김영민, 「형용모순을 넘어서–두 명의 조선시대 여성 성리학자」, 『철학』제83집, 2005.

김진옥, 「울프의 올란도: 들뢰즈/가타리의 "여성-되기"」, 『제임스 조이스 저널』제9권 2호, 2003.

金 玄, 「任聖周의 人物性論」, 第4回 儒學思想學術會議 發表論文, 1993.

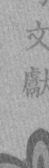

──, 「임윤지당의 경학사상-『中庸經義』를 중심으로」, 원주시 원주문화관, 『任允摯堂의 生涯와 思想』, 2002.

──, 「조선후기 未發心論의 心學的 전개-종교성의 강화에 의한 조선 성리학의 이론적 변화」, 『민족문화연구』제37호, 2002.

──, 「성리학적 가치관의 확산과 여성」, 『민족문화연구』제41호.

김혜숙, 「아시아적 가치와 여성주의-책임의 도덕과 권리의 정치학」, 『철학연구』44호, 1999.

柳承國, 「新羅時代에 있어서 儒·佛·道 三敎의 交涉에 관한 硏究」, 『大韓民國學術院論文集(人文·社會科學編)』제35집, 1996.

劉英姬, 「任允摯堂의 性理 철학과 수행론」, 『韓國思想과 文化』第29輯, 2005.

박례경, 「유교 제의(祭儀)에 담긴 예(禮)의 정신-『禮記』, 「祭祀」류의 제사의식을 중심으로」, 『宗敎硏究』제36집, 2004.

박미선, 「로지 브라이도티의 존재론적 차이의 정치학과 유목적 페미니즘」, 『여/성이론』통권5호, 2001.

박성규, 『주자철학에서의 귀신론』, 서울대학교 박사학위논문, 2004.

박양자, 「조선시대 여성을 보는 법」, 『강원여성역사인물집-조선시대』, 강원도 행정간행물, 2004.

박용옥, 「한국 근대여성운동사 연구」, 고려대박사학위논문, 1982.

박현숙, 「임윤지당론」, 『여성문학연구』제9호, 2003.

──, 「강정일당-성리학적 남녀평등론자」, 『여성문학연구』11, 2004.

손흥철, 「18세기 조선성리학과 임윤지당의 철학」, 원주시/원주문화원, 『임윤지당의 생애와 사상』, 2002.

오세근, 「조선 유교의 氣論에 의한 페미니즘 논의의 지평 확대 가능성에 대한 연구-화담 서경덕의 사상을 중심으로」, 『동양사회사상』제3집, 2000.

──, 「조선시대 문중의 여성교육과 임윤지당」, 『실학사상연구 17-8호, 2000.

이기동, 「유교의 수도」, 『동양철학연구』제34호, 2003.

李東俊, 「16世紀 韓國性理學派의 歷史意識에 관한 硏究」, 성균관대학교대학원 박사학위 논문 1975.

參考文獻

이동준, 「한국 유학의 미래적 방향—인간의 성숙과 열린사회」, 『西江人文論叢』제17집, 2004.

이문주, 「한국에서 유가 예의 전개과정과 현대적 의미」, 『儒敎思想硏究』제15호, 2001.

이배용, 「한국사 속에서 여성의 공적영역과 사적 영역—전근대사회로부터 개화기까지」, 『여성학논집』제14권, 1998.

이상익, 「儒敎에 있어서의 聖과 俗」, 『宗敎硏究』10, 1994.

李相星, 「靜庵 道學의 宗敎的 特性」, 『東洋哲學硏究』第32輯, 2003.

이선경, 「일수(一叟) 이원구의 역학사상연구—『心性錄』의 九道六事論을 중심으로」, 성균관대학교대학원 박사학위논문, 2002.

———, 「'몸'에 대한 실학적 역학의 해석—이원구의 「身字訣」과 건곤음양론을 중심으로」, 『한국철학논집』제17집, 2005.

———, 「전통적 여성상의 典範으로서의 坤卦와 유교적 삶의 완성—坤卦에 깃든 유교의 종교성과 인문정신을 중심으로」, 제6회 세계여성학 대회, 2006년 6월, 이화여자대학교 발표논문.

이순구, 「조선시대 가족제도의 변화와 여성」, 『한국고전문학여성연구』제10권, 2005.

이은선, 「한국 종교문화사 전개과정에서 본 한국 여성종교성 탐색」, 『韓國思想史學』제21집, 2003.

———, 「페미니즘 시대에 신사임당 새로 보기—신사임당의 '聖人之道'의 길」, 『東洋哲學硏究』제43집, 2005.

———, 「性과 가족, 그리고 한국교육철학의 미래」, 『敎育哲學』제33집, 2005.

———, 「한국 페미니스트 신학자의 동학 읽기」, 『동서종교의 만남과 그 미래』, 변선환아키브 동서신학연구소, 모시는사람들, 2007.

이현지, 「음양론의 여성학적 함의」, 『동양사회사상』제4집, 2001.

이혜순, 「여성담론으로서의 任允摯堂의 理氣心性論」, 『古典學硏究』제26집.

———, 「임윤지당의 정치담론—조선후기 여성지성사 서술의 일환으로」, 『韓國漢文學硏究 35집, 2005.

이희정, 「현대 한국인의 삶에서 무(巫) 신앙의 의미」, 『宗敎硏究』24, 2001년 가을.

傅濟功, 「하곡철학연구」, 성균관대학교대학원 박사학위논문, 1996.

정해은, 「조선후기 여성실학자 빙허각 이씨」, 『여성과 사회』 8집, 1997.

최기숙, 「여성성의 재발견: 이성 · 지혜 · 성공의 탈영토화」, 『한국고전여성문학연구』 제6권, 2003.

최배영, 「조선후기 서울 반가의 제례-기제의 준비 및 제수를 중심으로」, 한국유교학회 2001년도 추계학술대회, 2001.

최연미, 「조선시대 여성저서의 편찬 및 필사 간인에 관한 연구」, 성균관대학교 대학원박사학위 논문 2000.

———, 「임윤지당의 생애와 『윤지당유고』」, 『書誌學硏究』 第17輯, 1999.

최일범, 「性理學의 宗敎的 性格」, 『儒敎思想硏究』 제8권, 1996.

———, 「유교 수양공부론의 현대적 해석」, 『東洋哲學硏究』 第23輯, 2000.

태혜숙, 「성적 주체와 제3세계 여성의 문제」, 『여/성이론』 창간호, 1999.

———, 「몸의 정치, 성차의 윤리-뤼스 이리가라이」, 『여/성이론』 통권 제2호, 2000.

허라금, 「맥키논의 급진적 여성주의 정치학」, 『여/성이론』, 2000.

2. 국외논문

Braidotti, Rosi, Toward a New Nomadism: Feminist Deleuzian Tracks or Methaphysics and Metabolism, Gilles Deleuze and the Theater of Philosophy, Constantin V. Boundas and Dorothea Olkowski(ed.), New York/London: Routledge 1994.

Boudewijn Walraven, The Confucianization of Korea as a Civilizing Process, 제8회 한국학 국제학술회의 논문집, 「유교문화의 보편성과 특수성」, 한국정신문화연구원 1994.

Chan Sin Yee, The Confucian Conception of Gender in the Twenty-First Century, Confucianism for the Morden World, (ed) Daniel A. Bell & Hahm Chaibong, Cambridge Univ. Press 2003.

Elisabeth Grosz, Irigaray and the Divine, in: C.W. Maggie Kim · Susa M. St. Ville · Susan M. Simonaitis(ed.), Transfiguration-Theology and the French

参考文獻

Feminists, Minneapolis, Fortress Press 1993.

Karen Baker-Fletscher, Why Womanist Theology? Process Relational Reflections, The 5th International Whitehead Conference Korea, Process Thought & East Asian Culture 2004.

Seung-kook Lew, Confucianism and Korean Social Structure—The Spirit of Confucian Philosophy, Chai-shin Yu(ed.), Korean and Asian Religious Tradition, Korean and Related Studies Press, Toronto 1977.

| 찾아보기 |

찾아보기

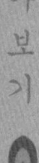

찾아보기

찾아보기

찾
아
보
기

잃어버린 초월을 찾아서

등 록 1994.7.1 제1-1071
1쇄 발행 2009년 1월 15일
2쇄 발행 2009년 12월 10일

지은이 이은선
펴낸이 박길수
편집인 소경희
디자인 이주향
마케팅 김문선
펴낸곳 도서출판 모시는사람들
　　　　110-775 서울시 종로구 경운동 수운회관 1207호
전 화 02-735-7173, 02-737-7173 / 팩스 02-730-7173

출 력 삼영그래픽스(02-2277-1694)
인 쇄 (주)상지사P&B(031-955-3636)
배 본 문화유통북스(031-937-6100)
홈페이지 http://blog.naver.com/donghak21

값은 뒤표지에 있습니다.

ISBN 89-90699-64-0